나는 죽을 때까지
현역이고 싶다

나는 죽을 때까지 현역이고 싶다
전직 공무원, 현직 관리소장의 인생 2막

초 판 1쇄 2025년 11월 17일

지은이 김홍기
펴낸이 류종렬

펴낸곳 미다스북스
본부장 임종익
편집장 이다경, 김가영
디자인 윤가희, 임인영
책임진행 이예나, 김요섭, 안채원, 김은진, 국소리

등록 2001년 3월 21일 제2001-000040호
주소 서울시 마포구 양화로 133 서교타워 711호
전화 02) 322-7802~3
팩스 02) 6007-1845
블로그 http://blog.naver.com/midasbooks
전자주소 midasbooks@hanmail.net
페이스북 https://www.facebook.com/midasbooks425
인스타그램 https://www.instagram.com/midasbooks

ⓒ 김홍기, 미다스북스 2025, *Printed in Korea*.

ISBN 979-11-7355-591-6 03810

값 19,000원

※ 파본은 구입하신 서점에서 교환해드립니다.
※ 이 책에 실린 모든 콘텐츠는 미다스북스가 저작권자와의 계약에 따라 발행한 것이므로 인용하시거나 참고하실 경우 반드시 본사의 허락을 받으셔야 합니다.

미다스북스는 다음세대에게 필요한 지혜와 교양을 생각합니다.

나는 죽을 때까지
현역이고 싶다

전직 공무원,
현직 관리소장의
인생 2막

김홍기 지음

미다스북스

작가의 말

　살아온 生을 기록으로 남기고자 하는 바람은 오래도록 품어 온 숙원이었습니다.

　돌이켜보면 인생 1막이 근검절약으로 버텨낸 '生存(생존)'의 시기였다면, 관리소장으로 살아온 인생 2막은 삶의 의미를 새롭게 발견한 '生活(생활)'의 시기입니다. 그 과정에서 깨달은 삶의 소중함, 이웃과 더불어 나눈 온기를 독자들과 공유하고 싶었습니다.

　앞으로 열릴 인생 3막은 배움으로 채우는 '生長(생장)'의 시기가 될 겁니다. 어떤 대가를 바라지 않고 공부 그 자체를 즐기는 순수한 공부를 하고 싶습니다. 더 치밀하게 미래를 설계하면서 다음 막을 맞이할 준비를 하겠습니다.

　이 책이 새로운 길을 모색하는 이들에게 작은 등불이 되고, 독자 여러분의 인생 2막 또한 희망과 기쁨으로 충만하기를 소망합니다.

－ 왕눈이소장 김홍기

들어가는 글

살아온 인생, 살아갈 인생을 글로 남기고 싶은 욕망이 있었다. 죽기 전 한 권의 책 쓰기는 내 버킷리스트의 하나다. 인생 2막을 시작하면서 일상의 이야기를 블로그에 올려왔는데 그 글들을 모아 책으로 엮게 됐다. 그 시기가 칠순 생일 언저리라 의미가 각별하다.

'눈길을 걸을 때는 어지러이 걷지 마라. 오늘 내가 남긴 발자국은 뒷사람의 이정표가 되리니.'라는 경구를 마음에 새기면서 세상을 살아왔다. 또 길이 안 보일 때는 앞사람의 발자국을 따라가라는 말을 신봉하여 선인들의 길을 좇고자 노력했다. 이제는 인생 2막을 준비하는 누군가에게 길라잡이 역할을 해줄 발자국이 되고 싶다.

누가 물었다. 정년퇴직할 때의 기분이 어땠냐고. 군대 제대하는 것처럼 새로운 미래에 대한 기대로 설렜다고 대답했다. 마치 대학 졸업 전 취업이 확정된 것처럼 인생 2막의 새로운 직장이 기다리고 있었기 때문이다.

관리소장의 직무는 전직 공무원에게 매력적이다. 그것도 종합행정을 경험한 행정공무원에게 안성맞춤이다. 산전·수전·공중전을 모두 겪어봤기에 지상전쯤이야 감당할 만하다는 얘기다. 그렇다고 아무나 할 수 있다는 말은 아니다.

공무원으로 보낸 인생 1막이 평범한 나날이었다면, 관리사무소장으로서의 인생 2막은 보람 있는 시절이다. 그 과정에서 평범한 일상을 상실하여 땅 위를 걷는 것이 바로 '기적'이라는 걸 깨닫는 역경도 겪었다. 그런 삶의 이야기, 생활 주변의 이야기와 평소의 생각들을 누군가에게 들려주고 싶었다. 잘난 척하지 않고, 담백하게 있는 그대로의 사람 사는 이야기를 전하고 싶었다. 가능하다면 긍정적이고 따스한 얘기가 좋겠다는 갈망을 담았다.

행복한 노년 생활을 하려면 '일'이 있어야 한다. 일하면 건강해지고, 일해야 배우자와 함께 즐거운 여생을 보낼 수 있고, 일해야 돈이 생기고, 일 자체가 삶의 보람이고, 일해야 친구들과 만날 때도 내가 먼저 카드를 꺼낼 수 있기에 그렇다. 그 결론은 내 일(my job)이 있어야 내일(tomorrow)이 있다는 말이다.

일하려면 준비가 필요하다. 겨울을 나려면 준비가 필요하고, 죽음도 준비가 필요한데 인생 2막을 아무 준비도 없이 맞는다는 건 무모한 짓이다. 이 책이 새로운 길을 준비하는 누군가에게 등대가 되고 나침반이 되어 줄 수 있다면 더없는 영광이겠다.

한 집안에 작가가 나오면 그 집안의 분란이 시작된다고 한다. 자기 주변의 이야기가 가장 쓰기 쉬워 쓰다 보면 감추고 싶은 사연도 드러나기 때문이리라. 내가 쓴 글에 대해 다른 누구보다 옆지기의 항의가 염려된다. 들추고 싶지 않은 치부, 겨우 아물어가는 상처를 왜 건드리느냐고 따진다면 뭐라고 해야 하나.

"당신과 함께 겪은 시간이 얼마나 소중한지 상기하고 싶었고, 우리와 비슷한 아픔을 겪는 이웃들에게 작은 위로와 용기를 주고 싶었어."라고 다답해야겠다. 쇠는 두드릴수록 더 강해지는 법이라는 말도 해주고 싶다.

"당신이 나보다 하루만 더 살아야 해요!"라던 부탁도 반드시 들어줄 것이다. 까짓것 내가 100살까지 살면 되는 거지. 마지막으로 한마디만 더 보태야겠다.
"박은희 여사, 난 영원한 당신 편이야!"

목 차

작가의 말　　005
들어가는 글　　007

제1장　인생 1막을 공무원으로 시작하다

1　눈을 세모로도 뜨나요?　　015
2　그리움이 머물던 자리　　034
3　추억을 추억하며　　052
4　남자에게 퇴직은 거세와 같다지만　　062
5　육 남매 이야기　　069

제2장　내 일(my job)이 있어야 내일(tomorrow)이 있다

1　어제까지는 공무원, 오늘은 아파트 관리소장　　091
2　인생극장의 2막이 오르다　　100
3　욕인 듯 욕 아닌 '이 양반아'　　112
4　어르신은 그 강을 건넜을까　　129
5　죽음도 준비가 필요하다　　143

제3장　떠올리고 싶지 않아도 마주 봐야 해

1　아홉수 그 고비를 넘다　　155
2　아프다고 죽는 건 아니지만　　164
3　병원과 한 걸음 친해지다　　174
4　소소하고 평범한 일상　　184

제4장　겨울을 준비하듯 인생 3막을 준비하라

1　10년을 더 산다면　　195
2　이발소에서 생긴 일　　205
3　지방자치 만만세　　212
4　산이 좋아 산에 간다네　　221
5　사는 곳이 어디든　　230

제5장　평범이라 쓰고 특별이라 읽는 '삶'

1　미디어와 친하기　　247
2　소명으로 여겨야 할 자리　　254
3　유한한 자원　　269
4　지혜를 키우며　　276
5　의심과 호기심은 한 끗 차이　　283

마치는 글　　293

제1장

인생 1막을 공무원으로 시작하다

1
눈을 세모로도 뜨나요?

야시장 민원을 제압하다

"눈을 동그랗게 뜨지, 세모로 떠요?"
민원인을 한 방에 제압했던 멘트, 그때 난 팔팔한 30대였다.

자기 몸에 대해 콤플렉스 없는 사람이 드물겠지만 나는 내 눈이 불만스럽다. 동그랗게 큰 눈을 부러워하는 사람이 많고 깊은 내 눈 속에 빠져보고 싶다는 사람드 있었지만(ㅎ) 내심 난 그게 싫었다.

우선 눈이 크면 겁이 많다는 속설처럼 사람들이 날 겁 많은 사람으로 여길까 봐 싫고(사실이니까), 그때그때 기분이나 호불호(好不好)가 금방 눈에 드러나기 때문에 속마음을 감추기가 어려워서 싫다. 마치 투명한 유리창처럼 아무나 들여다보는 것 같아 더욱 그랬다. 어렸을 때부터 내 별명은 '눈보', '황소눈깔', '개구리 왕눈이' 등 큰 눈과 관련돼 있다. 그러나 핸디캡을 감추기보다 드러냄으로써 호방하게 보이고자 SNS상의 닉네임을 스스로 '왕눈이소장'으로 정하기도 했다.

지금으로부터 40여 년 전쯤 어느 구청 주택과에 근무할 때다. 당시 주택과의 민원은 2개 부류가 있었다. 무허가건물 철거 관련 민원과 주택개량 재개발 관련 민원이 그것이다. 둘 다 재산권에 관한 민원이기 때문에 사생결단의 심정으로 찾아오는 이들이 많아 사무실은 늘 험악한 분위기가 감돌았다. 인간에게 목숨 다음으로 중요한 게 재산이고, 가장 값비싼 재산이 주택이기에 죽자고 덤비는 민원이 대부분이었다. 그래서 주택과는 사무실도 맨 꼭대기 층인 5층에 배치한 것이 아니었을까 생각해 본다. 엘리베이터가 없던 시절, 민원인들이 찾아오기 힘들게 하려고 말이다.

어느 날 제복(군복) 비슷한 옷을 입은 나이가 꽤 들어 보이는 민원인 4~5명이 들이닥쳤다. 출입문을 들어서면서부터 직원들을 향해 육두문자가 섞인 쌍욕을 퍼부으며 "주택과장 개xx 나와!"라고 소리쳤다. 과장석은 사무실 가장 안쪽에 있기에 그리로 옮겨가면서도 연신 욕지거리였다. 힐끔거리는 직원들에게는 "뭘 쳐다봐? 이 xx야!"라고 소리쳤다. 마치 조폭 영화에서 '깔아' 하면서 눈을 마주 보지 못하게 겁주는 것처럼. 어떤 직원은 딴짓하다가 갑자기 서류를 열심히 넘기며 일에 열중한 척하는가 하면, 슬며시 전화통을 붙잡고 업무 상담하는 척하는 등 그들의 눈을 피하려는 기색들이 역력했다.

그 패거리는 안쪽으로 걸어가더니 응접 소파에 앉는 대신 팔걸이에 엉덩이를 걸치거나 발을 올리며 또 소릴 질러댔다.(마침 과장님은 자리에 없었다.)

"이 xx들아! 우리가 낸 세금으로 월급 받는 xx들이…."

무슨 내용의 민원인지도 모르는데 들어서면서부터 입에 담기도 쌍스러운 욕지거리를 퍼붓는 그들에게 아무도 제지하는 직원이 없어서 더 기고만장했는지 모르겠다. 하는 수 없이 내가 나섰다. '무슨 일로 오셨는지는 모르나 자리에 앉아서 말씀하시라. 다른 민원인도 있는데 심한 욕설은 삼가라.'는 취지로 말했다.

그러자 한 사람이 나서며 "너는 뭐야? 이 xx야!" 대뜸 반말질하며 욕설이다.
"이 xx라니요! 여기 직원입니다."

"뭐야? 이 젊은 놈의 xx가 어디서 눈을 똥그랗게 뜨고 지랄이야!" 이 양반이 안 그래도 튼 눈 콤플렉스가 있는 내 염장을 지르는 거였다.
"아니 눈을 동그랗게 뜨지, 세모로 뜹니까? 네모로 뜹니까?" 내가 맞섰다.

그 순간 같이 온 그들 일행이 '와' 하고 웃음을 터뜨렸다.
"그래 눈을 세도로 뜰 수는 없지, 맞는 말이네!"
한 사람이 추임새를 넣으니 열심히 일하는 척하던 우리 직원들까지 덩달아 '하하하' 하고 웃어 버렸다. 분위기가 반전되는 순간이었다. 엉겁결에 나서긴 했지만 사실 겁이 나서 오금까지 저렸는데….

그때 나이 드신 계장님 한 분이 '때는 이때다' 싶게 나서더니 상황을 잽싸게 정리했다. '무슨 일로 오셨는지 앉아서 말씀해 주시라'고 공손히 말하고 여직원에게는 "차 한 잔씩 드려!" 하고 일렀다. 떼거리로 몰려와 행패를 부리던 민원인들은 그때부터 순한 양이 되어 소파에 앉았고, 그중 대표 격인 분이 '대한민국 ㅇㅇㄷ회' 회원들이라고 자기들을 소개하면서 찾아온 목적을 말했다. 하천 변에 무허가로 천막을 쳐놓고, 음식 파는 장사꾼들을 불러들여 먹자판을 벌이는가 하면, 무대를 설치하여 노래자랑을 하게 하는 이른바 '야시장' 사람들이었다. 그들은 빈 땅에 제멋대로 천막과 무대를 설치한 후 가판 음식점으로부터 자릿세를 받았고, 음식 점주들은 팔도음식을 소개한다는 미명으로 술과 안주를 팔았다. 한잔 술에 거나해진 손님들은 마이크를 잡고 노래를 불러대니 인근 주민들의 원성이 자자하던 이른바 '팔도 야시장'이라는 당시 유행하던 골칫거리였다. 주택가 공터나 하천 변, 동네 소공원 등 장소를 가리지 않고 그야말로 '무대뽀'로 천막을 친 후 자릿세를 받아먹는 막가파들이 당시에 존재했다.

담당자가 그들에게 다가가 민원이 들어와 천막을 철거하게 된 경위를 설명했고, 설왕설래를 거듭하면서 대화는 계속됐다. 결국, 민원은 야시장 운영 기간을 단축하고, 밤늦은 시간대에 노래는 부르지 않는 조건 등을 붙여 압수해 왔던 천막을 되돌려주는 것으로 결말이 났다. 알고 보면 이미 정해진 순서라 할 수 있다. '무작정 천막 설치 – 자릿세 받기 – 음주 후 고성방가 – 민원 유발 – 천막 철거 – 구청에 몰려가 행패 부리기 – 타협 – 장소 이동'의 악순환이 이어졌으니까. 1980년대는 그런 시절이었다.

소기의 성과를 거뒀다는 듯 흡족한 미소를 만면에 흘리던 일행 중 나한테 욕하던 민원인이 먼저 악수를 청하며 사과했고, 나도 웃으며 손을 맞잡아 줬다.

그 일이 있고부터 별 존재감 없던 난 여러 직원의 관심과 환대를 받았고, 짓궂은 직원들은 가끔 내게 다가와 "김○○ 씨! 눈 한번 세모로 떠봐!", "아니면 네모로 떠보던가!"라며 놀려댔다. 그러나 그게 싫지 않았다. 험악한 집단민원을 한 방에 제압한 내 멘트, '눈을 세모로 뜨나요? 네모로 뜨나요?'가

탄생한 순간이었으니까.

외나무다리에서 만나듯

민원공무원으로 일하다 보면 여러 유형의 사람을 만나게 된다. 공무원 생활 초기에 만난 민원인 이야기다.

"아! 여기 사세요?" 나를 얼어붙게 한 한마디, 그를 바라본 순간 난 굳어 버렸다. '원수는 외나무다리에서 만난다.'라는 말이 있지만, 저 친구를 여기서 보다니….

단칸방에서 두 칸짜리로 이사 가기 위해 전셋집을 내놓고, 부동산에서 입주할 사람을 데려온다기에 방을 보여주기로 한 어느 일요일이었다. "부동산에서 왔습니다." 소리에 방문을 여니 빼꼼히 안을 들여다보던 젊은 친구가 내게 던진 말이 "여기 사세요?"였다. '너 잘난 줄 알았더니 겨우 이런 오두막집에 사니?' 하고 툭 던지는 느낌, 그것이었다.

근무하던 동사무소에서 인감증명서 발급 업무를 담당할 때였다. 어느 민원인이 인감증명서를 대리 발급받으러 왔는데, 개인별 주민등록표를 뽑아보니 인감의 주인은 일본에 체류 중인 사람으로 표시돼 있었다. 당시 민방위 대원이던 장본인이 훈련을 면제 또는 연기하기 위해 출국 증명서를 제출했고, 그 사실을 업무 매뉴얼에 따라 개인별 카드에 기재해 놓은 것이었다. 인감증명서는 '본인 발급'과 '대리 발급'이 있는데 대리 발급의 경우 본인의 위임장에 더해 외국에 체류 중이면 해당국 영사관의 확인서(?)가 추가로 필요했다. 그런데 그 민원인은 영사관 확인서 없이 마치 국내에 있는 사람의 증명서를 대리로 발급받는 양 민원을 신청했다가 나한테 딱 걸린 것이다.

1980년대 초는 부동산 붐이 일 때라 동사무소에는 주민등록 등·초본이나 인감증명을 떼려는 민원인으로 몹시 붐볐다. 소위 새치기니 급행료니 하는 용어가 횡행한 것도 그 무렵이다. 줄 서서 민원서류 발급받는 게 귀찮아서 공무원에게 뒷돈을 찔러주기도 하고 뇌물로 매수하여 각종 서류를 위조하거나 변조하는 일도 빈번했다. 그래서 인감증명은 발급할 때 신중해야 하고 잘못 발급했다가는 소송에 휘말리거나 구상권 행사에 걸려 경제적으로 몰락한 공무원도 생기던 시절이다.

특히 '부동산매도용' 인감증명의 경우 인감도장을 변조하는 일도 있어 개인별 주민등록표에 찍힌 원본과 대조하는 일이 매우 중요했다. 도장의 진위를 판별하기 위해 담뱃갑의 셀로판 필름을 이용하기도 했다. 투명한 비닐에 인주를 묻힌 도장을 찍은 다음 원본과 인영을 대조하는 것이 그것이었다. 지키는 사람 열 명이 도둑 하나 못 잡는다는 말이 있듯이 그런 방법을 동원해도 속이려는 민원인을 막을 도리는 없었다. 가장 속수무책인 경우는 사망한 사람의 인감증명 발급인데, 죽은 사람의 사망신고를 하기 전에 마치 살아있는 것처럼 위임장을 쓰고 대리 발급받은 후 부동산을 매각하여 문제가 된 사례도 가끔 있었다. 그래서 모든 민원사무가 그렇지만 특히 인감증명 발급은 원칙을 철저히 지키는 일이 곧 자신을 지키는 일이기도 했다.

원칙주의자에 '독일 병정' 같다거나, '찔러도 피 한 방울 안 날 것 같다.'라는 갈을 듣고 있던 내게 영사관 확인 없는 인감증명 발급은 어림없는 일이었다. 창구에서 퇴짜 맞은 그 민원인은 포기하지 않고 여러 경로를 통해 돌파구를 찾다가 급기야 동장에게 청탁하기에 이르렀다. 다음날 동장님이 나를 불러 경위를 묻더니, 어젯밤 장본인이 일본에서 전화를 걸어와 본인 의사가 확인됐다면서 그냥 발급해주면 안 되겠냐고 은근히 압박했다. 그렇다고 거기 굴복할 내가 아니었다. 결국, 그 민원인은 일본에 있는 당사자와 연락해서 영사관 확인서류를 공항을 통해 입국하는 승객 편에 전달받았고, 그 다음 날에야 인감증명서를 발급받을 수 있었다. 증명서를 받던 날 민원창구에서 내게 눈을 맞추며 그가 했던 말이 떠올랐다. "앞으로 지켜볼 거요." 내가 법대로, 규정대로 제대로 하는지 지켜볼 테니 일 똑바로 하라는 일종의 엄포였다고 생각했다.

2년여가 지나 그 민원인을 옹색한 내 단칸방에서 만나다니, 아무리 가난이 죄는 아니라지만 그때 내 심정은 쥐구멍에라도 들어가 숨고 싶었다.

한편 생각해 보면, 인감증명서 발급절차를 까다롭게 규정한 건 그게 재산권과 직결된 사안이다 그랬을 테니 당사자의 의사가 확인되면 굳이 규정에 얽매일 필요가 있을까 싶기도 하다. 번문욕례(繁文縟禮), 레드 테이프(Red Tape)가 관료제의 부작용 중 하나라고 하는데 세상을 합목적으로 바라보지 않고 합법주의에 매몰된 게 바로 내가 아니었나 생각도 해봤다. 그러나 명확한 건 공무원에게 법과 규정은 반드시 지켜야 할 대상이지, 그때그때 상황에 따라 고무줄처럼 변동하는 규범이 아니라는 점이다. 더군다나 그때의 나는 팔팔한 순백의 공무원이었다는 말이다.

제1장 인생 1막을 공무원으로 시작하다

공무원이라는 직업인으로

성수동 ○○산업 공장에서 일하던 어느 날이었다. 점심 먹은 후 옥상에 올라가 주택복권을 맞춰본다고 친구가 펼친 스포츠신문 하단 광고란에 '서울시 공무원 수강생 모집'이라는 문구가 유난히 내 눈에 띄었다. 종로 ○○고시학원의 광고로 서울시 공무원 특강반을 모집한다는 내용인데 마감이 이틀밖에 안 남았다. 공무원을 직업으로 삼겠다고 목표를 정했지만, 군대 제대한 지 1개월여에 불과하여 차차 준비해야겠다고 생각한 시기였다. 다음 날 저녁, 일을 마치고 학원에 가보니 서울시 공무원 시험을 두 달여 앞두고 2개월 과정 종합반 수강생을 모집하고 있었다. 이 기회를 놓치면 안 되겠다 싶어 바로 등록했다.

그때부터 2개월간 낮에는 공장에서 일하고, 저녁에는 종로 ○○고시학원에서 5과목을 수강하며, 밤에는 숙소에서 공부하는 이른바 주경야독의 생활이 이어졌다. 나하고 방(일종의 기숙사)을 같이 쓰던 친구는 공장일이 끝나면 숙소에서 전자기타를 연습하는 게 취미였는데, 공부하는 나 때문에 기타 연주를 못 하는 건 물론이고 밖에서 시간을 보내다 12시 넘어서야 들어오는 불편을 겪어야 했다. 어떤 날은 내 공부를 방해하지 않으려고 고양이 걸음으로 들어오다 책상 앞에서 졸고 있는 나를 보고 적잖이 실망한 적도 있었다고 했다. 한번은 그에게 '나는 맥주를 한잔 마시면 잠이 달아나더라.'라고 지나가는 말로 얘기했더니 진짜로 맥주를 사 왔었다. 그걸 마시고 정말로 졸지 않고 책을 보는 나를 향해 참 '별종'이라고 했었다. 그도 그럴 것이 그는 맥주 한 잔만 마셔도 얼굴뿐만 아니라 온몸까지 벌게지는 체질이었기에 그랬다. 자주는 아니고 수험기간 두 달 동안 맥주 10여 병은 마셨던 것 같다.

아마 그때 내가 '알코올 친화적 체질'이라는 걸 확신한 건지도 모르겠다.

1차 시험에 붙고 나서 2차 면접 보는 날, 성수동에서 서초동 서울시 공무원교육원으로 가기 위해 버스를 기다리는데 갑자기 택시 한 대가 내 앞에 서는 것이 아닌가. 택시 타고 면접 보러 갈 형편이 안 되어 그냥 무시했는데 차 문을 열고 기사가 내리더니 "어이!" 하며 부르는 것이었다. 택시 운전을 하던 사촌 형이었다. 손님을 태우러 지나가다가 버스 기다리는 나를 발견하고 멈췄다는 것이다. 그 형을 만나 공짜 택시를 타고 면접 장소까지 편하게 갔고 최종 합격하기에 이르렀다. 넓은 서울 땅에서 하필 그 시간에 거기서 형의 택시를 만나다니 아마 그런 걸 '운명'이라고 하지 않을까 싶다.

당시 5급 을류 공무원은 공채 중 가장 낮은 직급이었지만, 군대 제대 후 고향에서 딱 13일 놀다 무작정 상경하여 친구가 있는 공장에서 지내던 중 서울시 공무원이 됐으니 주변에서는 엄청나게 출세한 거라고 했다.(내 생각도 그렇다) 그 후 좀 더 공부하여 상위 직급에 응시하고 싶었으나 그럴 여건이 안 된 게 아쉽긴 하지만 당시의 선택을 후회해본 적 없고 열심히 살아왔다고 자부한다.

돌이켜보면 내 인생 1막은 격변기를 거쳐 온 것 같다. 군에서 제대 특명을 기다리던 중 10·26사태(79.10.26, 박 대통령 시해 사건)를 맞았고, 79년 11월 제대한 후 고향에서 친구들과 잘 어울려 놀다가 이건 아니다 싶어 무작정 서울로 올라왔는데, 그날이 12·12사태(79.12.12 전두환 보안사령관이 정승화 육군참모총장을 체포한 날)가 발생한 날이다. 다음 해 5·18 광주민주화운동 당시에는 상계동 불암산에서 예비군 동원훈련을 받고 있었다. 공무원으로 발령받은 1980년 7월은 최규하 대통령 시절이었는데 그는 바지사장 격이었고, 8월 27일 장충체육관에서 전두환 대통령이 탄생하기도 했다. 내 공무원 출발 전후는 10·26, 12·12, 5·18 등 그야말로 정치적 격동의 시기였다. 공무원 생활을 마무리하고 정년퇴직한 2016년 12월은 박근혜 대통령이 탄핵당한 시기라 황교안 국무총리가 권한대행을 했는데, 그래서 내 훈장증(녹조근정훈장)에는 교부자가 황교안 대통령 권한대행으로 적혀 있다.

5급 을류(현행 9급) 공무원으로 입직하여 5급으로 퇴직했으니 36년 6개월 동안 직급은 겨우 제자리걸음인 셈이다. 인체의 이상적 온도가 36.5도이고, 1년이 365일인데 내 공무원 생활 기간은 36.5년이니 이 또한 숫자의 유희이거나, 운명의 희롱이 아닐까.

요즘도 만나는 군대 전우 중 서무병 출신 김 교수는 말했다. 내가 신병으로 전입했을 때 신상명세서에 장래 목표를 '4급 을류 공무원'이라 썼는데 사병 중 목표가 뚜렷한 사람은 내가 유일했다고. 그때 목표했던 직급에는 비록 못 미쳐 출발했으나, 공무원으로 인생 1막을 살았으니 성공적인 인생은 아닐지라도 그냥 열심히 성실하게 살아왔을 뿐이라고 생각한다.

풍선장수로 변신

지금은 동대문디자인플라자(DDP) 건물이 들어선 곳을 옛날에는 서울운동장(1945~1984) 또는 동대문운동장(1984~2008)이라 불렀다. 아나운서가 스포츠 중계방송을 할 때, '여기는 성동원두(城東原頭) 서울운동장입니다.'라는 말을 하곤 했었다. 수많은 국내·국제 체육경기가 열렸던 곳으로 서울시민의 날(10월 28일)인 가을에는 구청(그땐 자치구가 아니었다.) 대항 시민 체육대회가 열리기도 했다.

1980년대 초, 어느 구청에 근무할 때의 일이다. 서울시가 주관하는 각 구청 대항 체육대회를 앞두고 우리 부서는 입장식 준비를 맡았다. 그중 내가 맡은 임무는 입장식에 쓸 풍선을 미리 사두는 것이었다. 입장식의 콘셉트는 주변에 산이 많은 지역 특성을 살려 선수들이 산 모형 4개를 들고 입장하다 본부석 앞에 이르러 선수대표의 '우로 봐!' 하는 구령에 맞춰 풍선을 일제히 날려 보내는 것이었다. 당시 서울운동장은 각종 체육행사로 관람객이 많았고, 아이들 관객을 상대로 솜사탕이나 풍선을 파는 장사꾼들이 있었다.

풍선장수는 아침 7시경에 나온다는 정보를 입수하고 행사 당일 일찍 서울운동장에 나가 풍선장수를 기다렸다. 풍선에는 당시 헬륨가스를 주입했던 것으로 기억한다. 풍선을 높이 떠올리려면 그냥 공기를 주입해서는 안 되고 헬륨가스를 불어 넣어야 했다. 마침내 기다리던 풍선장수를 만나 풍선을 50여 개 사서 헬륨가스를 채워 부풀렸는데 문제는 그걸 어디 둘 데가 없는 것이었다. 할 수 없이 입장 게이트 앞에 관객들을 줄 세게 할 목적으로 설치한 11자 형 평행봉 같은 철주에 풍선 일부를 묶어놓고 나머지는 양손에 들고 우리 직원들이 올 때까지 두어 시간을 기다려야 했다.

당시는 지하철이 개통되기 전이니까 서울운동장 주변은 체육용품을 파는 가게가 즐비했고, 그 앞에 버스정류장이 길게 늘어서 있었다. 그곳은 수많은 직장인이 타고 내리던 주요 정류장이라 항상 붐비고 번잡한 곳이었다. 이 버스에서 내려 저 버스로 옮겨 타느라 바삐 움직이는 직장인들을 바라보고 있었는데 어떤 사람이 지나가다 나를 힐끔 쳐다보더니 "김 병장 아니요?" 하는 것이었다. 제대한 지 2년이 조금 지났을 무렵인데 민간인이 김 병장 소리를 들은 것이다.

"어! 장 하사, 장 하사 맞네." 나도 그를 알아보고 소리쳤다. 악수할 요량으로 손을 내밀려니 아뿔싸, 양손에 풍선이 잔뜩 들려있어 손이 자유롭지 못한 걸 깨달았다. 장 하사도 내 처지를 짐작한 듯 잠시 어색한 침묵이 흘렀고, 출근길이 바쁜 그는 자기가 타야 할 버스를 향해 달려가고 말았으니 그게 나와 그의 만남 전부다. 2년여 만에 만난 군대 전우를 보고도 '김 병장', '장 하사', 서로의 계급만 부르고 한 마디도 더 나누지 못했다. 장 하사는 계급은 하사로 병장인 나보다 높았지만, 중대본부에 근무한 내게서 소대에서처럼 분대장 대접을 기대할 위치는 아니었고, 나보다 입대가 훨씬 늦고 고향도 같은 남쪽이라 동생뻘로 대했었다. 장 하사 쪽에서는 군대에서 계급은 비록 자기보다 낮은 '병(兵)'이었지만, 본부 근무한다고 무게 잡던 사람이 제대하고 나서 겨우 한다는 일이 서울운동장에서 풍선장사 하는 것 같았으니 크게 실망하지 않았을까 싶다.

세월이 더 흐른 후 군대 전우들 모임에서 그 사실을 털어놓으며 혹시 어디에서 장 하사를 만나거든 난 풍선장수 아니었다고 말해 달라 농담하며 한바탕 웃은 일이 있다. 그 장 하사를 다시 만난다면 술 한잔하면서 옛일을 해명하고 싶다. 나 그때 진짜로 풍선 파는 사람 아니었다고. 명함이나 전화번호라도 교환했으면 가끔 연락하며 빡빡 기던 그 시절의 추억을 나누었을 텐데, 그러지 못한 점이 못내 아쉽다. 벌써 45년이나 지난 일이다.

서포사와 장포대

유수부쟁선(流水不爭先), '흐르는 물은 앞서려고 다투지 않는다.'라는 말이 있다. 강물은 어차피 바다에서 다 만나게 돼 있는데 굳이 조금 빨리 가겠다고 경쟁할 필요가 있느냐는 말이다. 공무원 생활에서 승진을 빼면 뭐가 남을까. 어느 조직이든 마찬가지다. 직장인, 월급쟁이의 꿈은 결국 승진 아니겠는가. 승진을 통해 연봉을 높이고, 부하직원을 늘려 지위를 과시하고 싶은 건 모든 조직인의 영원한 로망일 것이다. 그런데 앞을 다투지 않는 물처럼 살겠다는 말은 일종의 객기라 하겠다.

'서포사'란 말이 있었다. 서기관(4급) 되기를 포기한 사무관(5급)을 서포사라고 했으니 그 말은 장애인 중에 제일 무서운 장애인은 '시각장애인'이라는 말과 유사하다. 그 이유가 눈에 뵈는 게 없어서라는데 서기관으로의 승진을 포기한 사무관이면 누구(상사) 말을 겁낼 것이며 누구에게 아부할 일이 있겠는가. 군(軍)에서는 같은 의미로 '장포대'가 있다고 한다. 즉 장군 되기를 포기한 대령처럼, 더는 승진의 욕심이 없다면 얼마나 거침없는 직급이겠는가. 한마디로 눈에 뵈는 게 없으니 가장 조심해야 할 대상이 바로 서포사와 장포대라는 말이다.

어느 직급에 있을 때, 근무성적 평정에서 상위 평정을 받기 위해 무려 2개 기관(지자체), 5개 부서를 거쳤다. 보통 한 곳이나 두 곳에서 승부를 보는 게 일반적이었는데 난 보직을 제대로 받지 못해 정착을 못 하고 유목민이 되었다. 아침 출근 시간 5분과 10분은 큰 차이가 있다. 정시에 출발해서 목적지에 30분 후에 도착한다 치면, 5분 늦게 출발할 경우 35분 후쯤 도착할 수 있겠으나 만약 10분 늦게 출발한다면 40분 후쯤 도착하는 게 아니라 1시간 후에나 도착하는 것처럼, 출발 시의 5분 차이가 목적지에서는 20분 이상 차이로 벌어질 수 있는 것이다. 승진이 그렇다. 하위 직급에서 정체한 만큼 산술적 계산으로 조금 늦게 진급하는 게 아니라 러시아워의 출근 시간처럼 상위 직급에의 승진길이 아예 막혀 버리는 일이 생긴다. 그런 연유로 내 본의와는 달리 '서포사'가 될 수밖에 없었다. 사실 정년퇴직할 때 한 직급 올라갔다고 해서 연금을 더 받는 것도 아니다. 이미 연금 납입 기간인 33년을 꽉 채운 상태이기에 영향이 거의 없는 것이다. 퇴직하고 나면 그깟 인생 1막에서의 직급이란 게 아무짝에도 쓸모없다지만 전직에 있을 당시의 기분은 그게 아닌 거다. 그때 자조적으로 했던 말이 유수부쟁선이다. 어차피 시우회(市友會, 서울시 퇴직공무원 모임)에서 다 만날 텐데 아등바등할 필요가 있겠냐고 말이다.

퇴직한 지 얼마 되지 않았을 때는 어떤 직급으로 퇴직했느냐가 중요하다 여겼는데 10여 년이 다 된 지금 와서 생각해 보면 모두 부질없다는 생각이 든다. 아마 내가 한 직급 더 올라갔더라면 지금 같은 인생 2막을 영위할 수 없을 것이다. 못한 승진을 벌충하기 위해 자격증을 따고 경력관리를 했기에 오늘의 관리소장인 내가 있다고 생각한다. 또 직장에서의 승진이 꼭 능력 순은 아니잖나. '피터의 법칙(Peter Principle)'처럼 조직사회에서 승진한 사람은 자신이 더는 승진할 수 없는 지위, 즉 무능력 수준까지 승진한다니 말이다.

 정치인 김두관은 시골 이장을 하다 지역신문 발행인이 됐고, 남해군수, 경남도지사를 거쳐 행정자치부 장관과 국회의원까지 지냈다. 그야말로 입지전적(立志傳的)인 인물이다. 나도 동사무소 직원, 구청직원을 거쳐 서울시 직원으로 근무함으로써 중앙정부를 제외한 모든 지방 행정구역의 조직에서 일해봤으니 출세한 것임이 틀림없다. 참! 군대 가기 전에 고향에서 이 서기(里書記, 행정구역의 하나인 里의 사무를 맡아보는 이장을 보조하는 사람)도 해봤다. 물론 선출직과 임명직은 못 해봤지만 말이다.

동장대 수박운반

 북한산에는 대남문, 대동문, 대서문, 보국문, 용암문 등 14개의 문이 있는데, 그중 대동문에는 동장대(東將臺)라는 지휘소(조선 시대 금위영의 장수가 주둔했다고 한다)가 있다. 북한산성은 서울 은평구와 성북구, 강북구, 도봉구 이외에 경기 고양시 덕양구 등에 퍼져 있다. 북한산성은 백제 온조왕이 터를 잡았고 개루왕 때 성을 쌓았다고 한다. 서울시에서는 1990년부터 북한산성 복원정비 공사를 진행해 2020년에 5.5km 전 구간을 복원하여 등산객들에게 역사의 현장을 재현해주고 있다.

 어느 자치구에 근무할 때의 일이다. 당시 서울특별시장인 조순 시장이 초등학생들과 북한산성 복원 현장을 둘러보기 위해 대동문 동장대에 오른다는 전갈이 있었다. 행사명은 '서울시장과 함께 하는 문화유적탐방' 행사(1996.5.18.)였다. 원래 등산을 좋아한 조 시장은 매일 새벽 관악산을 등산하였고 직원 중에 등산 담당(?)도 두고 있던 시절이었다.

구청의 아침 간부회의(1996.5.17.)에서 다음날 서울시장 문화유적탐방 행사지원과 관련한 논의가 있었다. 행정구역이 구청 관할이므로 뭔가 접대를 해야겠는데, 간부들이 산에 올라가 시장님을 환영하는 건 너무 속 보이는 일이니 대신 어린이들과 시장 일행에게 수박을 대접하는 것이 좋겠다고 의견이 모였다. 그런데 어느 부서에서 그 일을 맡을 것인가가 문제였다. 사실 그런 부류의 특별한 행사는 구청의 선임부서이며 인력과 예산이 넉넉한 주무과에서 맡는 게 관행인데 그땐 아니었다. 힘의 논리가 작동하는 조직에서 생색나는 일은 서로 맡으려 하지만 힘이 드는 일은 서로 밀어내는 게 인지상정이다. 결국, 문화재와 관련 있다는 이유로 내가 근무하던 문화공보실에서 맡으라는 결정이 내려졌다.(그래서 힘 있는 부서에 근무해야 한다.) 골치 아픈 숙제를 떠안아 온 부서장은 고민 끝에 그 일을 내게 맡겼다. 물론 명분이야 사무분장에 따랐다지만 업무 담당도 아닌 내게 맡긴 이유가 될 수는 없었다. 아무도 입 밖으로 말하진 않았지만, 그 일을 감당할 만한 사람은 나밖에 없다는 게 이유라면 이유였겠다.(잘난 척이다)

당장 거사가 하루 앞으로 다가왔는데 네 일이니 내 일이니 따질 계제는 아니었고, 관건은 어떻게 수박을 동장대까지 운반할 것인가를 고민해야 했다. 직원들의 아이디어를 모아보니 젊은 공익근무요원(군 복무를 구청 근무로 대체하는 인력)이 일하는 부서(공원녹지과, 건설관리과)에 협조를 요청하여 인력을 지원받자는 안이 유력한 대안이었다. 수박은 최소 10통은 있어야 시장과 초등학생(몇 명인지는 모르나)들에게 두어 조각씩 먹게 할 수 있을 거고, 수박을 자르는 일은 관할 동사무소의 협조를 받아 부녀회원 몇 분을 섭외하기로 했다. 수박을 시원하게 먹으려면 얼음과 물이 있어야 하니, 얼음은 시서 운반하되 물은 미리 약수터에 올라가 받아 놓는 거로 대충 정리했다. 이것저것 할 일이 정말 많았으나 그중에서도 제일 큰 과제는 수박 10통을 짊어지고 갈 인력 10명을 구하는 일이었다. 한 사람이 수박 1통 이상을 지고 갈 수가 없으니 최소한 10명이 필요하고, 얼음 운반에도 2명이 필요하며, 약수를 받으려면 대형 통(일명 다라이)과 물을 담을 약수통이 필요하니 소요인력을 최소로 잡아도 15명은 돼야 했다. 그 인력에게 점심을 먹여야 하고, 땀 흘린 뒤에 목욕이라도 하게 하려면 돈이 필요한데 거기 쓸 예산이 있을 턱이 없었다. 더구나 그날은 토요일로 오전 근무만 하는 날이라 온종일 일을 시키는 데 따른 보상책도 있어야 해서 더욱 난감했다.

마치 쥐들이 고양이 목에 방울을 달자는 묘책은 마련했는데, 정작 누가 그 방울을 달 것인가 숙제듯이 '동장대 수박운반계획'은 답이 안 보였다. 나는 그때 서울시청에서 근무하다 구청에 내려와 있던 시기였기에 서울시와 인맥이 닿았다. 궁하면 통한다던가, 그러다 생각해냈다. 시장이 초등학생들과 북한산을 오른다면 분명 시청에서도 간식이나 생수, 학습자료 등 산으로 가져갈 물건이 많을 건데 시청에서는 그런 것들을 어떻게 운반할까에 생각이 미쳤다. 그래서 바로 시청 담당 부서에 전화를 걸었더니 담당자가 마침 내가 잘 아는 직원이었다. 그래서 서울시 행정은 '안면 행정'이라는 말도 있는가 보았다.

담당자가 알려준 바르는 그날 오후 3시에 고양시 소재 노고산 예비군훈

련장에서 헬기로 행사 물품을 운반하니 그걸 활용해보라고 했다. 통화할 때가 오전 11시경이었으니 매우 촉박한 시간이었다. 3시까지 물품을 가져가면 동장대까지 운반해줄 수 있다니 그거야말로 안성맞춤 그 자체였다. 우선 수박부터 사야 했다. 아직 이른(5월?) 시기지만 시장에는 수박이 나와 있어서 전화로 먼저 10통을 예약했다. 이어 화물차량을 1대 배차받고 운전기사와 직원 등 3명이 서둘러 점심부터 먹었다. 식사를 끝내자마자 인근 시장에 가 예약해 둔 수박을 찾아 차에 싣고 바로 출발하여 고양시 지축에 있는 헬기장에 도착하니 14:50경이었다. 시간을 딱 맞춘 것이다. 그곳에서는 북한산성 복원공사에 드는 석재 등을 운반하기 위해 매일 한 차례씩 헬기를 운항하는데, 운 좋게 우리가 그걸 이용하게 된 것이다. 관계자에게 수박 10덩이를 인계하고 사무실로 돌아오니 수박운반 대작전의 8할은 끝난 거나 다름없었다.

콜럼버스가 달걀을 세우기 전까지 수많은 사람이 도전했으나 누구도 성공하지 못했다. 그러나 그가 달걀의 한쪽 끝을 조금 깨뜨려 세우고 난 후부터 누구나 달걀을 세울 수 있었다. 그처럼 남이 한 것을 따라 하긴 쉬우나 처음 발견하는 것은 아무나 할 수 있는 일이 아니다. 헬기를 이용한 수박운반도 그와 같다고 본다. 누구나 헬기가 동장대까지 운항하는 것을 알았다면 그편에 수박을 실어 보내는 것은 일도 아니다. 그러나 헬기가 뜬다는 사실을 전혀 알지 못하고 어디서 뜨는지, 또 그것을 이용할 수 있는지를 알지 못했다면 수박 10통을 나눠 짊어지고 10명의 사람이 북한산을 오를 수밖에 없었을 것이다.

다음 날 부서 직원 중 여직원, 몸이 불편한 직원, 부서장, 필수요원을 빼고 전원이 인부로 나섰다. 그래봤자 5명뿐이었지만. 각자 지참한 배낭에 얼음을 나눠 넣고, 약수통, 대형 '다라이'를 둘러메고 북한산 대동문 등산길에 나섰다. 40여 분의 산행 끝에 대동문에 다다랐고, 1명은 약수터에서 약수를 받았으며 4명은 동장대로 올라가서 수박을 아래로 져 내렸다. 헬기가 착륙하여 짐을 부린 동장대에서 대동문 광장까지는 10여 분 걸렸다. 다행히 내리막이라 조금 덜 힘들었다. 4명이 두 번씩 나르고도 2개가 남아, 젊은 직원 2명은 추가로 한 번씩을 더 오르내려서 수박 10통을 다 옮겼다. 이어서 다라이에 약수를 채운 후 얼음을 넣고 수박을 담가뒀다. 나중에 부녀회원 2~3명이 올라와 시원해진 수박을 썰어 은박접시에 담아냈다. 조금 있으니 보이스카우트 복장을 한 초등학생 4~50명이 올라왔고 뒤이어 시장님 일행과 기자들이 올라왔다. 땀을 흘리고 올라와 산중에서 먹는 수박 맛은 굳이 묘사할 필요가 없을 것이다. 우리가 애써 올려온 수박을 먹고 흐뭇해하는 사람들을 보는 일 또한 흡족했었다.

그 후로도 동장대 수박 공수작전은 가끔 회자됐으나 헬기로 수박을 운반했다는 사실만 거론될 뿐, 누가 아이디어를 냈으며, 누구의 인적네트워크를 활용해 운반했는지는 전혀 거론되지 않아 섭섭했었다. 다 지나간 일이다.

2
그리움이 머물던 자리

여차장 종숙이

유년 시절을 회상하다 보면 중학생 시절 통학버스의 '여차장 종숙이'가 생각난다. 집에서 학교까지 거리는 약 8킬로 남짓이었으나 비포장에 꾸불꾸불하고 높은 언덕도 있어 버스로 30여 분, 걸어서는 1시간 반쯤 걸렸던 것 같다. 90년대 초쯤 그 길이 포장된 후 처음 승용차로 달리면서 재보니 겨우 7분여에 불과하여 놀랐던 기억이 새롭다.

중학생 시절 3년을 버스를 타고 통학했다. 2학년 때인가 한 학기쯤 학교에서 가까운 외갓집에 유숙하면서 걸어 다녔던 기간을 빼면 아침 등교는 버스로, 저녁 하교는 주로 걸어서 다녔다. 걷기엔 어린 중학생에게 짧지 않은 거리였지만, 차비를 아껴야 했기에 수업이 일찍 끝나는 하교 때에는 걷는 걸 당연하게 여겼다. 그 시절엔 도로 사정이 참 안 좋았다. 자갈길이라서 자전거 타기도 불가능했고 비라도 오는 날이면 도로가 온통 흙탕길로 변했다. '붉은 잔등'이라 부르던 언덕길을 오를 때면 버스 바퀴가 황토 속에서 헛돌며 빠져나오지 못해 승객들은 모두 내려서 나뭇가지를 꺾어다 흙구덩이를 메워야 했다. 그래도 안 되면 다들 버스 꽁무니에 달라붙어 온 힘을 다해 밀기까지 했다. 그중 가장 낡은 버스의 차량번호 뒤 자리가 562번이어서 우린 그 버스를 '오륙이'라고 불렀다.

'오륙이'의 여차장 이름은 '종숙이'였다. 중학생인 우리보다 서너 살은 많았으니 당시 17~18세의 꽃다운 나이였으리라. '오륙이' 운전사인 약간 풍보 아저씨가 "종숙아, 종숙아."라고 불렀기에 우리도 '종숙이' 하고 놀려댔다 어린 녀석들이 이름을 마구 부르니 듣는 '종숙이'는 영 못마땅해하며 눈을 흘겼지만, 그걸 아랑곳할 아이들이 아니었다.

버스 여차장(女車掌)은 교통부가 1961년도에 "여차장제"를 도입한 후 1980년대 말까지 20여 년간 유지됐다고 한다. 도시에서도 시내버스는 콩나물시루와 동의어였지만, 시골의 버스는, 특히 아침 등굣길 버스는 늘 만원 상태였다. 거기다 오일장 날이면 기본 만원(滿員)에 장보기 인원을 더해 초만원 상태였다고 할 수 있겠다. 신기한 건 승객들이 겨우 비집고 들어가 초만원 상태이던 버스도 운전사가 S자를 두어 번 그리며 달리면 금방 널찍해진다는 사실이었다. 특히 그 방면에는 '오륙이'의 운전사가 베테랑이었다. 차 문을 닫을 수 없을 정도로 빽빽이 들어선 승객들을 종숙이가 두 팔을 벌려 튕겨 나가지 않도록 싸안으며 "오라이!"를 외치면, 그다음은 운전사의 시간이었다. 우선 핸들을 꺾어 버스를 좌우로 한번 흔들고, 브레이크를 밟아 앞뒤로 한 번 더 흔들어주면 한쪽에 쏠려 있던 사람들이 어느덧 차 안에 고루 분산되는 효과를 가져왔다.

종숙이의 역할은 "내리실 분 안 계시면 오라이!"뿐만 아니라 차비를 걷는 일이 더 중요했다. 시골 버스는 거리에 따라 요금을 받기 때문에 목적지는 같아도 어디서 탔느냐에 따라 요금이 다 다르다. 차표를 파는 정류소가 있는 큰 동네에서는 미리 차표를 끊도록 하니 별문제 없으나 차표를 안 파는 작은 동네에서 현금을 주고 타는 경우가 문제였다. 그러나 차표를 파는 동네라고 해서 학생들이 모두 차표를 끊고 타는 것은 아니었다. 날짜가 표시된 차표는 여차장이 빼먹고 안 받아가도 다시 사용이 어렵다. 그렇지만 현금 승차의 경우 차장 눈만 속이면 그냥 요금이 굳게 되므로 요행수를 바라는 마음에서 표를 안 사는 애들이 더 많았다. 종숙이의 특별함은 요금을 걷을 때 그 진가가 발휘됐다. 버스 뒤쪽(당시 버스는 출입문이 하나였다)에서 "요금 준비하세요!"라고 외친 후 콩나물시루 같은 버스 안을 비집고 들어가서 한 사람도 빠짐없이 차표를 받았고 현금을 내면 거스름돈까지 척척 돌려줬다. 아무리 여차장이라지만 아가씨인데 선머슴 같은 남학생들 사이를 몸으로 부딪치면서 요금을 받는 일이 쉬웠을 리 없다. 때론 신발을 벗고 좌석과 좌석 사이를 넘어 다니기도 하고 왼쪽에서 오른쪽으로 건너갈 때는 틈을 안 주려는 학생들과 몸싸움까지 불사하며 기어이 헤집고 나가 한 사람의 누락자도 허용하지 않는 투철한 직업정신을 보여줬으니.

콩나물시루에 콩을 안치려면 먼저 콩을 선별하는 작업을 한다. 콩을 밥상 위에 올려 죽 펴놓고 몇 개씩을 몸쪽으로 굴리면서 깨지거나 벌레 먹은 콩을 가려내는데 그 과정을 통과한 멀쩡한 콩만이 콩나물용으로 사용된다.

종숙이가 요금을 걷는 방식이 바로 그 콩을 선별하는 과정과 같았다. 뒤에서부터 한 줄씩 앞쪽으로 나아가며 검사를 하듯 요금을 받는데, 어떤 녀석은 요금을 안 내고 슬쩍 뒤로 빠져 돈 낸 대열에 서는 경우가 있다. 그러나 그걸 놓칠 종숙이면 '여차장 종숙이'가 아니다. 좋은 눈썰미로 벌레 먹은 콩을 가려내듯 족집게처럼 부정행위자를 식별하는 안목이 특출했으니까.

그 방법이 안 통한다는 사실을 알면서도 아이들은 마치 숨바꼭질하듯 다음에 또 시도했다. 혹시라도 종숙이가 모르고 넘어가면 차비가 용돈으로 거저 떨어지는데 쉽게 포기하겠는가. (그때 차비가 15~20원쯤이었나) 혼나는 건 잠시이고 일종의 도둑질이지만 장난과 치기가 곁들여진 놀음이니 굳이 죄책감을 느낄 필요까지는 없었다.

짓궂은 녀석들은 종숙이가 앞으로 지나갈 때 아랫배 부위를 종숙이 엉덩이에 바짝 밀착하기도 했고, 더 심한 녀석은 손으로 슬쩍 몸을 더듬다가 귀싸대기를 얻어맞기도 했다. 요즘 같으면 파렴치범으로 몰리는 것은 물론 성추행 행위로 경찰서를 들락거려야 할 일이지만 그 시절엔 그게 관용되던 시기였다. 지금 생각해 보면, 종숙이는 이마에 여드름이 송송 돋았지만 까무잡잡한 얼굴에 그리 밉상은 아니었던 것 같다. 지금은 어언 칠십 줄에 접어들었을 종숙이, 그 누이는 어디서 어떻게 살고 있을까. 그리 자랑스러운 직업은 아니었으니 과거를 즐겁게 회상하진 않겠지만, 모두가 보릿고개 넘듯이 힘겹지 살아온 세월이니 가끔 추억이야 하겠지. 가을 단풍처럼 곱게 나이 들었을 종숙이. 오늘따라 '여차장 종숙이'가 보고 싶다. (2020.6.23)

볼펜대로 빨아 먹던 막걸리

텔레비전에서 인도 지방의 뉴스를 보거나 영화를 보면 버스에 온갖 동물과 사람이 함께 타고 가는 걸 보게 된다. 70년대 우리 모습이 그와 비슷했다면, 요즘 사람들은 뭐라고 할까? '나 때는 (그랬다는) 말이다.'(라떼는 말이야!)

중학생 시절, 아침 7시경 출발하는 상행버스와 저녁 6시경 출발하는 하행

버스는 통학버스와 다름없었다. 통학버스라니까 시내를 쌩쌩 달리는 멋진 관광버스 타입의 그런 버스를 연상할지 모르겠으나 천만의 말씀이다. 승객의 대부분이 학생들이니까 통학버스로 불릴 수도 있지만, 그 버스엔 사람만 타는 게 아니었다. 때론 화물차가 되어 온갖 짐도 거기에 실렸다. 도시 자녀에게 부치는 화물, 즉 쌀이나 잡곡, 고구마, 마늘, 채소 등을 면 소재지 정기 화물 취급소까지 나르는 운송수단으로 버스를 이용했던 시절이었으니까. 심지어 장날(쇠전이 있는 오일장은 4일, 9일)이면 닭이나 오리뿐만 아니라 새끼돼지까지 버스에 태우기도 했다. 많은 숫자는 안 되고 닭·오리는 두세 마리, 새끼돼지는 한두 마리 정도는 허용됐던 것 같다.

요금은 차장(車掌)이 매기는데, 사람에 준해서 받았다. 쌀 한 가마에 사람 1인분의 요금, 아니 운임을 매기는데 2가마 이상이면 좀 깎아주기도 했다. 당시 학생 차비가 15~20원 정도였는데 달걀 1개 값과 비슷했던 것으로 기억한다. 돈 대신에 달걀 1개를 가져와 차표를 끊는 사람도 있었으니까. 닭이나 새끼돼지도 차지하는 면적에 따라 요금을 매겼는데 그건 전적으로 차장의 권한이었다. 공인된 운임 조견표가 따로 있는 것도 아니었으니 더 받으려는 차장과 덜 내려는 손님(물건주인) 간에 실랑이가 벌어지는 건 다반사였다.

장날 아침·저녁의 버스에 사람과 동물이 함께했다면, 평일 저녁 버스엔 또 다른 손님이 있었다. '막걸리 통'이 바로 그것이었다. 당시는 양조장(술도가)에서 막걸리를 각 마을로 공급할 때 주로 낮에 삼륜차에 싣고 배달했지만, 저녁에는 버스를 이용하곤 했다. 학생들이 타는 버스는 앞쪽에는 여학생들이, 뒤쪽엔 남학생들이 주로 탄다. (누가 정한 것도 아닌데) 버스의 뒤 칸에 하얀색의 한 말들이('말통') 둥근 술통이 실려 있으면 남학생들 사이엔 회심의 미소가 퍼진다. 바야흐로 '디오니소스의 시간'이 도래한 것이다. 종점으로 실려 보내는 말통은 대략 10개 정도였다. 버스가 '붉은 잔등'이라 불리는 고갯길을 넘어선 후 약간 평평한 길에 접어드는 순간부터 학생들의 작업은 개시됐다.

 우선 '퍼스트 펭귄' 격의 용감한 녀석 하나가 가방에서 볼펜을 꺼낸다. 그 시절 흔하디흔한(지금도 있지만 잘 안 쓰는) 하얀 대에 '153'이라고 쓰인 모나미 볼펜 말이다. 우선 볼펜의 아래쪽 까만 부분을 돌려서 볼펜심과 스프링을 제거하고, 다음에 위쪽의 누르는 부분 '똑딱이'를 뽑아내고 나면 하얀 볼펜 대단 남는다. 약 10여 센티미터 남짓 되는 빨대를 우선 확보했으니 다음 공정은 막걸리 통의 뚜껑을 열 차례다. 당시 말 통의 뚜껑(구멍)은 2개가 있었던 것으로 기억한다. 지름이 큰 것 하나와 대각선 쪽에 아주 작은 것 하나. 큰 통에서 술을 부을 때 공기구멍이 있어야 콸콸거리지 않고 잘 따를 수 있으니까 작은 구멍을 한 개 더 둔 거로 이해된다. 그중 작은 주둥이의 뚜껑을 열고 볼펜 대를 구멍에 박은 다음 통속의 술을 빨아 먹으면 '상황 끝'이다. 다음 순서를 기다리는 한 녀석은 말통을 붙잡고 약간 눕혀 볼펜 대가 막걸리의 수면에서 어긋나지 않도록 하는 임무를 맡는다. 그렇게 돌아가며 두세 번씩 빨아먹되 한 통에서 너무 많이 뽑아내면 표가 나니까 마치 살아있는 곰의 쓸개에서 즙을 뽑아내듯이, 요령 좋게 10개 통을 돌려가면서 적당량을 뽑아내야 한다. 점심 먹은 지 무려 대여섯 시간이 지나 허기진 학생들에게 버스 안의 막걸리 통은 그야말로 바쿠스 신(神)의 선물이었다.

하굣길 학생들은 허기에 시달릴 수밖에 없다. 도시 애들처럼 군것질거리를 사 먹는다는 건 언감생심이고, 용돈이라는 개념 자체를 몰랐던 시절이다. 학교가 일찍 파하는 날이면 걸어가면서 논둑 근처의 나락(벼)을 훑어서 까먹기도 하고, 무나 고구마를 캐 먹기도 하지만 버스를 타고 갈 때는 주린 배를 움켜쥐고 쫄쫄 굶어야 했다. 점심 도시락을 싸 가도 아침에 해치운 애들이 있었다. 그도 그럴 것이 학생들이 학교에 도착하는 시간은 아침 8시 전후인데 수업시간까지 남은 시간은 거의 1시간여다. 그러니 그 시간에 책 펴놓고 예습하고 복습할 애들이 몇이나 되겠나. 시간을 가장 효과적으로 보내는 방법은 도시락 까먹는 것임을 애들은 벌써 터득해 버렸으니까. 그래도 저녁까지 버틸 일을 고려해서 점심 전까지 아예 먹지 않거나 절반만 먹는 지혜를 발휘한 애들이 더 많았다.

그 시절 난 존재감이 별로 드러나지 않는 숙맥이었기에 스스로 나서서 그 막걸리를 마셔본 적은 없지만, 짓궂은 친구의 강요로 두어 번은 빨아본 것 같다. 그때 난 알았다. 내가 술을 잘 마시는 체질이라는 것을. 굳이 부모님의 유전자를 소환하지 않더라도. 왜냐면 막걸리 한 모금을 마시고도 얼굴이 벌게지는 애들이 있었지만, 난 그렇지 않았으니까. 오히려 술을 마시면 얼굴이 더 하얘졌다.(2020.9.22)

아버지와 원기소

현대인은 참으로 많은 약을 먹는다. 비만, 음주, 흡연 등으로 인해 고혈압, 당뇨 증세를 안 가진 성인이 드물 지경이니 먹어야 할 약도 많을 수밖에 없다. 치료 약뿐만 아니라 건강식품을 포함하여 각종 영양제를 합하면 종류가 더욱 많아진다.

　수년 전 남대문 역 쪽방촌을 방문한 적이 있는데 그곳에 기거하시는 할아버지가 보여준 약봉지가 생각난다. 한 번에 먹는 양이 할아버지 손으로 거의 한주먹일 정도로 많았다. 약을 먹기 위해 물까지 마시면 밥을 안 먹어도 배가 꽉 찬다고 했었다.

건강검진 또는 작은 질병으로 병원에 가면 의사가 제일 먼저 묻는 말이 있다. "지금 복용 중인 약이 있습니까?" 그때 "없습니다."라고 굵고 낮은 목소리로 대답할 때면 뿌듯한 자부심을 느끼게 된다. 이 나이에 아직 고혈압, 당뇨, 고지혈증과 친하지 않다는 것은 아무나 흉내 낼 수 없는 일이니까. 실제로 내가 주기적으로 먹고 있는 것은 비타민C 한 가지뿐이다.

　내 생애에 최초로 먹어본 영양제는 '원기소'였다. 중학교 입학하기 전 예비 소집 일이었던 것으로 기억한다. 학교가 있는 면 소재지에 함께 가서 가방과 교복, 학용품들을 산 후 귀가하기 위해 버스정류장으로 향하시던 아버지가 갑자기 내 손을 끌고 간 곳이 약국이었다. 아무 생각 없이 따라갔는데, 약사와 뭐라고 조곤조곤 말씀하시더니 '원기소' 한 통을 사서 내게 건네주시는 것이었다. 원기소가 영양제라는 건 알았지만, 우리 집 형편이 영양제를 먹을 처지가 아니었기에 썩 맘이 편치 않았었다. 아마 예비 소집에 온 또래에 비해 체구가 작은 장남이 맘에 걸리고 눈에 밟혀서 원기소 한 통으로 안쓰러운 부정(父情)을 표현하셨던 듯하다.

하얀 플라스틱 통에 들어있던 원기소는 고소하면서도 비릿하고, 달콤하면서도 노릿한 맛이 났었다. 미숫가루, 콩가루 같은 맛에 단맛도 가미된 것으로 기억한다. 옛날 광고를 찾아보니 '발육촉진, 식욕 증진, 병에 대한 저항력 강화' 등을 효능으로 내세우고 있었다.

그때 한 통이 아마 1개월 치였을 텐데, 그 후 더 먹은 기억은 없다. 원기소 한 통으로 아들의 체구가 금방 커질 거로 생각했을 리는 없겠지만 안타까운 마음에 뭐라도 사 먹이고 싶으셨을 아버지의 그 심정을 알 것도 같다.

한 사람의 아버지가 백 사람의 선생보다 낫다.   - 조지 허버트

녹용이나 녹각 같은 보약은 아이들 어렸을 적에 먹여야 한다는 말을 많이 들었으나 막상 내 아이들에게 베풀지는 못했다. 빠듯한 살림에 보약은 엄두도 내지 못했지만 그런 것 안 먹고도 잘 자라준 아들들이 고마울 따름이다. 아버지가 내게 사준 그 시절의 원기소가 내 아이들이 어렸을 적의 녹용쯤에 해당할 터인데, 난 받아먹었으면서 베풀지는 못한 미안함이 지금도 가슴을 짓누른다. '내리사랑은 있어도 치사랑은 없다.'라는 말이 있지만, 난 치사랑은커녕 내리사랑도 실천하지 못한 것이다. 오로지 받기만 했을 뿐….

박인로의 「조홍시가(早紅柿歌)」가 생각난다.

반중 조홍감이 고와도 보이나다
유자 아니라도 품음즉도 하다마는

품어가 반길 이 없을새 글로 설워하노라

주자 십회훈(朱子十悔訓)의 '불효부모 사후회(不孝父母死後悔)'라는 대목처럼 윌기소 대신 산삼, 녹용이나 영양제를 사 드리고 싶어도 이제는 이 세상에 안 계신 아버지를 생각하니 가슴이 먹먹할 뿐이다. 문득 나훈아의 〈테스형!〉 2절 가사가 떠오른다. "울 아버지 산소에 제비꽃이 피었다…."

세상에서 부모가 되는 것보다 더 중요한 직업은 없다. – 오프라 윈프리

맹감나무를 보면

"정선아, 정선아! 너 오는 길에는 맹감나무도 없더냐!"

집 나간 지 십여 년 만에 찾아온 아들이 빈손으로 온 걸 안 그 어머니가 '맹감이라도 한주먹 따오지 그냥 빈손으로 왔냐!'고 책망을 섞어 표현했다는 말이다.

맹감은 여름이면 푸른 열매가 마치 청포도 같이 생겼지만, 시큼하므로 먹어봐야 아무 소득이 없다. 그래도 아이들은 입이 궁금하고 심심할 때 푸른 열매를 따서 입에 넣고 오물거려보지만 이내 뱉고 만다. 가을에는 붉은색으로 익어 보기엔 탐스럽지만, 겉모양과 달리 맛이 있을 턱이 없다.

'맹감나무'는 표준말로는 '망개나무'고 '청미래덩굴'이라고도 하는데 전라도, 경상도 지방에서 그리 부른단다. 열매는 쓸모없지만 뿌리는 해독작용을

하는 효능이 있다고 알려져 있다. 누가 이름을 붙였는지, 앙증맞기가 고욤처럼 생겼기에 감의 일종이라 쳐도 무방하겠다. 하지만 '고욤 일흔이 감 하나만 못하다.'라는 속담처럼 '맹감 일흔이 고욤 하나만 못 할' 수밖에 없다. 맹감나무는 땔감으로 쓸 순 있지만, 가시가 있어 베기도 쉽지 않아 그저 별 볼 일 없는 잡목의 하나일 뿐이다.

 도회지로 나가 학교 다니던 자녀들이 방학을 맞아 고향 집에 갈 적에도 술 한 병은 꼭 사 들고 간다. 비록 그 돈이 자신들이 보내준 학비 일부지만 그걸 받아든 부모는 자식을 무척이나 대견스러워한다. 또 객지에서 살면서 고향 본가에 다니러 갈 때도 고기 한 근, 술 한 병은 들고 가는 게 예의이고 예절이다. 친척 집은 물론 남의 집엘 가더라도 결코 빈손으로 가지 않는 게 동서고금의 법도라고 할 수 있다. 또한, 선물은 꼭 비싸지 않아도 된다.

 우리 시골에 살던 정선이는 중학교 1학년 때인가(2학년이었던가) 학교가 싫어 서울로 내뺐다. 나보다 한 학년 아래였는데 공부를 죽어라 싫어했기에 겨우 중학교에 입학한 지 1년여 만에 학교생활을 작파해버린 것이다. 서울 가서 중국집 주방장이 됐다는 소문이 돌았고 그 후 근 십여 년 만에 고향 집을 들렀다는데, 오면서 빈손으로 왔던 모양이다. 강산이 한번 변할 만한 시기에 나타난 아들 손에 술 한 병 정도는 들려있을 줄 알았는데 빈손인 것을 알아차린 그네 어머니가 했다는 말이 시적(詩的)이다.

 "정선아, 정선아! 너 오는 길에는 맹감나무도 없더냐!"

하도 얼척(어처구니) 없고 덜떨어진 아들을 책망하는 마음을 담아 이웃에게 변명처럼 했다는 말이 주변의 누군가를 거쳐 내 귀에까지 전해진 것이다.

처음 그 말을 듣고 참으로 명언이라 생각했다. 들판이나 야산에 지천으로 널려있어 흔하디흔한 열매가 맹감이다. 그러나 먹을 수는 없는 과실 아닌 과실, 하다못해 그런 흔해 빠진 맹감이라도 한 움큼 따오지 어찌 빈손으로 올 수가 있느냐는 어머니의 푸념이 얼마나 해학적인가. 동네 사람들이 '오랜만에 집에 온 아들이 뭐 사 왔더냐!'라고 묻기라도 한 듯 그 어머니가 먼저 세상사에 미숙한 아들을 감쌀 겸 남이 원망하기 전에 설레발치는 심정으로 그리 말했으리라. 운율까지 맞춘 대사가 음미할수록 시적이지 않은가. 결코, 비싼 것은 바라지도 않는다는 소박한 심정을 과일 아닌 맹감에 빗대어 표현하다니 얼마나 멋진가 말이다. 시인의 가슴을 가진 그분의 모습을 떠올려 본다.

그 정선이가 세상을 하직했다는 얘기를 얼마 전에 들었다. 이제 겨우 60대 중반의 나이에… 지방 어디 장례식장이라던데, 서로 만나본 지 20년도 더 지났고 근황을 아는 사람도 주변에 거의 없어 서울을 떠나 지방에서 생활한 것도 모르고 살았다.

"문상 갈 수도 없고 그냥 알고나 있게."
"알았네!"

부음을 전해준 친구와 전화로 나눴던 말이다.

먼저 간 정선이의 명복을 빈다.(2021.4.8)

수목장 조성

이 세상에 태어나 잘한 일을 꼽으라면 주저 없이 두 가지를 들겠다. 먼저 담배 끊은 일, 다음으로 조상님 산소를 이장하여 수목장을 조성한 일이 그것이다.

무슨 일이든 계기(契機)가 필요한 데, 내게 있어 금연, 단연(斷煙)이 그랬다. 군대 시절엔 하루 두 갑, 직장 생활하면서는 하루 한 갑 정도 피우던 담배를 어느 날 하루아침에 끊었으니 어찌 자랑스럽지 않겠는가. 벌써 30년도 더 된 일이다. 담배를 단칼에 끊은 얘기는 다음 기회로 미루고 여기서는 산소 이전에 관해 얘기하고자 한다.

고향 해남 북평면 평암에 터 잡은 김해 김씨 감무공파(監務公派, 일명 四君派) 선조들은 달마산을 등지고 남해가 보이는 곳에 정착했다. 하지만 바다는 멀고, 농토는 협소하고 궁벽한 곳이라 물산이 풍족할 리 없어 겨우 굶지 않고 생존할 만한 여건을 갖춘 곳이었다.

시제(時祭)의 중심지인 문중 선산(일명 도산)은 꽤 넓고 많은 선조가 영면한 곳이나 우리 직계 4대 고조부모 이하 조상님들은 선산이 아닌 근처 여기저기 야산에 흩어져 계셔서 벌초 때마다 후손들을 힘들게 했다. 크게 4~5개소로 분산된 묘소는 해를 거듭할수록 길 찾기가 쉽지 않았다. 옛날처럼 땔감으로 나무를 베지도 않고 소를 방목하지도 않으니 전에 있던 작은 산길들은 짐승들조차 이용하지 않고 사람은 더더욱 다닐 수가 없었다. 어느 해에는 산악회에서 등산로에 붙이는 리본을 가져가 나무에 매달아보기도 했으나 다음 해가 되면 무성한 숲에 가려져 아무 소용없었다.

부모님을 비롯한 직계 선조들이 단명한 탓에 어느 결에 좌장 격이 된 나에게 산소를 한곳으로 모으는 일은 지상과제였다. 가끔 지방 여행을 하다 고속도로변에 잘 가꿔진 묘지를 보면 무척이나 부러웠고, 나도 언젠가는 우리 선조들을 저렇게 모셔야겠다는 효심(?)을 불태우곤 했었다. 그러나 세상이 변하다 보니 야산에 웅장한 비석이나 석물을 세우고 봉분을 드높이는 일은 졸부들이나 하는 일로 치부하는 세상이 됐다고 본다. 화장률이 90%에 이를 줄 30여 년 전에 상상이나 했겠는가. 아파트 생활이 일반화하기 전이라면 객사가 아니고서야 장례를 집안이 아닌 장례식장에서 치를 줄은 또 상상이나 했겠는가. 그러나 지금 세상은 변했다. 변화된 세상에 맞춰가야 한다. 그래서 산소를 한곳으로 이전하되 수목장(樹木葬, 시체를 화장한 뒤 뼛가루를 나무 밑에 묻는 장례)으로 하려고 결심을 굳혔다.

장사, 장례 같은 일은 시기가 중요하다. 이사할 때 손 없는 날을 찾는 것처럼 장의(葬儀) 관련 일은 윤달에 해야 뒷말이 없다. 좋기로는 한식날이 적당하나 전 국민이 성묘하러 움직이는 날이니 모이기에 불편하다. 21세기에 미신을 따지느니 마느니 다툴 필요도 없이 궂은 일일수록 뜻을 맞춰 이견을 좁혀야 한다. 특히 여러 형제자매가 관련된 일은 더욱 그렇다. 2012년경부터 나와 같은 고조부모를 둔 형제자매들과 산소 이전에 관해 의견교환을 시작했다. 아무래도 내가 나서 주도해야 할 것 같아 공사 시기는 퇴직한 후인

2017년쯤으로 잡고 미리 사전정지 작업을 했다. 남자 형제들은 매년 벌초 때마다 고충을 겪었기에 적극적으로 환영했다. 여자 형제들 또한 벌초는 직접 해보지 않았어도 변화된 상황을 알기에 흔쾌히 동의했다. 그렇게 예고편을 거쳐 2017년 7월 윤달에 공사하겠다고 했더니 아무도 이의를 제기하지 않았다.

산소를 이전하는 일은 생각했던 것보다 어려웠다. 가장 큰 문제는 비석에 선조들의 생몰(生歿) 일자를 기재해야 하는데 자료를 찾는 일이 무척 어려웠다. 족보의 기록에 의지했으나 10년 단위로 편찬하는 족보 증보 작업에 누락(가세가 빈한한 탓에 문중 본부에서 주관하는 편찬 작업에 몇 차례 빠진 것으로 추정)되다 보니 가승(家乘, 직계 조상을 중심으로 간단한 가계를 기록한 책)과 호적등본, 제적등본 등 여러 자료를 겹쳐 봐도 딱 맞아떨어지지 않는 경우가 많아 힘들었다. '백지장도 맞들면 낫다.'라는 말처럼 누군가 의논할 상대가 있어 공동으로 작업하면 좋으련만 도와줄 형제가 없어 외롭고 힘들었다. 어찌어찌 4대 선조(감무공 16세~19세)들의 연보를 정리하여 비석 뒷면을 완성했고 상석(床石) 옆면에 새길 후손들의 이름을 물어 적는 일까지 끝냈다.

묘지 조성공사를 계획하면서 봉분은 아예 검토조차 안 했고, 납골묘처럼 콘크리트 구조물을 만들 것이냐, 평토장처럼 처리할 것이냐를 놓고 의논한 결과 트렌드에 맞게 수목장으로 하자는 데 쉽게 의견일치를 보았다. 산소 주변에 큰 소나무가 몇 그루 있으나 새로 주목을 한주 사서 중심지에 심었다. 그렇게 14분(손이 귀한 집안이다) 조상님의 유택을 조성했다.

공사는 한동네 출신으로 장례 관련업을 하는 친구 동생에게 맡겼고, 비용은 형제자매 20명이 공평하게 분담했다. 모든 공사를 끝내고 참석한 형제들이 모여 앉아 조상님께 제사를 지냈다. 마지막 순서로 내가 몇 날을 고치고 고쳐 쓴 축문을 읽으니 여자 형제 중 일부는 콧물을 훌쩍이기도 했다. 그날 읽은 축문의 내용은 다음과 같다.

유~ 세차/ 정유/ 윤오월 임오삭/ 8일 을축, (서기 2017년 7월 1일에)
손자 홍기가/ 김해 김씨 감무공파/ 16세 이하 조상님의 영전에/ 삼가 아뢰옵니다.

조상님들이/ 여러 곳에 흩어져 계신 관계로/ 그동안/ 유택을 제대로 관리하지 못하고/ 자주 문안드리지 못함을/ 못내 가슴 아파하던 중에/
여러 자손이/ 뜻을 모으고 힘을 합쳐/ 오늘/ 양지바르고 바람 잔잔한 이곳에/ 새로운 쉴 곳을 마련하고/ 모두가 함께 모여/ 절을 올립니다.

돌이켜보면,/ 우리 형제자매와 자손들은/ 험한 세상을 살아오면서/
간난신고도 겪었고,/ 혈육을 먼저 보내는/ 아픔도 겪었습니다만,/
금수저를 물고 태어나지 못한 걸/ 한탄하거나/ 누굴 원망해 본 바 없이/
나름대로 최선을 다해/ 열심히 살아왔습니다./

바라옵노니/ 자손 모두가/ 하늘같이 높고 바다같이 넓은/ 조상님의 은혜를 가슴에 새기면서/
늘 강건하고 알차게 생활하며/ 천수를 다한 후/ 저세상의 조상님들 곁으로/ 가는 그날까지/

무사 무탈하도록/ 늘 보살펴 주시옵소서./

아울러/ 작은 소원이 있다면,/
부귀와 영화는 바라지 않으나,/ 먹고 사는 데 불편하지 않을 만큼의/ 최소한의 재물을/ 갖게 해주시고,

병원과 약에 의존함이 없이/ 자유롭게 활동할 수 있는/ 육체를 허락해 주실 것이며,/

자신을 사랑하고/ 이웃과 더불어 살아갈 수 있는/ 지혜와 용기를 갖도록 /
도와주시옵소서/

새 유택을 장만한/ 오늘을 기리려/ 자손들이 맑은 술과/ 조촐한 음식을
정성껏 장만하여/ 절절한 마음으로 조상님들께 올리오니/ 흠향하시옵소서. 끝.

행사를 끝낸 저녁, 다들 모여 식사하면서 우리들의 숙원사업인 산소 이장은 끝났지만, 앞으로도 동기간의 우애가 변치 않게 모임을 지속하자며 회장, 총무를 뽑았는데 짐작한 대로 내가 회장으로 뽑혔다. 위의 형님, 누님들이 계셨지만 그런 모임을 추진하는 데는 공무원 출신인 내가 적임자라고 다들 의견을 모은 결과였다고 생각한다.

한 가지 에피소드는, 개명한 여동생이 상석에 새긴 자기 이름을 본명으로 기재했다며 격하게 항의를 해서 당황했었다. 나도 바꾼 이름을 알고 있었으나 거기까진 미처 생각지 못했기 때문이다. 그 순간 옆에 있던 동생 중의 한

명이 나서서 "바뀐 이름을 적으면 조상님들이 누군지 몰라보잖아요. 그래서 원래 이름을 적는 게 맞아요."라고 한마디 거들어줘서 겨우 수습한 일이 있었다.

3
추억을 추억하며

닭이 원래 다리가 몇 개예요?

 지난 추억이라고 모두 아름답게 느껴지는 건 아니지만, 인생 2막 길에서 생각해 보면, 1막 시절의 기억들은 힘든 것보다는 좋았던 일들만 새록새록 떠오른다. 백사장의 모래 중에서 맨 위에 쌓인 모래가 먼저 바람에 날리는 것처럼 우리의 기억도 최근 것부터 지워지는 게 치매 증상의 시작이라던데, 이제 나도 나이를 먹어 가까운 기억보다 바닥에 퇴적한 옛 기억만 또렷해지는 걸까.

 지난 시절, '문화유적 시찰'이라는 프로그램이 있었다. 부부동반으로 3박 4일간 주로 남도의 역사 현장과 문화유적을 탐방하는 여정이었다. 개별적으로는 가기 어려운 명소를 대형버스 2대에 나눠 타고 다니는 단체여행은 오붓함보다는 직장 동료 간 친밀감을 높이고 공감대를 형성하는데 더없이 좋았다고 생각한다. 거기에 선발된 것(우수 공무원이라는 미명으로)도 행운이었지만 특히 좋았던 건 음식이었다. 평소에 먹어보기 힘든 향토음식을 돈 걱정 없이 먹어볼 수 있었기에 그랬다. 행사 주관부서에서는 미리 탐방하는 지역의 도청 또는 군청 위생과에 전화해서 맛집을 추천받는다. 그 맛집 중에서 또 추려서 장소를 정한 후 예약을 하고 관할 행정기관에도 귀띔해준다. 그러면 행정기관에서는 다시 음식점에 당부 전화를 하게 된다. 왜냐면 서울에서 한꺼번에 약 93여 명의 손님이 찾아가니 지역 경제에 영향을 줄 뿐 아니라 그들을 통한 평판이나 입소문을 무시할 수 없기 때문이다. 그래서 우리 일행이 가는 음식점은 맛은 물론 서비스 또한 최상일 수밖에 없었다.

첫날 지리산 탐방을 마치고 낙안읍성에서 1박을 하게 됐는데 저녁 식사 메뉴는 닭백숙이었다. 주막거리에 있는 식당에는 서울에서 온 손님들을 맞으려고 그 동네 아낙네들은 다 동원한 듯 서빙 하는 분들이 10여 명은 됐다. 이윽고 큰 뚝배기에 담긴 뜨거운 백숙을 안쪽자리부터 배식하기 시작하니 여기저기서 '반찬을 더 달라.', '동동주를 달라.' 소리치며 식당 안은 금세 도떼기시장이 돼 버렸다. 드디어 내 차례, 뚝배기의 닭 한 마리 2인분이 식탁 위에 놓이자 닭 다리를 뜯어 아내와 하나씩 나눴는데 슬그머니 장난기가 발동했다.

"사장님, 닭이 원래 다리가 몇 개예요?" 내가 주방 쪽을 향해 소리치니
"2개인데요." 하는 여주인의 목소리가 들려왔다.

"그런데 여기 이놈은 다리가 1개밖에 없네요. 지리산 전투에 참여했던 놈인가."
"……."

그러자 여기저기서 킥킥거리는 웃음이 들렸고, 옆 식탁에 앉은 동료는 내게 소주잔을 건네며 한잔 받으라고 했다. 낯은 익지만 잘 알지 못하는 직원인데… 한껏 달아오른 여행 기분에다 소주 한잔에 불콰해진 얼굴로 분위기

를 즐기고 있는데, 주인인 듯한 아주머니가 들통을 들고 내 근처로 왔다.

"아까 닭 다리 하나뿐이라는 분 누구세요?" 하며 둘러 봤다.

"여기요."라고 내가 대답하니 닭 다리 하나를 들통에서 꺼내 내 뚝배기에 채워주면서

"솥에 다리 하나가 빠져 있더라고요."라고 했다.

앞쪽, 옆쪽에서 '와!' 하며 박수 소리가 들리는가 하면 "여기도 다리가 하나뿐인데…."라는 푸념 조의 소리도 들렸다. '사또 떠난 후에 나발 부는 격'의 전형적인 뒷북이 아닐 수 없었다.

전에 직장 근처 치킨집 중에 통닭 한 마리를 시키면 닭 다리가 3개 나오는 집이 있었다.(지금도 있을까?) 닭 한 마리에 다리를 세 개 줬기에 특별했던 집으로 아직도 기억하고 있는데, 백숙을 먹으며 다리를 3개씩 차지한다는 건 아무나 할 수 없는 경험이었다. 용감한 자가 미인을 얻는다지만, 용감무쌍해서 닭 다리 하나 더 얻어먹는 일도 있는 것이다.

단체 손님 중 하나가 떠든 객쩍은 소리도 그냥 흘려보내지 않고 재치 있게 대거리해 준 여주인의 푸근한 마음 씀씀이가 아직도 정겨운 여운으로 남아 있다. 10년도 더 지났으니 그 사장님은 이미 은퇴했는지 모르겠다. 아니면 아직도 그곳에서 식당을 운영하고 있을까. 지금 와서 생각하니 그때 그 장면 중에 아쉬운 부분이 있다. 닭 다리 1개를 더 베풀어 준 아주머니에게 가만히 악수를 청하며 만 원짜리 1장을 찔러주었으면 좋았을 걸 하는 후회 말이다. 아무리 팁 문화에 익숙하지 않다고 해도 그 정도 아량과 배려를 실천하지 못했던 내가 생각할수록 한심스럽게 느껴진다.

언제 시간 내서 낙안읍성에 한 번 다녀와야겠다. 혹 그 여주인이 아직도 장사하고 있다면 옛날얘기 하면서 닭 다리 1개를 더 얻어먹을 수도 있잖을까.(2022.5.5.)

장사할 때, 미소 짓는 법을 배우지 못했다면 가게 문을 열지 마라.

— 탈무드

인숙이 엄니

'또?'라고 할지 모르지만 군대 얘기를 좀 해야겠다. 남자들에게 군대는 추억의 보고(寶庫)이고 '구라?'의 화수분인 건 다 아는 사실이다. 그러나 축구 얘기는 안 하겠다. 예비사단이자 훈련사단은 '군대스리가'와는 거리가 한참 머니까.

강원도 양구군 낙면 ○○리, 보병 제×사단 31연대 1중대가 위치했던 곳이다. 지금은 부대 통폐합으로 인해 없어진 사단이다. 6·25 때 사단기를 뺏겨 부대기가 없는 부대, 통일되면 부대의 최우선 순위가 사단 깃발을 찾아오는 일이라고 선임병들은 전설처럼 얘기하곤 했다. 이젠 부대가 없어졌으니 깃발을 찾아올 부담도 없겠다.

군대 생활, 스무 살 젊음을 썩히며 제 살을 깎아 먹는 나날이라 여겼던 기간이었는데 지금 와서 추억해보면 천금을 주고도 못 바꿀 소중한 절차탁마(切磋琢磨)의 날들이었다는 생각이 든다. 그 시절, 양구에서 만난 후 수십 년간 인연의 끈을 이어오는 네 사람이 1년에 한두 번씩 만나는데, 지난 10

월 18일에는 서울 남부터미널에서 만났다. 그냥 남자 넷이 만나도 군대 얘기가 빠질 수 없는데, 같은 내무반에서 동고동락한 전우들이라 시작도 끝도 군대 얘기였고 그날의 화두는 '인숙이 엄니'였다.

군부대 주변은 어디랄 것 없이 군인들에게 술이나 간식거리를 파는 구멍가게가 있기 마련인데, '인숙이네 집'은 우리 중대 후문을 지나 개울 건너편에 있던 구멍가게를 말한다. 농가 서너 채 사이에 간판도 없는 시골 점방, 과자봉지 같은 주전부리 몇 가지와 소주, 사이다, 콜라 등속의 음료가 전부인 그런 곳이었다. 가게 문을 옆으로 밀면 물건 진열대가 있고 걸상 서너 개와 탁자 한 개가 놓인, 전체 면적이 한 평 반 정도인 공간이었다. 옆 중대에는 초병이 초소에서 "남아의 끓는 피…"로 시작하는 군가 〈멸공의 횃불〉을 부르면 점방 주인이 다가와 주문받는(주로 소주와 과자) 곳도 있었다고 들었는데 우리 부대 주변에는 그런 곳이 없었다.

인숙이 엄니는 오십 대 후반(당시에는 팔순 노인으로 알았는데 딸 나이에 견줬을 때 육십이 채 안 됐을 거라고 지난번 모임 때 의견일치를 보았다.)으로, 얼굴이 새카맣고 앞니까지 몇 개 빠져 엄청 나이 들어 보인 아주머니였다. 당시 여고생이던 그 집 딸 인숙이는 엄마를 닮아 얼굴은 갸름했으나 마른 몸에 낯빛도 새카매서 그리 예쁘다고 할 수는 없었다. 그 엄마가 늘 "우리 인숙이는 젖이 작아서 걱정"이라던 말처럼 몸매랄 것도 없었지만 군인들 눈에는 드물게 보는 치마 입은 여자였다.

그 인숙이가 여고를 졸업하고 읍내에 있는 학원에서 전화교환원 자격증

공부를 했는데, 당시 우리 내무반의 제대 날이 얼마 남지 않은 이 병장님이 인숙이가 자격증을 따면 서울 전화국에 취직시켜주겠다고 약속했다고 한다. 그 말에 감동한 인숙이 엄마는 이 병장님의 라면에 달걀을 공짜로 넣어줄 만큼 기대를 감추지 않았다. 더욱이 그는 제대할 때, 부대에서 틈틈이 깎아 만든 피나무 바둑판을 인숙이네 집에 맡기면서(군인이 반출하면 헌병한테 걸리니까) 꼭 다시 찾으러 오겠다고 약속함으로써 인숙이 엄마에게 딸 취직에 대한 확신을 줬다.

사람은 화장실 갈 때와 나올 때 마음이 다르다는데, 군인이 제대하고 그깟 바둑판 때문에 지겨운 그곳을 다시 찾을 리 만무하다는 걸 알 턱없는 인숙이 엄마는 이제나저제나 이 병장이 올 날만 손꼽아 기다렸었다. 내가 가게에 들를 때면 이 병장한테 연락 온 거 없냐고 묻곤 했으니까. 그러다 인숙이는 언제까지 기다릴 수 없었던지 무작정 서울로 갔다고 했다. 아마 어느 전화국에 취직하여 교환수로 일했는지, 아니면 다른 직업을 찾았는지 후일담은 모른다. 가끔 라면 먹으러 건너가 인숙이한테 소식 왔냐고 물으면 힘없이 고개를 젓던 그 엄마의 야윈 뺨과 몇 개 안 남은 앞니가 지금도 눈에 선하다.

군대 직책이 보급병이던 나는 부대원들이 모두 훈련 나가면 보급품(2·4종) 창고를 지키는 것이 주 임무였다. 행정관(옛 인사계)이라 불리는 노란 소위님과 함께. 그래서 고된 훈련을 마치고 귀대한 내무반원들로부터 질시도 많이 받았다.

잔류병들의 식사는 대대 취사장에서 제공했는데 점호도 열외인 그들은 점심만 취사장에서 타다 먹고 아침이나 저녁 식사는 으레 각자 내무반에서 라면이나 건빵으로 때웠다. 내 경우도 저녁 한 끼는 인숙이네 집에서 라면과 소주로 대신하는 그런 일과였다. 현금 대신 장부에 달아놓은 외상값은 휴가 다녀올 때나 보너스가 나오는 달(3개월마다)에 갚는 게 관행이었다.

그렇게 인숙이네 집을 들락거리다 보니 부대원들, 특히 같은 내무반 전우들의 나와 인숙이 사이에 섬싱(something)이 있지 않나 하는 의심의 눈초리를 감당하기 힘들었다. 하지만 군 생활 33개월 동안 내가 인숙이 얼굴을 본 건 두어 번에 불과했다. 전우들은 지금도 만나면 그때 무슨 일 없었냐고 짓궂게 놀리지만 해줄 얘기가 없어 그들에게 실망만 안겨 줄 뿐이다.

나보다 너덧은 아래였으니 경로우대증도 받았을 나이인데, 양구에 살다 서울로 간 인숙이는 지금은 어디에서 나처럼 늙어가고 있을까.(2024.10월의 마지막 날)

평택역 가는 길

오늘은 군대 친구들을 만나는 날, 약속장소인 평택역을 향해 전철을 타고 가는 길이다. 날씨가 제법 선선해져 가을이 오고 있음을 실감한다. 밤엔 추워 이불을 덮어야 하지만 한낮의 태양은 아직도 불타고 있다. 코발트색으로 변해가는 하늘은 한철 내내 대지를 달구며 포악질해대던 여름이 이제 가을에 덜미 잡혀 끌려갈 날이 얼마 남지 않음을 암시한다.

군대 제대한 지도 어언 44년째인데 그 시절 동료들을 아직 만난다고 하면 다들 놀란다. 그도 그럴 것이 군대라는 특수 환경에서 만난 사람들을 사회에서 다시 만나기도 흔치 않은데 그 긴 세월 만남을 지속했다는데 놀라는 것이다. 학연이나 지연 또는 직장연 말고는 그리 오래 교유할 일은 드물 테니까.

  탈영병 잡는 헌병의 얘기를 다룬 넷플릭스 드라마 〈D.P.〉를 보면 선임들이 구타와 가혹행위를 일삼는데 그것은 사회에 나가서 결코 다시 만날 일은 없을 거라는 확신 때문이라고 본다. 군대에서 만난 후임병을 제대하고 사회에 나가서 또 만나리라고 생각한다면 그 같은 행위들을 절대 할 수 없을 것이다. 오늘 만나는 우리 또한 그 시기엔 사회에 나가 다시 만날 거라는 생각은 전혀 하지 못했었다. 그랬기에 정도의 차이는 있지만, 그 시절 일반 군인들이 겪은 내무반에서의 애환, 이를테면 기합이라든가 빳다 세례 같은 과정은 피할 순 없었다. 그러고도 반가운 마음으로 만남을 지속하는 건 아마 구성원들의 인격이 훌륭한데 기인하지 않을까.

  강원도 양구에 소재한 교육사단의 소총 중대 내무반에서 행정병으로 근무한 인연이기에 일반적으로 우애가 끈끈하다는 입대·훈련 동기가 아닌 보통 선임과 후임 사이인 것이 우리 모임의 특징이기도 하다. 약 33개월의 병영 생활 중 사람에 따라 10~20여 개월을 같이 지냈으니 인연도 보통 인연은 아닌 셈이다.

  서무병 출신으로 우리 중 가장 선임인 김○○ 병장은 대기업에 근무하다

뒤늦게 학위를 따서 대학교수를 지냈다. 독실한 크리스천답게 술은 한 방울도 못 마시면서 만날 때마다 같잖은 소리 해대며 취해 떠드는 후임들을 너그러운 미소로 포용한다.

우리 모임의 영원한 스폰서 이○○ 병장은 가족이 운영하는 회사의 임원이라서 씀씀이가 넉넉하여 모두의 부러움을 산다. 통신병으로 근무할 때는 다른 소대 선임병의 치아를 부러뜨릴 만큼 기세등등했는데 그때 고향 부모님이 찾아와 경제력으로 해결하여 이미 유명했다.

모임의 막내 격인 임○○ 병장은 국영 공단의 간부로 퇴직한 후 낙향하여 뒤늦게 시니어 모델로도 활동하는 멋쟁이라 주변에 따르는 여성들이 많아 질투와 시새움의 대상이다. 군대에서 작전병으로 워낙 고초를 많이 겪어 지금도 회상하면 애잔함이 묻어난다.

나 김 병장은 공무원으로 정년퇴직한 후 아파트 관리소장으로 제2의 인생을 살고 있다. 모임의 서열은 두 번째인데 군대에서는 보급병으로 주로 부대 잔류 생활을 하여 고생한 다른 이들은 나를 날라리 군인으로 여기는 경향이 있다.

경기도 군포, 경기도 평택, 전북 부안, 서울 동대문에 사는 우리를 1년에 한두 번 모이게 하는 유인(誘因)은 뭘까 생각해봤다. 생사를 같이한 전우라기엔 어색하고 사회에 나와 각기 하는 일도 다른데… 그건 우리 인생의 황금기인 20대를 강원도 산골의 한 부대, 한 내무반에서 동고동락한 때문일 것이다. 이제 인생의 황혼기에 접어들어 모든 사물을 너그러이 관조할 여유가 생기니 앞으로 우리가 이렇게 만날 수 있는 날은 얼마나 될까 궁금해진다. 1년에 1~2번으로 쳐도 10번을 더 만나기는 쉽지 않을 듯하다. 그때까지 전우들이여! 우리 건강하게 삽시다. 당~백~(2023.9.9 만남을 회상하며)

4
남자에게 퇴직은 거세와 같다지만

이문동 칸트

내 인생의 화양연화(花樣年華)를 떠올리노라면 인생 1막 시기, 퇴직을 앞두고 가진 6개월간의 공로연수 시절이 회상된다. 자격증을 따기 위해 기술교육원에 출퇴근하면서 주말이면 인근 대학도서관에서 1차 필기시험 준비를 했고, 목장갑을 두 겹씩 끼고서 쇠파이프를 자르고 용접을 하는 등 실기시험 준비도 참 열심히 했었다. 평생을 책상머리에 앉아 샌님으로 살아온 별수 없는 '기계치'라서 남보다 더 열심히, 더 성실히 집중하려 애썼었다. 생전 처음 해보는 아세틸렌용접을 비롯하여 쇠톱으로 파이프를 자르고 나사를 만드는 일은 노동의 신성함을 맛보게 했고 최종 결과물은 경외심을 불러일으켰다. 공들여 깎고 자르고 붙여 만든 배관모형이 정말 내가 만든 작품이 맞나 하는 생각이 들기도 했다.

그때의 내 생활은 마치 사관생도의 일정과 같았다. 6시 기상 시간부터 식사시간, 인근 주민센터에서 국선도를 수련하는 시간, 산책하는 시간이 톱니바퀴처럼 아귀를 맞춰 돌아가 조금의 빈틈도 없었다. 그 시절, 어느 모임에서 그런 일상을 얘기했더니 어느 감각 있는 후배가 "와! 칸트하고 똑같네요. 이문동 칸트네요!"라고 말했다. 그때부터 한동안 내 별명은 '이문동 칸트'가 됐었다. 다 지나간 옛 얘기다. 칸트는 매일 3시 30분이면 같은 장소를 산책하여 사람들이 그를 보면서 시계를 맞췄다는 일화가 전해지듯이 지금의 내 일상도 일정 부분 칸트를 닮은 구석이 없진 않다.(아직도 이문동 칸트라는 말이다.) 틀에 박힌 듯 규칙적인 생활을 하는 사람을 보는 일은 숨이 막힌다 지만, 실제 그렇게 생활하는 사람에게는 오히려 편안하고 자연스럽다는 걸 해본 사람은 안다. 오히려 궤도를 이탈하면 불안한 전차처럼.

임마누엘 칸트(Immanuel Kant)는 일찍이 '행복'에 대해 이렇게 말했다. '할 일이 있고 사랑하는 사람이 있고 희망이 있다면 그 사람은 지금 행복한 사람이다.' 인생 2막에 들어 주5일 근무를 한다고 하면, 어떤 이들은 말한다. '아니 어떻게 그 나이에 1주일에 5일씩이나 일을 해? 2~3일이면 모를까.' 그건 그들 생각이고 난 주 5일 근무가 좋다. 금요일 이후에는 2일간의 주말이 이어지고 국경일이나 명절 등 이른바 달력의 빨간 날들이 간간이 박혀 있어 일하는 즐거움을 배가하니까. 그것도 해본 사람만이 알 수 있다. 그렇게 내가 즐겨 하는 일이 있고 기쁨과 슬픔을 함께하는 가족이 있으며, 인생 3막에 대한 계획도 있으니 내 생활이 바로 칸트의 행복론과 일치하는 게 아닌가 싶다.

기왕 칸트에 대해 글했으니 '나무위키'가 전하는 칸트의 일화를 살펴보자. 칸트는 80 평생을 독신으로 살았는데 체구가 왜소하고 용모가 볼품없었기에 나이를 많이 먹을 때까지 결혼을 생각하지 않았다고 한다. 그런 칸트에게 어떤 여인이 청혼했다. 칸트는 그 여인에게 '생각을 좀 해볼 테니 시간을 달라'고 부탁했다. 그러고는 도서관에 가서 사랑과 결혼에 관련된 책을 모두 섭렵한 후, 결혼하는 것이 좋은 이유 354개와 결혼하지 않는 것이 좋은 이유 350개를 찾아냈다. 결과적으로 결혼해야 할 이유가 4개 더 많아 청혼을 받아들이려고 그 여인을 찾아갔더니 이미 다른 남자와 결혼하여 아이까지 있다는 소식을 들었다고 한다. 칸트가 공들여 연구했다는 결혼하는 것이 좋은 이유 354개와 하지 않는 것이 좋은 이유 350개가 전해지지 않는 것은 유감이다.

칸트는 유명한 묘비명을 남겼는데 『실천이성비판』이란 책에 실린 유명한 문구가 쾨니히스베르크대학에 있는 그의 묘지에 다음과 같이 새겨져 있다고 한다.
'내 마음을 늘 새롭고 더 한층 감탄과 경외심으로 가득 채우는 두 가지가 있다. 그것은 내 위에 있는 별이 빛나는 하늘과 내 속에 있는 도덕률이다.'

중·고등학교 시절, 위인의 명언을 외울 때 '하늘에는 빛나는 별, 내 마음속에는 도덕률, 칸트'라고 외웠는데 묘비에는 좀 더 길게 썼나 보다.(2023.1.9)

갑니다, 떠납니다
어린 시절 연못가에서 놀던 꿈이 아직 깨지 않았는데(未覺池塘春初夢)
집 앞의 오동나무 잎에서는 벌써 가을 소리가 나는구나(階前梧葉已秋聲)
— 주희, 「권학문(勸學文)」 중에서

저는 이제 36여 년 동안 몸담아온 소중한 일터를 떠나기 위해 7월 1일부터 6개월간 인생 2막 준비에 들어갑니다.

'공로연수'라는 이름의 다리 앞에서 서울시에서의 반평생을 뒤돌아보니 성취감이나 인·도감보다는 회한과 아쉬움이 더 큽니다. 하여 앞으로의 삶은 나와 가족보다는 이웃과 사회를 생각하면서 부족한 부분을 채워 나가는 일에 진력하겠습니다.

회자정리(會者定離), 거자필반(去者必返)이라 했지요.
길어진 인생길, 어느 길목에서 어떤 인연으로 또 만날지 알 수 없는 우리기에
잠시의 작별을 이별이라 여기지 않겠습니다.

청사 곳곳에 계시는 함께했던 얼굴들을 찾아보고,
핸드폰 속에 저장된 이름들을 한 번씩 불러보고 싶은 마음 간절하나
'떠날 때는 말 없이 가 더 멋져 보일 것 같아 그만두렵니다.

늘 그랬던 것처럼 앞으로도 희로애락을 함께할 수 있으면 참 좋겠습니다.
그리고 제가 기억하듯이 저를 기억해주신다면 더없는 영광이겠습니다.

2016년 6월
서울시 ㅇㅇ과 김홍기 올림

　정년퇴직을 앞두고 공로연수에 들어가면서 시청 인트라넷에 올렸던 작별의 편지다.

정년퇴임식 아들의 편지

아버지께

30년이 넘는 공직생활을 마무리하시는 시점에서 아버지에 대해 생각하니,
어릴 적부터 어머니를 비롯하여 가끔 우리 집을 방문하셨던 동료분들께서 하셨던
말씀이 떠오릅니다.

아버지처럼 천상공무원인 사람은 없다고.
원리원칙을 중시하고 정확하며 꼼꼼한 모습…
아버지의 책상이나 거실 진열장에서 종종 볼 수 있었던 표창장들의 기억과 맞물리면서
'천상공무원'이라는 표현은 어린 시절의 제게 그렇게 기억됐습니다.

그런데 제가 사춘기를 겪고 방황하던 시절에는
그 '천상공무원'이라는 표현은 또 달리 다가왔습니다.
엄격하고 융통성 없는 아버지…
그래서인지 저의 고민이 많이 이해받지 못한다는 야속함을 느낄 때도 많았습니다.
그 때문에 아버지와의 관계도 좀 소원해지기도 했었지요.

제가 대학을 졸업하고, 군대에 가고, 직업을 얻고, 사랑하고, 결혼하면서,
철이 들고 어른이 되면서 아버지에 대한 저의 이해는 또 조금씩 달라졌습니다.
아니, 보다 정확한 표현은 '넓어졌다'가 맞을 것입니다.
세월이 지나면서 제가 바라보는 세상은 조금씩 넓어졌고,
그만큼 아버지에 대한 이해도 넓어졌습니다.

아버지

그래서 이제는 압니다.

제가 가장 방황하던 그 시절에도 당신께서는 저에게 큰 부담을 주지 않으려 하셨다는 것을.

어릴 적에는 무뚝뚝하게만 느껴졌던 당신께서

사실은 어머니에게 얼마나 자상한 남편이었는가를.

그래서 저는 저의 '결혼생활과 사회생활도 모두 아버지만큼만 하자'는 것이 목표입니다.

하지만 자식은 부모님께서 베풀어 주신 은혜,

사는 동안 그 반도 갚지 못하리라는 것을 압니다.

오늘은 아버지의 30년이 넘는 공직생활에 마침표를 찍는 날입니다.

부모는 언제나 자식에게 부족했을까 봐 걱정한다지만,

그래서 모든 것이 미안해한다지만,

존경하는 인생의 선배로 계셔준 것만으로도

제게는 언제나 분에 넘치는 감사함이었습니다.

아버지,

하나의 마침표와 다른 하나의 시작점을 찍는 당신의 오늘을

진심으로 축하드립니다.

오늘 저희 아버지와 함께

서울시민을 위해, 가족을 위해

평생을 헌신하신 모든 아버지, 어머니께 이 편지를 올립니다.
모두 고생하셨고, 감사드립니다. 사랑합니다.

2016년 12월 30일

김홍기 님 아들 김ㅇㅇ 올림

※ 여러 번 읽어도 싫증이 안 나는 글도 있다. 이 글이 바로 그렇다. 2016년 12월 세종문화회관에서 진행된 내 정년퇴임식에서 가족대표로 깜짝 등장한 장남이 무대에서 읽었던 편지의 전문이다.

5
육 남매 이야기

새우구이 시식기

육 남매 단톡방에 글이 올라왔다. "막내가 번개로 새우 쏜대요. 시간 되시는 분들 가족들 모두 모두 같이 새우 먹으러 모여요." 다섯째가 올린 글이었다. 육하원칙에 의해 자세히 올리라고 했더니, 일요일인 10월 8일 낮 12시 강화도르 새우구이를 먹으러 가자는 제안이었다. 비용은 막내가 부담한다는 명쾌한 설명고- 함께. 그래서 넷째가 빠진 대신 조카들이 합류하여 모두 11명의 가족이 함께했다.

사람들은 제철 음식을 먹어야 한다고 너도나도 난리다. 과일도 제철 과일을 찾듯 요즘 초가을은 새우가 제철이고 제맛이라고 했다. 집 나간 며느리도 돌아온다는 전어 철은 들어봤어도 새우 철은 전에 못 들어봤는데….

큰 냄비 바닥에 소금을 깔고 왕새우를 넣은 다음 가스 불을 지피니 새우 녀석들이 튀어나오려 날뛰는 바람에 냄비뚜껑을 손으로 누르고 있어야 했다. 조금씩 열이 가해지니 까무잡잡하던 새우곰뚱이가 붉은색으로 변해갔다. 잠시 기다렸다가 집게로 한번 뒤집으니 금세 익어 이제 먹어도 된다고 했다. 일단 머리 부분을 잘라놓고, 몸통을 잡아 껍질을 벗긴 후 간장 소스에 찍어 한입 먹으니 집안에 행복이 가득 찬 느낌다. 사는 게 별건가, 이렇게 맛있는 음식을 먹는 재미지. 잘라놓은 머리는 좀 더 열을 가한 다음 손질해 먹으니 그 맛도 고소하다. 난 충분히 많이 먹었다고 느꼈는데 셋째가 양이 조금 부족한 듯했다. 그래서 새우튀김을 더 시키자는 다섯째, 그걸 말리는 둘째가 실랑이하다 결국 스폰서인 막내가 얼마든지 더 시키라고 큰소리쳐서 새우튀김 두 접시를 더 주문했다. 거기에 밥 대신으로 칼국수와 라면을 시켜 먹으니 난생처음 새우를 배불리 먹어 봤다는 생각이 들었다. 소주 한잔을 곁들였다면 포만감이 덜했을지도 모르는데 운전 때문에 새우만 집어먹은 탓도 있었겠다.

커피는 김포에 사는 다섯째네 집에서 마시기로 하고 자리를 옮겼다. 새집 지어 이사 간 지 7~8년은 됐을 텐데 난 처음 가봤으니 얼마나 무심한 오빠인지 따로 설명이 필요 없겠다. 아기자기하게 가꿔 놓은 정원, 잔디관리에 꽃나무 손질에 더해 텃밭까지 일구려면 노동력이 꽤 필요할 텐데, 그걸 다 감당해 내는 동생이 대견스러우면서도 가여웠다.

차를 마시고 후식을 먹고, 이제 헤어질 시간이 되니 다섯째가 또 분주해졌다. 마치 시골집에 다니러 간 자식들에게 어머니가 이것저것 싸주는 것처럼 땅콩, 게장, 깻잎장아찌, 한우 차돌박이 팩, 간고등어 팩까지 따로따로 많이도 챙겨줬다. 당분간 반찬 걱정 안 해도 되겠다며 아내의 입이 헤벌어졌다. 잠시, 부모님이 계셨다면 육 남매가 이리 사이좋게 지내는 모습을 보며 얼마나 대견해 했을까 하는 생각과 맏이의 역할을 제대로 해내지 못하는 자괴감이 교차하면서 코끝이 찡해왔다. (2023. 10. 10)

제주여행

　나 혼자 집 떠나는 것을 늘 탐탁지 않게 여기는 아내도 흔쾌히 동의해준 흔치 않은 여행, 얼마 전 육 남매가 함께 제주도로 2박 3일(2023.6.11.~6.13)간의 여행을 다녀왔다. 서열 1번인 나와 6번인 막내는 띠동갑인데 두세 살 터울의 여섯 남매가 생애 첫 여행을 하게 돼 감동을 넘어 감격으로 다가왔다. 어느새 환갑이 된 넷째의 생일에 맞춰 함께 여행 가자는 누군가의 제안에 이구동성(異口同聲), 만장일치(滿場一致)로 장소, 여정 등이 일사천리(一瀉千里)로 결정됐다. 여행비용은 올해 1월부터 매월 일정액을 총무로 뽑은 막내의 통장에 자동이체 해왔고 작년 말에 다리를 삐끗한 후 재활 치료를 받는 둘째가 걱정됐으나 여정을 소화하는 데는 무리가 없어 다행이었다.

　전에 다섯째가 했던 말이 떠올랐다. "우린 부모님들이 남긴 재산이 없어 참 행복한 거예요. 다른 집들은 서로 재산을 많이 차지하려고 형제끼리 다툰다잖아요." '무능'한 부모님이 아니라 '현명'한 부모님이라는, 쓸쓸한 말을 그럴듯하게 포장하였으나 맞는 말이긴 하다고 자조했던 적이 있었다. 다들 어려운 시절을 슬기롭게 헤쳐 나와 비뚤어지거나 소원(疏遠)해진 사람 하나 없이 아직은 건강하게 생활하고 있어 튼튼한 DNA를 물려주신 부모님께 늘 감사하는 마음이다.

　패키지여행은 저녁 식사를 제공하지 않음으로써 단가를 낮추기 때문에 우리끼리 따로 먹어야 해서 오붓함을 얻을 수 있었다. 대신 메뉴선정에 갈등이 생길 수도 있지만, 우애 깊은 우리 육 남매는 각자 식성을 고집하지 않았기에 갈등이라곤 없었다. 다만 첫날 저녁 메뉴로 갈치 '구이'를 원했는데 가이드가 잘못 알아듣고 갈치 '조림'을 예약한 탓에 잠시 당황스러운 순간이 있었다. 하지만 그깟 메뉴 때문에 여행의 좋은 기분을 망칠 수는 없어 잘못된 주문이지만 수용했었다. 길이가 무려 1m가 넘는 통갈치 조림은 6명에게 포만감을 안길 정도로 양이 많았고 문어와 전복, 소라가 추가되어 높은 가성비에 감탄사가 절로 나왔다.(구이보다 조림이 더 나았다고 본다.) 여동생들이(둘째는 빼고) 소주 한 잔씩 할 줄 안다는 것을 그날 알았으니 무심한 오빠라 탓해도 어쩔 수 없다.

식사를 마치고 숙소로 가려면 택시 2대가 필요한데 동시에 잡기가 쉽지 않을 거라는 식당 여사장님의 권고대로 대형 마트가 있는 큰길까지 걷기로 했다. 어차피 숙소에 가서 뒤풀이하려면 술이랑 안주 등속을 사야 해서 겸사겸사 걸었다. 10여 분을 걸으니 통갈치 조림이 거의 소화된 듯 위(胃)도 차분히 가라앉았고 뺨을 간지럽히는 초여름의 밤바람은 싱그럽고 상쾌했다. 육 남매가 활보하는 '제주 밤거리'는 가로등도 푸른 바다 빛을 띠고 우리를 향해 비추었고, 시내는 마치 고향의 품속처럼 포근하고 넉넉함이 느껴졌다. 그건 어디를 가느냐가 아니라 누구와 함께하느냐가 중요하기 때문일 것이다.

호텔이라 칭하는 숙소에 도착해서 둘째네 방에 집결하여 마트에서 사 온 먹거리들을 펼쳐 놨다. 그 순간을 위해 내가 준비해간 비장의 카드가 있었으니 바로 '화이트 와인'이었다. 공항에서 와인 따개가 검색에 걸려 가방을 열어 보이느라 이미 공개돼 '서프라이즈'(surprise)는 글렀지만 6개의 잔에 와인을 따라 '쨍' 하고 부딪치며 넷째의 예순 번째 생일을 축하했다.

둘째 날 저녁 메뉴는 모둠회로 정했는데 도미와 우럭을 메인으로 갈치회, 고등어회, 소라, 전복은 물론 말(馬) 육회까지 맛볼 수 있었다. 가격은 조금 비쌌지만, 그곳이 '제주도'라는 사실을 고려해야 했고, 날이면 날마다 먹는 음식도 아니니 1년에 한 번쯤은 고급지게 먹어줄 필요가 있다는 데 이견은 없었다.

패키지상품에는 '면세점 쇼핑'이 필수코스라 가이드는 손님들이 물건을 많이 사줘야 월급이 따로 없는 자기에게 수당이 떨어진다며 침을 튀겨가며 물건 판매를 열심히 하였다.(애걸 반, 윽박 반)

말은 직진만 하니 진취성이 있고, 잠잘 때도 서서 자니 끈기와 건강이 담보되며, 갈굽은 내 쪽으로 끌어당기니 사람을 모으는 재주가 있어서 사업하는 사람들에게 말편자(鞭子)나 말 그림은 재운(財運)을 가져다준다는 속설이 있다고 가이드는 강조했다.

좀처럼 지갑을 열지 않는 나지만, 다음 달 초 차남이 카페를 옮기기로 한 터라 말편자 그림이 든 액자를 하나 살까 망설이고 있는데 내 속마음을 읽기라도 한 듯 막내가 자기가 사서 조카에게 선물하겠다고 제안했다. 아버지가 사주는 것보다 고모가 사주는 게 더욱 의미가 있을 거라면서. 그리 살갑지도 않고 자주 보지도 못하는 조카를 위하는 그 맘씨에 가슴이 찡했다. 미신이면 어떠하며 속설이면 또 어떤가. 세상일은 맘먹기 달린 거지. 그래서 흔쾌히 제안을 받아들여 막내가 사준 액자를 소중히 모셔왔다. 제발! 그 액자가 재운을 가져와 아들의 카페가 번창하기를 간절히 바라는 마음으로….

선물로 오메기떡 상자를 돌린 동기(同氣), 사위한테 용돈을 받아왔다며 저녁 식대를 내겠다고 나선 동기, 2년 치 회비를 선납하여 총무의 자금 사정을 해결해준 동기, 중간중간 눈치껏 커피며 간식을 제공해준 동기, 그런가 하면 여행사를 섭외하고 항공권을 발권하는 등 온갖 자질구레한 일들을 도맡은 동기, 다들 이번 여행에 얼마간 이바지했는데 나만 아무것도 한 일이 없는 것 같다. 그래서 미안했다. 맏이로서 '금일봉' 정도를 떡 내놨어야 했는데 그러지 못해 속상했다. 그러나 이번 여행이 끝이 아니고 다음이 있으니까, 그 '다음'을 위안 삼기로 했다.

물려받은 유산이 없었기에 더 성실하게 누구보다 더 열심히 살았다고 자부하는 우리 남매들, 다음 여행지는 국내가 아닌 진짜 해외가 될 듯한데 '어디'를 갈 것인지가 중요한 게 아니라 모두가 건강해서 '다 함께' 가는 것이 제일 우선이라고 생각한다. 살아오면서 고의든 과실이든 티끌 하나 안 묻은 사람이 없듯이, 우리 또한 거기서 자유로울 수는 없겠지만 그래도 자부심과 자긍심만은 충만하다. 이 세상 소풍이 끝나고 원래의 그곳으로 돌아가 조상님들을 뵙더라도 전혀 부끄럽지 않을 그런 자신감 말이다.

귀경길 김포공항에서 흩어질 때 막내가 했던 말이 생각난다. 첫 여행이 서먹했으면 다음은 기약하기 어려울 텐데, 생각보다 좋아서 다음을 기대한다고. 다들 같은 생각이라 믿는다. 이번에 우리 육 남매가 함께한 모처럼의 여행은 마치 '봄날의 햇살처럼 눈부신 날들'이었다.(2023.6.17)

칭다오 가다

작년 제주도여행 후속편으로 올해(2024.3.22.~3.24) 육 남매 여행지는 중국 칭다오(青島)로 정하고 예약까지 끝냈으나 정작 옆지기에겐 말을 못한 채 기회를 엿봐왔다. 그러다 더는 미루기 힘들다고 판단한 시기에 어렵게 말문을 열었는데 돌아온 답이 "올해는 누구 환갑인데?"였다. 작년에 넷째의 회갑을 맞아 남매끼리 여행가겠다 했을 때는 흔쾌히 동의했는데 예상을 벗어난 답변 겸 반문에 난 잠시 말더듬이가 돼야 했다. 하긴 아무리 동기애(同氣愛)를 다지는 선한 취지라 해도 해마다 남매들끼리만 뭉쳐 다니는 걸 좋아할 사람은 없을 텐데, 거기 더해 이번에는 국내가 아닌 해외라니 기가 찬다는 의미였다.

산수유에 이어 목련도 꽃망울을 터뜨리는 계절을 맞아 출발한 칭다오 여행, 비록 가까운 거리(비행시간 1시간 30분)일지라도 국내 여행과는 또 다른 설렘으로 다가와 해외여행의 묘미(妙味)가 있었다. 서로의 일정을 맞춰 날짜를 예약하고, 비자발급용 사진과 여권 사본을 등록하고, 계약금을 송금하고, 은행에서 환전하고, 마지막으로 공항버스 시간 체크까지의 과정이 마치 소풍을 앞둔 동심의 어느 날로 돌아간 듯했다. 그렇다 쳐도 출발시각 3시간 전까지 공항에 도착하라는 국제선 탑승 관행은 너무하지 싶었다. 2시간 전 도착 정도가 적당하지 않을까.

칭다오 관광의 첫 코스는 천주교성당이었는데 유럽에 가면 흔하디흔한 성당의 어떤 점이 관광 포인트인지 고개가 갸웃거려졌다. 독일 건축가가 설계한 유럽식 건물 양식이라는 가이드의 설명에 그런가 보다 했지만. 그러거나 말거나 우리에겐 사진 찍는 게 중요했다. 첫 사진 촬영, 바로 그 대목이 맏이인 나의 세심한 준비가 빛을 발한 순간이었는데 그 비장의 무기는 다름 아닌 '플래카드'였다. "육 남매 이야기, 중국 칭다오 방문, 2024.3.22.~3.24."이라고 쓴 것 말이다. 그걸 꺼내 들자, 여동생들은 감동한 듯 탄성을 질렀는데, 남동생은 그저 시큰둥하게 "뭐 이런 걸 다 가져왔지!" 했다.(딴에는 형이 준비 많이 했네!라는 의미였겠다.) 그 말의 업보(業報)로 넷째는 여행 기간 내내 플래카드 담당자가 되어 단체 사진을 찍을 때마다 펼치고 접어야 했다.

점심을 기내식 피자로 때운 데다 끼니때가 늦어 배가 고팠던 터라, 첫날 저녁 식사인 양꼬치구이 무한 리필 메뉴는 다들 흡족해했다. 거기다 선택 관광으로 제시한 4개 일정(인당 230달러 상당)을 단체 18명이 모두 동의해서 잔뜩 고무된 가이드가 술도 무한 리필하겠다고 선언하여 큰 박수를 받았다. 덕분에 53도짜리 고량주를 '타는 목마름'이 아닌 타는 듯한 목구멍으로 삼키느라 고역을 치렀지만. 근데 정작 우리의 문제는 둘째가 고기를 거의 못 먹는다는 데 있었다. 고기를 좋아하지 않는다는 건 알았지만 소고기 한두 점 먹고 끝낼 정도라는 건 처음 알았다.(양고기는 아예 입도 못 댔다.) 그 식성에 관한 한 둘째는 아버지의 유전자를 그대로 물려받은 게 분명했다. 아버지는 닭고기를 제외하고는 육식을 전혀 못 하셨다. 남들은 양고기꼬치를 리필해 먹는 자리에서 푸석푸석한 쌀밥과 집에서 가져온 김으로 겨우 식사하는 둘째의 모습에서 아버지의 잔영(殘影)이 보여 안쓰러웠다.

둘째 날 코스 중 노산 풍경구 케이블카 타는 일정이 인상 깊었다. 셔틀버스를 타고 '노산거봉삭도(嶗山巨峰索道)'라 쓰인 곳으로 입장하면, 얼굴인식 카메라를 거쳐 검색대까지 통과해야만 케이블카를 탈 수 있었다. 노자(魯子)가 공부했다는 노산(1,132m)은 반질반질한 바윗덩어리가 병풍처럼 둘러쳐진 우람한 산의 위용이 설악산 울산바위를 공깃돌에 비유하는 가이드의 설명이 절대 과하지 않다 싶었다. 케이블카를 내려서 30분(왕복 1시간)을 걸어 올라가야 정상에 다다를 수 있다는데 육 남매 중 세 명은 애초에 기권했고 나와 셋째, 막내가 도전에 나섰다. 야생원숭이와 고양이들이 노니는 계단을 올라간 지 5분쯤 지났을 때 막내가 포기를 선언했다. 둘이서라도 계속 올라가자는 셋째를 겨우 달래서 내려오고 말았는데 막내는 그 알량한 5분 산행을 핑계로 마치 에베레스트라도 등정한 듯 다리가 아프네, 인대가 당기네 하고 여행 기간 내내 어리광을 부렸다.

여행 일정에 '노 쇼핑'이라 표기돼 있지만, 쇼핑 없는 관광은 김빠진 댁주가 아니겠는가. 가이드는 쇼핑점으로 안내하긴 했지만, 운전기사가 판매한다는 대추정과(대추 속에 설탕을 넣은 과자)와 대추과자(대추를 바싹하게 말린 것)를 팔아준답시고 버스에서 주문을 받았다. 육 남매도 빠질세라 이것저것 주문했는데 그 대추과잣값은 넷째가 쐈다. 환전해 온 위안화를 다 써야 한다는 핑계를 댔지만 뭔가 이바지하고 싶은 형제애의 발로라는 걸 누구나 눈치챌 수 있었다.

다섯째는 누룽지를 일부러 눌려서 봉지 6개에 나눠 담아 왔는데 누룽지 좋아하는 취향 또한 유전자의 영향일 거다. 나도 찐쌀과 누룽지, 오징어를 좋아한 결과 이를 모두 망가뜨려 치과의사의 핀잔을 들었는데 어쩜 남매들이 딱딱한 누룽지를 좋아하는 것까지 닮았는지 모르겠다. 그래서 피가 물보다 진하다는 건가.

  칭다오에서 출발하는 출국장에서 세관원들의 심사가 어찌나 까다롭던지, 그네 국민이 우리나라를 들어올 때도 똑같이 갚아줬으면 하는 생각이 들었다. 안면 인식과 지문 스캔은 기본이고, 사람을 발판 위에 세워놓고 만세를 부르게 한 다음 탐지 봉으로 몸 구석구석까지 훑는 것이었다. 다섯째가 잡혀(?)간 사건은 여권과 얼굴을 대조하는 과정에서 발생했다. 뒤쪽의 검색대로 따로 부르더니 두세 명이 모니터와 얼굴을 집중적으로 대조하는 것이었다. 결론은 여권 사진에는 머리가 긴데 실물은 머리칼이 짧은 탓에 여권의 변조 여부를 검사했던 거로 추측됐다. 아마 다섯째는 그 사실을 부풀려 엄청난 무용담처럼 주변에 퍼뜨릴 게 분명했다.

  우리 단체일행 18명은 6남매와 자매 부부 4명, 동창생 남녀 8명으로 구성됐는데, 새로운 관광지에 도착하여 플래카드를 꺼내면 쪼르륵 달려와 사진을 찍어주는 동창생 팀 중의 한 사람(女)이 있었다. "육 남매끼리 이렇게 여행을 오다니 참 부럽네요. 그런데 왜 짝꿍들은 안 데려오셨어요?"라고 물었다. 잠시 답변을 고르다가 "아, 성씨가 달라서요. 여기는 김 씨들만 오는 거니까요." 내가 대답했다. 그렇다. 육 남매, 6명이 아니라 짝을 포함해 12명이면 더 자연스러울 거라는 얘긴데 그 생각이 정상이겠다. 하지만 조개가 몸 내부에 파편을 안고 성장하는 과정에서 '진주'라는 영롱한 보석을 생성해내는 것처럼 누구나 한 가지 사연쯤은 간직하고 살아가지 않겠는가. 때론 가슴 아프고 때로 감추고 싶은 그런 기억 말이다. (추억 말고)

〈라쇼몽〉이라는 영화를 보면 같은 장면을 본 사람들의 진술이 제각각 다르다. 사람은 보고 싶은 것만 보고, 믿고 싶은 것만 믿는 확증편향이 있다는데 같은 사실을 봤다고 해서 모두의 기억이 일치하는 건 더욱 아니다. 부모님에 대한, 어린 시절 우리들의 기억이 그랬다. 다름이 아닌 같음을 확인하는 그런 과정이 이번 여행의 소득이라면 소득이겠다.

'사랑인 줄 알았는데 부정맥'이라는 일본 노인들의 얘기가 있지만, 가슴 떨리기는커녕 다리 떨려서 앞으로 해외여행은 쉽지 않을 것 같다. 그래서 여행 첫날 동생들에게 당부했다. 이 세상에 올 때 그랬던 것처럼 갈 때도 반드시 순서를 지켜야 한다고. 1번인 나보다 먼저 가면 누구든 용서치 않겠다고. 그 당부만은 동생들이 꼭 지켜주기를 바라면서 앞으로는 국내 곳곳을 다니면서 좋은 경치도 보고 맛있는 음식도 먹어야겠다.(2024.3.26)

세 번째 여행지는 싱가포르

매화, 산수유, 도련, 개나리, 벚꽃이 피는 순서를 잊고 한꺼번에 피어나면서 온 세상이 혼란스럽다. 정치적 상황으로 정신 못 차리는 건 한국 사람만이 아니라 식물들도 영향을 받는 계절에 우리 육 남매는 예정대로 여행을 감행했다.

2023년 제주도를 시작으로, 2024년 칭다오에 이어 2025년 올해에는 싱가포르 여행을 다녀왔다. 비행시간도 제주도 40분, 칭다오 1시간 30분에서 싱가포르 6시간 30분으로 점점 늘어났다.

같은 부모에게서 태어났지만 50여 년의 세월을 따로 살아왔기에 다른 개성과 세대 차이도 있기 마련인데 세 차례 여행을 통해 육 남매의 유대감은 더욱 공고해졌고 끈끈한 가족애와 유쾌한 케미를 확인하는 좋은 기회가 됐다고 본다. 의사결정 과정에서, 특히 선택 관광을 신청할 때 자기주장을 고집하는 사람은 없었다. 첫째와 막내가 정하는 대로 따르겠다는 것이 모두의 생각이었다. 또 상대방이 얘기하면 반박하지 않고 맞장구쳐주는 일은 기본이었다. 그래서 여행 기간 된소리 한번 나지 않았다. 다만, 여행상품을 선정할 때 난 조금 저렴한 상품을 제시했으나 동생들이 저가 항공사가 아닌 국적기 이용을 고집함으로써 비용이 증가했는데 다섯째와 여섯째가 찬조금을 각각 100만 원씩이나 내서 입틀막(?)을 해버렸다.

우리는 나이를 먹으면 먹을수록 고양이처럼 사는 것을 배우게 된다. 점점 더 소리를 내지 않고, 점점 더 조심스럽게 까다로워진다.

– 루이제 린저

싱가포르 관광은 목을 혹사하는 일정이었다. 마천루가 즐비한 고층빌딩 때문이기도 하지만 키가 엄청나게 큰 나무들은 관광객의 고개를 기어이 부러뜨릴 기세였다. 세계 여러 나라를 다녀봤지만 관광하면서 이 나라처럼 목이 아팠던 기억은 없다.

귀국길, 싱가포르 창이공항에서 인천행 대한항공 KE646편을 탑승하는 과정이었다. 내 바로 뒤에 따라오던 넷째가 보이지 않았다. 입구에서 기내용 이어폰을 받을 때까지 분명히 뒤에 있었는데. 비행기가 곧 이륙한다는 멘트가 나오는데도 들어오지 않는 동생에게 무슨 일이 생긴 게 분명했다. 넷째는 로밍 차단 상태라 전화가 연결되지 않았다. 마지막으로 봤던 장소로 가려는데, 좌석을 찾아 선반에 짐을 올리는 승객들과 벌써 비즈니스석의 기내 서비스를 시작한 승무원들로 인해 입구로 나가는 일이 쉽지 않았다. 더욱이 역방향으로 나가는 일이라 마치 물고기가 폭포를 거슬러 올라가는 것만큼 어려웠다. 어찌어찌 입구에 겨우 도달하니, 넷째는 기내에는 발을 들여놓지 못하고 비행기와 연결된 트랩 부분에 서 있는 것이었다. 승무원 설명에 따르면, 일행 중 누군가가 넷째의 탑승권을 태그하고 들어갔기에 그 사람이 와서 확인을 해줘야 한다는 것이었다. 범인은 막내였다. 여행의 전체 일정을 준비하는 총무로서 6명 모두의 탑승권을 자기 스마트폰에 내려받은 것까지는 사려 깊은 행동이었다. 또 수하물 탁송, 보안검색대 통과할 때는 본인 탑승권을 제시하여 문제없었다. 그런데 마지막 관문인 기내 탑승 시 넷째의 탑승권으로 태그한 것이 원인이었다. 기장의 안내 멘트가 흘러나오고 승무원들이 분주하게 이륙 준비를 하는 와중에 저 안쪽에 있는 막내에게 급히 보이스톡하여 입구로 나오게 한 후 탑승권을 제대로 다시 태그함으로써 상황은 종료됐다. 결과적으로 막내가 넷째를 싱가포르에 남겨둬 오 남매가 될 뻔한 해프닝은 이번 여행 중 가장 드라마틱한 사건으로 기억됐다. 그뿐만 아니라 검색대를 통과할 때마다 넷째는 단번에 통과하질 못했다. 지문이 문제였다. 아르바이트를 많이 해서 지문이 닳은 게 아니고 선천적으로 지문이 잘 안 나오는 것 또한 육 남매의 공통점이기도 하다.

그러고 보니, 막내가 유심칩을 사줘서 요긴하게 썼다. 11,000원을 내면 싱가포르에서 6일간 쓸 수 있었다. 인당 한 개씩 지급했으면 넷째와 바로 통화를 할 수 있었을 텐데 방마다 한 개씩만 배급한 것이 아쉬웠다. 다음에는 반드시 보완할 대목이다.

중국과 달리 싱가포르는 음식 걱정을 하지 않아도 되는 나라라고 생각했는데 그건 어디까지나 내 기준에서의 생각이라는 걸 칭다오에 이어 다시 깨달았다. 둘째가 고추장, 김, 컵라면을 가져가겠다고 할 때, 세계인이 되려면 여행 간 그 나라 음식을 먹어야지 뭐 하러 그런 걸 바리바리 싸 들고 가냐고 핀잔을 줬었다. 근데 육식을 못 하는 둘째, 국수류를 즐기지 않는 다섯째가 있어 준비가 필요했다는 걸 실감했다. 차이나타운에서도 두리안을 한쪽도 못 먹는 동생들 덕에 나만 포식했지만….

"가족이란 서로 톱니로 연결된 바퀴와 같아서 한 바퀴가 움직이기 위해서는 다른 바퀴도 함께 움직여야 한다."라는 안느 바커스의 말처럼 서로의 입장을 배려하고 보살피지 않으면 가족이라 할 수 없다는 걸 깨닫게 된 여행이었다.

3박 5일의 일정 중 자유여행이 하루 끼어 있기에 상품 단가를 낮추려는 여행사의 꼼수로 여겼는데 막상 접해보니 꼭 필요한 일정이었다. 첫날 자정 무렵 도착하여 짐 정리하고 씻고 나니 거의 새벽 3시경에야 침대에 들 수 있었다. 둘째 날은 6시 반부터 아침 식사하고, 9시 15분에 집결하여 시작된 관광 일정이 저녁 9시경에야 끝나는 강행군이라 몸이 지칠 수밖에 없다. 그나마 시차가 1시간에 불과하여 다행이었다. 그래서 셋째 날 자유일정은 일종의 휴식시간 같은, 동기간(同氣間)의 추억을 쌓은 소중한 시간이었다.(지

나고 보니 그렇다)

 호텔에서 느지막이 아침 식사한 뒤 10시까지 수영장으로 모이라는 막내의 지령이 떨어졌다. 막내가 두 오빠의 수영복을 사주겠다며 색상과 사이즈를 물어왔을 때단 해도 아무리 남매끼리지단 수영복 차림의 만남은 조금 민망할 것 같았는데 기우(杞憂)였다. 남녀 구별 없이 반바지에 여성들은 티셔츠를 걸치니 장소가 물속일 뿐 여느 관광지에서의 차림과 다르지 않았다. 호텔 수영장은 한산했으나 우린 일찌감치 수심이 얕은(어린이용?) 풀장을 전용 풀장으로 점해 버렸다. 전면 벽에 '육 남매 플래카드'를 붙이니, 마치 강아지들이 한쪽 다리를 들고 전봇대에 영역표시를 해놓은 것처럼 다른 이들이 범접하지 않았다.

 작년에 칭다오에서 크게 히트친 플래카드를 이번에도 만들어갔다. 첫 관광지인 오차드 가든에서 사진을 찍으려고 '육 남매 이야기, 싱가포르(Singapore) 방문. 2025.4.17.~4.25.'이라 쓴 플래카드를 펼치니 여기저기서 탄성이 터졌다. '우리도 다음에 저거 만들어야지.'라는 속삭임은 이미 칭다오에서 많이 들었던 대사였다.

 수영장에서 수훈갑은 셋째와 다섯째였다. '양반은 물에 빠질지언정 개헤엄은 안 친다.'라는 옛말이 있지만, 수영을 못 하는 난 개헤엄질로 물놀이를 즐길 수밖에 없었는데, 셋째는 유연하게 접영까지 시연하며 물 찬 제비 같은 자세를 뽐냈다. 15년간 스포츠센터에서 닦은 실력이라니 군계일학(群鷄一鶴)이 바로 그였다. 한편 물속에서 영락없는 맥주병인 다섯째는 튜브를 허리에 걸치고 애들처럼 물장구치고 촐랑대며 놀았다. 그 모습을 막내가 동영상으로 찍었고, 급기야 실시간 단톡방에 공유함에 따라 한국의 조카들에게 제일 잘 노는 엄마, 이모로 일약 스타가 됐다고 했다.

'행복한 가정은 모두 비슷한 이유로 행복하지만, 불행한 가정은 저마다 다른 이유로 불행하다.'라는 『안나 카레니나』(톨스토이)의 묘사처럼 우리 육 남매는 비슷한 이유로 행복한 가족이라 말할 수 있겠다.

저녁 식사는 마트에서 사 온 과일 및 식품류와 집에서 가져온 컵라면, 햇반 등으로 호텔 방에서 간단히 해결했다. 방에 6명이 둘러앉기 위해 트윈침대를 밀어서 공간을 만들었고 바닥에 주저앉아 우리들의 기억은 과거로 거슬러 올라갔다. '나무는 고요하고자 하나 바람이 그치지 않고, 자식은 봉양하고자 하나 어버이가 기다려 주지 않네!(風樹之嘆)'라는 말처럼 먼저 가신 부모님 얘기가 주를 이뤘고, 고향 집 얘기가 나왔다. 거기서 막내의 '출생의 비밀'이 거론됐다. 막내는 원래 쌍둥이였지만 그중 하나가 사산하는 바람에 쌍둥이 아닌 외톨이가 된 것인데 그 사실을 정작 당사자는 몰랐다는 것이다. 부모님도, 할머니도 함구했으니 알 턱이 없었다는 거다. 원래 칠 남매 될 뻔했는데 육 남매가 된 얘기는 막내가 충격을 받을까 봐 그쯤에서 중단했다.

시련이 없다는 것은 축복받은 적이 없다는 것이다. – 에드거 앨런 포

이번 여행에서 딸 가진 사람이 부럽다는 생각을 많이 했다. 여동생 셋(둘

째, 셋째, 다섯째)은 딸이 있어서 여러 면에서 다른 동기들의 부러움을 샀다. 용돈을 챙겨줘서 기쁨을 준 만큼 사 올 물품 목록을 작성해주어 엄마들을 귀찮게 했으나 쇼핑 또한 여행의 재미가 아니겠는가. 또 아들들은 공항으로 엄마를 모시러 와 효심을 과시하기도 했다. 공항버스나 택시를 타면 될 거리를(집도 공항에서 가깝다) 굳이 차를 가지고 나와 주니 얼마나 자랑스럽고 대견한 일이겠는가. 여동생들은 자식만큼은 잘 키운 것 같아 참으로 흐뭇했다.

'헤라, 아테나, 아프로디테 세 여신 중 누가 가장 아름답냐고 물으니, 트로이 왕자 파리스는 아프로디테를 골라 버렸다. 결국, 여신들 사이의 균형은 무너지고 아테나와 헤라가 그리스 편을 들어버리니 트로이는 망할 도리밖에 없었다.'(그리스신화)

만약 누가 내게 여동생 넷 중 누가 가장 좋으냐고 묻더라도 바보 파리스처럼 누굴 콕 집어 얘기하지는 않을 거다. 모호하게 넷의 장점만을 드러내야 육 남매의 이야기가 지속할 테니까.

"설명하지 마라. 친구라면 어차피 설명할 필요가 없고, 적이라면 어차피 당신을 믿으려 하지 않을 테니까."(엘버트 허버드) 이 말에서 '친구' 대신 '가족'이라는 말을 대입하면 바로 우리 육 남매의 얘기가 되겠다.(2025.4.28)

이모님, 우리 이모님

일주일 전쯤 막내가 "엄마 제사 다음 날 산소에나 다녀올까요. 가서 이모님들도 찾아뵙자고요."라고 단톡방에서 제안했다. 전부터 얘기했던 일이라 아무도 이의를 달지 않았다. 금요일 우리 집에서 지낸 제사에는 넷째만 참석하였고, 다음날 자동차 2대에 나눠 타고 1박 2일 일정으로 고향 해남을 가게 됐다. 이것이 "육 남매 이야기, 2025.7.12.~7.13 고향(海南) 방문"이 갑자기 이뤄진 배경이다.

고향, 누구에게나 아름다운 추억을 주는 것은 아니지만, 고향은 늘 가슴을 먹먹하게 한다. 슬픔도 때로는 그리워질 때가 있기 때문이다.

– 신복룡(전 건국대 석좌교수)

계획은 어디까지나 계획일 뿐, 늘 변동을 수반하기 마련이다. 육 남매의 고향 방문 계획도 그랬다. 원래는 이모님들을 모시고 저녁 식사 대접한 후, 잠은 땅끝마을 모텔에서 자고 아침에 식당에서 해장국을 사 먹고 올라올 요량이었는데 어그러져 버렸다. 모두 13명(이모님 네 분, 이모부 두 분, 외삼촌 한 분과 육 남매)이 식당에서 저녁을 먹는 것까지는 계획대로 진행됐는데 잠자는 장소에서부터 틀어졌다. '여기저기 집이 넓고 방도 많은데 왜 돈 주고 밖에서 잠을 자느냐, 아침밥은 당연히 집에서 먹어야지, 이모가 조카들에게 밥 한 끼 대접할 기회를 안 준다는 게 말이 되냐!' 등등 꾸지람에 계획이 무너졌다. 결국 인정(人情)에 못 이겨 이 집에서 자고 저 집에서 아침밥 먹느라(東家食西家宿) 나이 드신 이모님, 몸 불편한 이모님들께 폐를 끼치고 말았다. 물론 이모님들은 그게 무슨 폐냐고 손사래 쳤지만 말이다.

저녁 식사 장소는 조용한 횟집을 검색해 놨는데, 여름철이라 회를 꺼리는 분들이 있어 고깃집으로 급히 변경했다. 한우식당을 잡아 고기를 주문하고 막간을 이용해 내가 일어섰다. 그날 행사 경위를 간단히 설명한 후 미리 준비한 현금 봉투를 하나씩 드렸더니 감동을 넘어 감격한 분위기였다. 내용물의 두께와 상관없이 멀리 사는 조카들 육 남매 전원이 이모들을 찾아준 것만으로도 고마운데, 식사에 더해 용돈까지 드린 데 대해 마음의 울림을 느낀 것이리라. 어느 이모가 나중에 그러시더란다. "너희 남매들은 어떻게 이모들을 전부 불러 음식 대접하고 용돈까지 줄 기특한 생각을 했냐!"라며 대견해 하셨다고. 일찍 돌아가신 어머님 대신 이모님들을 사모하는 조카들의 절절한 마음이 이심전심으로 연결된 결과가 아니겠는가.

잘 먹고 잘 자고 서울로 올라오려는데 또 실랑이가 있었다. 이것저것 곡식이며 반찬거리며 뭐든 챙겨주시려는 이모님들과 안 받으려는 조카들 간에 생긴 작은 소동이었다. 마늘, 쌀, 고춧가루, 단 호박, 참기름, 감식초, 액젓, 삶은 옥수수에 갓 뜯은 상추까지 차에 실으려는 이모님들, 마치 명절에 고향 갔다 귀경하는 자식들에게 농산물 등을 바리바리 실어 보내는 부모들의 맘과 우리 이모님들의 맘이 다르지 않았을 것이다. 차 1대에 3명씩 타고 왔기에 퍼준 물건들을 그나마 싣고 왔지, 다인승 1대만 가져갔더라면 주신 것들을 받아오지 못해 이모님들께 상처를 드릴 뻔했다.

그러고 보니 둘째가 "시골에 사니까 시골 사람이지, 생활하는 걸 보면 도시 사람보다 더 잘해놓고 살아요."라던 말이 생각났다. 정말 그랬다. 식사 때 보니 갈치구이가 올라왔는데 조금도 태우지 않고 노릇노릇하게 잘 구웠기에 감탄했더니, '전기 그릴'을 사용해서 그렇다는 말을 들었다. 그뿐만 아니라 온갖 종류의 전자기기며, 방마다 설치한 에어컨, 여동생들이 봤다던

제1장 인생 1막을 공무원으로 시작하다 **87**

고급 식기들까지 해놓고 사는 모습은 도시 사는 우리보다 훨씬 나았다.

행복의 비결은 필요한 것을 얼마나 갖고 있는가가 아니라 불필요한 것에서 얼마나 자유로운가에 있다지만, 필요한 것을 다 갖추고 사는 농촌의 삶이 많은 이들이 선망하는 도회지의 삶보다 결코 못 하지 않다는 점을 확실히 느꼈다.

육 남매 여행 때마다 느낀 점이지만, 회비를 다 같이 내기로 했는데도 어떤 동기(同氣)들은 항상 더 부담한다는 사실이 부담스럽다. 물론 자발적으로 낸 거라지만 맨날 할당량만 겨우 채우는 맏이의 체면이 구겨지는 일이다. 이번 여행도 그랬다.

'친구란 두 개의 몸에 깃든 하나의 영혼이다.'라는 아리스토텔레스의 말을 살짝 비틀어, '육 남매란 6개의 몸에 깃든 하나의 영혼이다.'라고 말할 수 있겠다. 특히 이번 여행에서 이모님을 뵈면서 우리 어머니와 이모님들 또한 육신은 달리하나 영혼은 하나라는 믿음을 굳히게 됐다.

제2장

내 일(my job)이 있어야 내일(tomorrow)이 있다

1

어제까지는 공무원,
오늘은 아파트 관리소장

"지금 다니는 회사(기업) 그만두면 뭐 해서 먹고살지?" 직장인이라면 회사에 다니며 한 번쯤은 이런 생각을 한다. 그러나 생각뿐이다. 실제로 은퇴 이후의 삶을 착실하게 대비하는 사람은 그리 많지 않다. 변화는 어느 날 갑자기 찾아온다. 그렇게 찾아온 변화에 적응하려면 지금부터 준비해야 한다. 청년들은 '헬 조선'이라고 부르는 이 땅에서, 30년 넘는 직장 생활을 마치고 제2의 직장 라이프를 성공적으로 시작한 우리네 아버지 김홍기 씨에게 물었다. 지금 자신 있게 '브라보 마이 라이프'를 외칠 수 있느냐고. 그의 이야기를 듣다 보니 저절로 기자의 삶에 대해서도 돌이켜보게 됐다. 욜로(YOLO) 신봉자인 기자는 나중에 타인에게 민폐 끼치지 않고, 은퇴 이후를 즐기며, 건강하고 행복하게 살아갈 수 있을까. 자신이 없다면 '인생 선배'의 이야기를 통해 삶의 이정표에 대한 자그마한 힌트를 얻어 보자.

– https://brunch.co.kr/@koopost/75(2018.3.30.)

간단한 자기소개와 현재 하는 일에 대한 설명 부탁드려요.

LH(한국토지주택공사) 국민임대아파트인 남양주시 별내동 ○○○마을 ○○단지 아파트의 관리사무소장 김홍기입니다. 2017년 1월부터 일하고 있습니다. 아파트 관리사무소 직원은 입주민이 거주하는 데 불편함이 없도록 보살피는 집사와 같다고 할까요. 전기, 수도, 난방, 승강기 등 기계 설비의 관리와 화재, 도난 예방관리를 비롯하여 주차관리, 조경 관리에 이르기까지 광범위하게 살펴봐야 하지요. 인간 생활의 기본요소인 의, 식, 주 중 '주거' 전반을 관리한다고 보시면 됩니다.

그전에는 어떤 일을 했나요?

서울시 공무원으로 36년 6개월을 근무한 후 2016년 12월 31일 자로 정년퇴직했습니다. 퇴직 후 딱 5일 쉬고 재취업해서 지금의 직장에서 일하고 있습니다. 서울시 행정은 종합행정이라 민원업무에서 기획업무에 이르기까지 다양한 분야를 경험했습니다. 그중에서도 민생 관련 주요 부서 근무 경험과 여러 종류의 고질 민원을 해결해 본 경험은 새로운 일을 하는 데 있어서 도움이 많이 되더라고요. 특히 층간소음으로 인한 분쟁은 자칫하면 폭력사태로 번질 우려가 있어요. 이외에도 담배 연기로 인한 민원, 애완견 사육으로 인한 민원, 주차관리에 관한 민원 등 주변 이웃과의 관계에서 기인한 분쟁이 많아 아파트가 하루도 조용할 날이 없습니다. 공직생활을 하며 체득한 갈등관리와 민원응대 경험이 큰 도움이 되어 주고 있죠. LH가 공기업이기 때문에 국회의원 요구 자료나 국정감사 자료작성, 각종 실태조사 등 행정업무가 많은 편인데 행정공무원의 경험을 요긴하게 활용하고 있는 셈입니다.

오랫동안 다닌 직장에서 퇴직했을 때 어떤 기분이었나요? 고민과 걱정도 많았을 것 같은데 언제부터 은퇴 이후를 준비했나요.

사기업과 달리 공무원은 정년을 법으로 보장받기에 '사오정', '오륙도'와 무관하게 퇴직 후를 예측하고 준비할 수 있어 그나마 다행이었어요. 직장에서 잘렸다고 생각하기보다는 군 복무를 마치고 전역하는 것처럼 새로운 미래에 대한 기대로 설레었다면 아마도 믿기 어려우시겠지요. 하하.

말씀드린 것처럼 크게 걱정은 하지 않았어요. 은퇴 준비는 퇴직하기 5~6년 전부터 차근차근 했고요. 구체적으로 말하자면 더 이상의 승진은 어렵겠다고 판단한 뒤에 기대를 접었을 때부터지요.(마치 '이생망'-이번 생은 망했어-이라 여기고 다음 생을 준비하는 것처럼요.) 인생 1막은 그럭저럭 지냈지만, 2막만큼은 제대로 준비해서 대충 사는 중년은 되지 말자고 스스로 다짐했지요.

많은 이들이 퇴직 후 치킨집이나 맥줏집을 내는 등 무작정 창업에 도전하는데 그렇게 하지 않은 이유는요.

사실 돈 벌려면 장사를 했어야지, 공무원 하면 안 되지요.(웃음) 젊은 시절에도 못 한 사업을 정년 후에 한다는 건 도박이나 마찬가지라 생각합니다. 평생을 월급쟁이로 살아온 사람이 사업이나 장사를 한다면 백전백패일 테니까요. 우리 집 장남이 저를 '천상공무원'이라고 말하곤 하는데 체질적으로 '천상공무원'인 저로서는 언감생심 창업은 생각지도 않았고, 제2의 인생 또한 월급쟁이로 살아야겠다고 마음먹었습니다.

새 직장은 어떻게 들어가게 됐나요. 인생 후반에 새로운 도전을 시작했는데 첫 출근 때의 기분도 궁금해요.

전철과 버스를 갈아타고 지금의 일터에 처음 출근했을 때의 감동은 지금 생각해도 가슴 벅찹니다. 불암산 자락에 자리 잡은 아파트 단지가 얼마나 정겹고 포근하던지 경험해보지 않은 사람은 모를 겁니다. 그 기분을.

제2장 내 일(my job)이 있어야 내일(tomorrow)이 있다 93

공직생활 후반기를 사회복지 분야에 근무하면서 실무를 익혔고, 수많은 사회복지법인·시설·단체와 인적네트워크를 구축해 왔어요. 1급 사회복지사 자격증도 땄지요. 이런 스펙을 바탕으로 사회복지시설장으로 일하고 싶었는데 기회가 오지 않더군요.(웃음) 주택관리사 자격증은 상대적으로 한가한 부서에서 근무할 때 딴 건데 그걸 재취업하는 데 써먹게 될 줄은 몰랐습니다.

퇴직하기 전에 인생 2막 준비를 비교적 많이 했습니다. 주택관리사 자격증을 취득한 후 서울특별시가 주관하는 아파트 관리 주민학교 과정(2016.4.19~5.10)을 수료했고, 또 서울시 북부기술교육원 에너지 관리과정(2016.3.2~8.19, 6개월 야간과정)에 입학하여 4개의 기술 분야 자격증(에너지 관리 기능사, 온수 온돌 기능사, 소방안전관리자, 위험물안전관리자 자격 등)을 취득했어요. 언제 현장에 투입되든 즉각 직무를 수행할 수 있도록 준비해 왔기에 아파트·빌딩관리 전문회사인 ㈜미래에이비엠의 관리사무소장 채용 면접에 당당히 응모할 수 있었지요.

새로운 일을 하겠다고 했을 때 가족들의 반응은 어땠나요. '쉬어가기' 대신 '일하기'를 택한 특별한 이유가 있나요?

재취업하겠다고 하니 아내가 제일 좋아했습니다.(웃음) 36년을 따로 지내온 부부가 온종일 집에서 얼굴 맞대고 지낸다는 것은 숨 막히는 일일 거고, 특히 삼식(?)이가 되어 하루 세끼 집에서 챙겨주는 밥을 먹겠다고 하면 집사람이 제일 힘들지 않겠습니까. 자식들도 아버지가 일하는 것을 환영했습니다. 퇴직했지만 60대는 아직 팔팔한 장년이니까요. 또 일해야 돈이 생기고 돈이 있어야 선배나 후배한테 먼저 전화해서 밥 먹자고 할 수도 있으니 꼭 일해야 한다고 마음먹었지요.

혹시… 워커홀릭인가요? 인터뷰하다 보니 그런 느낌이 살짝 드는데. 일하면서 활력을 얻나요?

워커홀릭까지는 아니어도 일하는 걸 좋아합니다. 카톡의 프로필 메시지를 "내 일(my job)이 있어야 내일(tomorrow)이 있다."라고 쓸 정도니까요. 무엇보다 일하면 규칙적인 생활을 하게 됩니다. 매일 정해진 시간에 일어나고 자는 것만큼 건강관리에 도움이 되는 일은 없다고 생각합니다. 더 중요한 건 늘 즐거운 마음으로 일하는 거고요. 그래서 주민들을 만나면 먼저 고개 숙여 인사합니다. 내게 일을 주신 고마운 분들이니까.

새 직장에서 빨리 적응하는 데 도움이 된 것은 무엇인가요.

공무원은 법과 규정을 준수하고 적용하는 일을 주로 하므로 아무래도 사고가 경직돼 있는 편이에요. 저도 예외는 아니었고요. 유연하게 사고하기 위해 공직 생활하던 때의 동료들하고만 어울리지 말고, 다양한 사람들과 어울려야겠다고 생각했어요. 그래서 시민단체에서 운영하는 교육(희망제작소 행복설계 아카데미 18기 수료)도 찾아가서 받고, 그들과 활동(등산모임 강산애)하면서 사고를 말랑말랑하게 만들고자 노력했지요. 퇴직 전부터 이렇게 노력했기 때문에 아마도 새 직장에 조금 더 빨리 적응할 수 있었던 것 같아요. '1·2·3의 법칙'이란 말이 있어요. "1분간 말하고 2분간 맞장구치고 3분간 들어라!"라는 건데 그대로 실천하려 노력하다 보니 주민의 어떤 요구도 감당할 자신감이 생기더라고요.

새로운 직장을 다니는 동안 힘들었던 점과 뿌듯했던 점은 무엇인가요.

층간소음 분쟁이 아파트 관리에서 가장 힘든 부분이 아닐까 생각합니다. 동시에 분쟁을 해결했을 땐 뿌듯함을 맛보기도 하는 이슈이지요. 아이들 뛰노는 소리, 발자국 소리, 애완견 짖는 소리, 늦은 밤 세면장에서 물 내리는 소리 등 소음의 유형은 매우 다양합니다. 문제는 공동주택에서는 층간·벽간소음이 발생할 수 있으므로 조심해야 한다는 것을 위층 분들이 인식해야 하고, 또한 어느 정도의 생활 소음은 날 수밖에 없다는 사실을 아래층 분들이 알아야 하는데 그렇지 못한 데에 있지요. 주민대표들로 구성한 층간소음 관리위원회에서 피해자와 가해자의 의견을 듣고 절충점을 찾아냈을 때 보람을 느끼기도 합니다. 정말 아주 드문 일이긴 하지만요.(웃음)

지금 근무하는 아파트에서 입주민들이 경비초소에 에어컨을 설치했다는 기사를 봤어요. 경비원에 대한 입주민의 '갑질' 횡포가 많이 보도되는 상황에서 이렇게 '훈훈한 결과'를 얻기까지의 여정을 소개해 주신 다면요.

우리 주민들이 자랑스럽고 고마울 따름입니다. 폭염이 기승을 부리던 작년 여름, 일부 아파트에서 전기료가 부담된다며 독지가가 경비실에 무상으로 설치해 준 에어컨을 뜯어냈다는 기사가 언론에 보도됐었지요. 그런데 우리 아파트에서는 43명의 주민이 십시일반으로 정성을 모아 경비실에 에어컨을 설치해드렸으니 미담 중의 미담이 아니겠어요. 제가 한 일은 그 사례를 널리 알려야겠다는 생각으로 전기요금 부담에 관한 주민들의 의사를 묻는 등의 절차를 밟으면서 보도자료를 만들어 언론사에 보낸 것뿐입니다.

우연의 일치일 수 있지만, 그 소식이 언론에 보도(2017.7.18.)된 지 3일

후 LH 본사에서는 전국의 임대아파트 경비실 에어컨 설치 실태를 조사(2017.7.21.)했고, 2017.8.10.에 10억 원을 들여 에어컨 없는 모든 단지 경비실(509개 단지 1,674개소)에 에어컨을 설치한다고 발표했습니다. 주택관리업체 우리 본사인 ㈜미래에이비엠의 조삼수 회장님은 이를 두고 일종의 '나비효과'라며 하이웍스 게시판에서 "김 소장의 작은 날갯짓이 'LH 산하 모든 임대아파트 경비실 에어컨 무상 설치'라는 태풍을 몰고 왔다."라며 저를 칭찬해주셨습니다. 다들 시원한 여름을 보낼 수 있어서 여러모로 행복했던 기억이지요.

은퇴 후 가장 중요한 것은 뭘까요.

퇴직 후 재취업하려면 교토삼굴(狡兔三窟)의 지혜가 필요합니다. 영리한 토끼가 굴을 세 개 파놓고 위험에 대비하듯이 3가지 이상의 길을 모색해 놔야 한다고 봅니다. 물고기를 잡을 때도 낚싯대를 3개는 던져 놔야 확실하듯이 말이지요. 저도 3개 정도의 갈 길을 준비했었는데 지금 가고 있는 주택관리사의 길은 맨 후순위로 마련한 길이었습니다. 제가 베이비붐 세대(63년생~55년생)인데 중년을 넘어 노년을 향하는 나이에 가장 중요한 5가지가 건(健), 처(妻), 재(財), 사(事), 붕(朋)이라고 합니다. 즉 건강, 배우자, 돈, 일, 친구인데 뭐하나 뺄 게 없지요. 하나를 더 보탠다면 '낙(樂)' 즉 긍정적인 사고방식을 들고 싶네요.

아버지로서 남편으로서 해주고 싶은 말이 있다면.

21세기는 평생직장 대신 평생직업의 시대인 만큼 자기가 좋아하는 일을 하면서 '워라밸(워크·라이프·밸런스)'을 추구해야 합니다. 아들들은 각자 좋아하는 일을 하고 있으니 충분히 가치 있는 삶을 살 거라고 믿고 또 적극적으로 응원할 겁니다. 아내에게는 늘 미안한 마음뿐이지요. 공무원의 박봉으로 아이들을 교육시켰고, 내 집을 마련하였으며, 없는 집 장남 며느리로서 제사와 명절 차례를 지내느라 맘고생도 많았거든요. 이제 그 보상을 받을 차례입니다. 시간 되는 대로 아내와 국내외를 함께 여행하면서 맛있는 음식도 먹고 많은 이야기를 나누려고요. 다정다감한 남편의 역할을 잘 해내 보려 합니다. 잘할 수 있을까요?(웃음)

10년 후의 목표는 무엇인가요.

아파트 관리사무소장으로 최소 10년은 일하려고 합니다. 열심히 일하면 5년쯤 후엔 '명품소장' 소리를 들을 수 있지 않을까요. 지금 한글서예를 배우고 있는데 10년쯤 후에는 국전에 출품하여 입선하고 싶습니다. '1만 시간의 법칙'대로라면 하루 3시간씩 10년을 정진해야 하지만, 하루에 30분씩이라도 꾸준히 연습하면 이루지 못할 꿈은 아니겠지요. 참, 죽기 전에 1권의 책을 쓰고 싶은 욕심도 있습니다. 그러려면 많은 책을 읽어야 하고 또 열심히 습작도 해야겠지요.

은퇴 이후의 삶을 어떻게 살아야 할지 고민하는 또래분들에게 한마디 해주세요.

늘 규칙적인 생활을 하는 것이 건강의 비결이라고 합니다. 또한, 나이가 들수록 최소한의 노후자금이 필요하다고 합니다. 그 두 마리 토끼를 한꺼번에 잡는 방법은 바로 내 일을 갖는 것입니다. 일을 갖기 위해서는 준비가 필요합니다. 종전에 하던 일을 계속할 수 있으면 좋지만 그게 쉽지 않습니다.

그렇다고 평생직장 생활을 하던 사람이 사업을 한다는 건 일종의 도박입니다. 도박은 젊어서는 물론이지만, 은퇴 후에도 해서는 안 될 금기이고요. 준비 없이 퇴직했다면 이제 시작하면 됩니다. 늦었다고 생각할 때가 가장 빠른 시기라는 말처럼 말이지요. 인생 100세 시대에는 꼭 돈 버는 일이 아니라도 뭔가를 배우거나 주변의 사람들과 어울릴 줄 알아야 합니다. 가능하다면 더 젊고 업종이 다른 분야의 친구를 사귀는 일이 훨씬 의미 있겠지요. 시민단체나 동호인 클럽에 가입해서 활동하는 것도 인생을 풍요롭게 사는 방법이 아닐까 생각합니다. 늘 긍정적인 마인드도 잊지 마셨으면 합니다.

제 인생 2막에 관한 이야기가 더 궁금하다면 블로그에도 놀러 오세요. 또 이메일로 연락해주시면 성심껏 답변 드리겠습니다.(blog.naver.com/hongkim1013 왕눈이일기 네이버 블로그)

구석구석 구기자(동아일보 출판국 구희언 기자)

※ 이 글은 2018.3.30. 동아일보 구희언 기자가 저와의 인터뷰 내용을 브런치에 올린 전문입니다.

2
인생극장의 2막이 오르다

내 직업은 아파트 관리사무소장
"김 선생님, 다음 주 금요일에 면접 일정이 잡혔네요."
"네? 날짜를 좀 조정하면 안 될까요?"

"대표님 일정에 맞춰 그날로 정한 건데 무슨 일 있으세요?"
"아, 친구들과 설악산을 가기로 해서요. 제 차를 가져가기로 했거든요."

"…."
"제가 다시 연락드리겠습니다."
"네…."

건물관리회사에 이력서를 넣고 얼마가 지난 후 면접 일정을 통보해 온 회사 간부에게 놀러 가는 것 때문에 면접 날짜를 연기하자고 했으니 그분이 얼마나 어이없고 기가 막혀 황당했을까! 지금 생각해도 웃음이 나온다. 전화를 끊고 나니 정신이 번쩍 들어 1분도 채 지나기 전에 바로 전화를 걸었다.
"이사님, 그날 면접 보러 가겠습니다."
"예, 알겠습니다. 당연히 그래야죠."

모처럼 찾아온 재취업의 기회를 날릴 순 없어서 여행을 포기하고 면접을 봤고, 그 후 몇 단계 절차를 거쳐서 오늘의 이 자리를 얻게 됐다.

누가 물었다. 오랫동안 다닌 직장을 퇴직할 때의 기분이 어땠냐고. 내가 대답했다. 직장에서 잘렸다는 생각이 들기보다 군 복무를 마치고 제대하는 것처럼 새로운 미래에 대한 기대로 설레었다면 믿겠느냐고.

직장 생활하면서 이제 더 이상의 승진은 어렵겠다는 판단이 든 시기가 있었다. 승진이란 하고 싶다고 해서 되는 게 아니라 여러 조건이 맞아야 하니까. 나의 은퇴 준비는 그때부터 시작됐다. 승진 가점 취득용으로 딴 사회복지사 자격증을 써먹기 위해 남들이 기피하는 사회복지 관련 부서 근무를 자원했다. 실무경력을 쌓고 여러 사회복지법인·시설·단체와 인적네트워크를 구축하여 퇴직 후에 사회복지시설장으로 일하겠다는 일념으로. 그러나 퇴직하고 나서 사회복지 분야에서 일할 기회는 내게 오지 않았다.

또 하나의 은퇴 준비로 주택관리사 자격증을 땄다. 조금 한가한 부서에서 근무할 때였다. 서울시가 주관하는 '아파트관리학교과정'을 이수하며 공동주택 관리에 관해 공부했다. 또 서울시 북부기술교육원 '에너지관리과정'(6개월 야간과정)에 입학하여 4개의 기술 분야 자격증을 땄다. 에너지관리기능사, 온수온돌기능사, 소방안전관리자, 위험물안전관리자가 그것이다. 지금 생각해 보면, 평생을 행정공무원으로 근무한 경력에 몇 개의 기술 자격증을 더했기에 취업기회가 금방 찾아 왔다고 확신한다. 그래서 내게는 퇴직이 드럽기보다 새로운 기대감으로 충만했던 거다.

내 직업은 아파트 관리사무소장이다. 서울시 공무원으로 36년 6개월을 근무하고 정년퇴직한 후 딱 5일 쉬고 재취업해서 지금의 직장에서 일하고 있다. 공무원 재직 시 민원업무에서 기획업무에 이르기까지 다양한 분야를 경험했는데, 그중에서도 민생 관련 부서 근무 경험과 여러 종류의 고질 민원을 해결해 본 경험은 현재의 직무수행에 많은 도움이 된다. 특히 층간소음으로 인한 분쟁은 자칫하면 폭력사태로 번질 우려가 있고 담배 연기로 인한 민원, 애완견 사육으로 인한 민원, 주차관리로 인한 민원 등으로 아파트가 하루도 조용할 날이 없는데 공직생활에서 체득한 갈등관리와 민원응대 경험이 큰 도움이 되고 있다.

인생 2막을 준비하려는 분들에게 말해주고 싶다. 퇴직 후 재취업하려면 교토삼굴(狡兎三窟)의 지혜가 필요하다고. 영리한 토끼가 굴을 3개 파놓고 위험에 대비하듯 적어도 3가지 이상의 재취업의 길을 모색해 놔야 한다는 말이다. 나도 사회복지사와 주택관리사의 길뿐만 아니라 행정사의 길도 준비했었다. 먼저 퇴직한 선배로부터 그가 운영하는 행정사 협동조합에 합류할 것을 제안받기도 했으니 토끼처럼 굴 3개를 준비한 셈이다.

많은 전문가가 은퇴 후 노년에 가장 필요한 5가지로 건(健), 처(妻), 재(財), 사(事), 붕(朋)을 든다. 즉 건강, 배우자, 돈, 일, 친구인데 '내 일(my job)'이 있으면 그게 모두 해결된다. 일(事)이 있으니 규칙적으로 생활하게 되어 자연스레 건강(健)이 확보되고, 돈(財)을 벌게 되니 친구(朋)들에게 밥도 살 수 있고, 배우자(妻)와 함께 이곳저곳을 여행하면서 맛있는 음식도 먹고 많은 이야기를 나누다 보면 해로(偕老)하게 되지 않겠는가. '내 일이 있어야 내일이 있다.'라고 주장하는 이유이다. 또 인생 백세시대에는 꼭 돈 버는 일이 아니더라도 뭔가를 배우거나 주변의 사람들과 잘 어울릴 줄 알아야 한다. 가능하다면 더 젊고 업종이 다른 분야의 친구를 사귀는 일이 훨씬 의미 있겠다. 동종교배는 퇴화하고 이종교배를 통해 우성 인자를 얻을 수 있는 것처럼, 끼리끼리 어울리기보다는 나와 다른 환경과 문화를 가진 사람들과 친해야 삶이 풍요로워진다. 그래서 나도 공직생활로 경직된 사고를 유연하게 하려고 시민단체의 교육을 수료하고 모임도 함께하며, 동호인들과 정기적으로 산행하는 등 다양한 계층의 사람들과 어울리고 있다.

명품소장이 되고, 한글서예로 국전에 입선하고, 죽기 전에 한 권의 책을 꼭 쓰고 싶다. 크게 내세울 것 없는 삶이라 해도 부끄럽지 않게 최선을 다해 살아온 내 인생의 발자취를 남기고 싶다. 이 꿈을 이루기 위해 나는 오늘도 긍정적인 마음으로 내 일을 한다. 한층 더 풍요롭고 건강한 내일을 위해.(2017.4.4.)

'인턴' 같은 시니어

영화 〈인턴〉은 고령화 시대에 접어든 우리 사회에서 시니어의 역할에 대해 많은 시사점을 던져준다. 로버트 드 니로(벤 휘태커 역)의 원숙한 연기가 한몫했겠지만, 한 사람의 퇴직자가 직장과 가정, 사회에 얼마나 긍정적인 효과를 가져올 수 있는지를 생생하게 보여줬다. 유망한 패션 회사의 젊은 여성 CEO 앤 해서웨이(줄스 오스틴 역)는 처음, 나이든 인턴 벤을 부담스러워하고 존재에 대해 회의적이었으나 점점 그에게 의지하게 된다. 말은 인턴이지만 실상은 개인비서인 회사 내 역할에도 개의치 않고 벤은 자신의 지혜, 경험을 총동원해 상사를 성공한 사업가로 만들기 위해 진력한다. 영화를 보는 내내 벤의 역할에 몰입하며 퇴직공무원인 나라면 줄스를 어떻게 보필했을까 생각해봤다. 시니어 모두가 벤처럼 성공적인 인턴 생활을 할 수는 없더라도 우리 사회에서 해야 할 역할이 많을 거라는 확신이 있다.

조정래 작가는 『정글만리』에서 "'정년퇴직'이라는 것은 직장인에게 있어서 일종의 '사형선고'였다. 그것은 조직과의 단절이고, 사회와의 격리이며, 인간으로서의 퇴물선언이었다."라고 한 데 더해 "그런 것들은 남자로서 거세당하는 것과 다를 것이 없었다."라고 했다. '거세당하는'은 다소 과한 표현이지만, 정년이 되어 한 번도 경험한 적이 없는 미지의 상태에 내몰린다는 일은 엄청난 두려움과 모험심을 유발하는 일일 수밖에 없다.

100세 시대라고 해서 아무나 백수를 누리는 건 아니다. 평소 꾸준히 몸을 관리하고 해로운 것을 피하는 자만이 누릴 수 있는 권리이다. 정년퇴직한 이들이 간과하기 쉬운 게 규칙적인 생활이 아닐까. 직장 생활 때는 시계추처럼 틀에 짜인 생활을 하다가 퇴직하면 일상이 흐트러져 생활의 균형을 잃기 쉽다. 더욱이 '거세당한 듯' 세상에 더는 쓸모없는 인생이라 자괴감을 가지면 삶의 내면은 더욱 피폐해질 수밖에 없다. 그래서 100세 시대에는 내일(my job)이 있어야 내일(tomorrow)이 있다고 나는 주장해왔다.

인생 2막에 나서다

공무원 퇴직자 중에서도 기술직 출신은 전문자격증을 소지하고 있기에 갈 곳이 많다. 그러나 일반직 출신은 자격증이 없으니 갈 데가 없다. 스페셜

리스트(specialist)와 제너럴리스트(generalist)의 차이가 극명하게 드러나는 대목이다. 그래서 행정공무원 출신은 주로 학교보안관이나 주차단속원으로 일하길 희망한다. 그나마 지금은 주차단속원도 계약직 공무원화하면서 퇴직자들이 갈 수 없는 자리가 돼버렸다.

그런 면에서 나가 주택관리사 자격증을 따서 퇴직하자마자 아파트 관리사무소장으로 일하고 있는 것을 남들이 부러워하는 게 당연하다. 퇴직 후 하루 놀고 하루 쉬는 동료들은 물론이고, 주변의 동료 관리소장들조차 부러운 눈길을 숨기지 않는다. 그들이 부러워하는 이유는 연금도 받고 월급도 받는다는 점 때문일 것이다. 그 얘기는 밥 사고 커피 사라는 말과 진배없어 기회 될 때 가능하면 내가 먼저 카드를 꺼내려고 노력은 하고 있다.

관리사무소장으로 일해 보니, 행정직 출신인 내가 다른 이들에 비해 비교우위에 있는 것도 많다. 우리나라 공직은 보직을 자주 바꾸기에 전문가가 없다고 한다. 예전에는 토호세력과의 결탁, 이익단체에의 포획 등 장기보직에 따른 폐단이 많아 보직을 자주 옮길 필요가 있었기 때문이다. 그러나 다른 관점에서 보면, 여러 부서를 거치다 보니 비록 전문성은 없을지라도 넓은 경험이 축적된 것만은 부인하기 어렵다. 관리사무소의 일은 주차관리, 시설물 유지보수, 층간소음 민원 해결 등 갈등을 관리할 일이 많아 내 경우 공직에서의 다양한 부서 근무 경험은 큰 도움이 된다. 전문성보다는 일반상식과 경험이 더 중요하다는 말이다.

결이 다르지만, 전직 행정학과 교수님한테 들은 얘기다. "공무원들은 참

똑똑하다. 그들과 1시간을 얘기해보면 정말 많이 안다. 그런데 2시간만 얘기를 지속하다 보면 그들이 아는 게 너무 없다는 걸 알게 된다."라고 말이다. 한마디로 이것저것 주워들은 풍월은 있으나 전문성이 없어 너무 깊이가 없다는 말이 아니겠는가. 직위분류제가 아닌 계급제 공무원제도의 부정적 측면이다.

SKY(서울대, 고려대, 연세대)대학을 졸업하면 네임 밸류(name value)가 평생 따라 다니게 된다. 누구는 어느 대학 출신이라고 말이다. 지식의 유효기간이 점점 짧아져 가고 있어 20대 초에 배운 알량한 전공지식으로 80세까지 우려먹는 것이 기본적으로 불가능한데도 그렇다. 인생 2막에 들어보니 공무원 출신이라는 사실만으로도 주변 사람들에게서 마치 SKY대학 출신과 같은 대접을 받는 경우가 종종 있다. 그만큼 다양한 직무를 경험했고 리걸 마인드(legal mind)로 무장돼 있으며, 갈등관리에 있어서 노하우가 많기 때문일 것이다. 그래서 공무원 출신 관리소장은 유능하다는 긍정적 인식과 함께 실제 여러 부문에서 두각을 나타내기도 한다.

공무원 출신이라고 해서 내게 인생 2막 기회가 거저 주어졌던 건 아니다. 남들이 놀며 즐기는 시간에 많은 준비를 했다. 평생 책상머리에 앉아 일하던 서생의 면모를 탈피하기 위해 여러 기술 자격증에 도전했고 그것들을 성취했기에 가능한 일이다.

입주민과 함께하는 일상

임대아파트에는 여러 면에서 어려운 분들이 많이 거주하신다. 우리 단지만 해도 주민의 25%가 65세 이상 어르신이다. 그중 홀몸 어르신이 절반 이상이니 그분들에게 도움을 드리는 일 또한 관리사무소의 직무다. 일반 아파트의 경우 공용부분이 아닌 전유부분의 유지보수는 전적으로 세대 자체에서 해결하는 것이 원칙이나 임대아파트에서는 그 원칙을 고집할 수가 없다. 화장실 변기가 막히면 '뚫어뻥'을 써서 뚫어야 하는데, 힘이 약한 노인들은 관리사무소 직원에게 의지할 수밖에 없다. 인터넷으로 구매한 가전제품류의 물품을 가져와 조립해 달라는 일도 다반사다. 그런 일은 귀찮기는 하나 오히려 우리 직원들이 즐기는 일이기도 하다. 특별한 기술이 필요치 않는데도 일을 처리해드리면 엄청난 찬사를 듣기 때문이다.

나이 드실수록 누구에게 신세 지고는 못 견디는 분들이 많다. 뭔가 하나를 받았으면 반드시 하나를 돌려줘야 한다고 여기는 분들이 대부분이다. 세상 사람들이 다 그런 생각을 한다면 아웅다웅할 필요가 없이 우리 사회가 훨씬 밝고 더 살맛 날 텐데.

명절 대면 양말 세트를 가져오시는 어르신이 계신다. 제발 그러지 마시라고 해도 기어이 놓고 가신다. 관리소장이 어르신보다 경제적으로 어렵다고 여겨서가 아니라 평소 신세 졌다고 생각하시기에 고마움을 그렇게 표하는 것이다. 참으로 순박하고 인정이 넘치는 분들과 함께하는 일상이라서 행복하다.

복잡한 행정절차와 여러 기관에 걸쳐 있는 문제를 해결했을 때의 성취감은 말로 표현하기 어렵다. 귀가 안 들려 필담(筆談)으로 겨우 소통하던 어르신을 청각장애인으로 등록해 드린 일은 보람된 일 중의 하나다. 행정복지센터(동사무소), 건강보험공단, 사회서비스원이 연관된 일인데 그들을 설득하고, 설명하고, 부탁해서 그 어렵다는 장애등급을 받아냈다. 가장 큰 고비는 의사 소견서를 받는 일이었는데 어르신이 강제 입원에 대한 트라우마가 있어 병원은 절대로 안 가시겠다고 해서 애를 먹었다. 궁리 끝에 그분이 다니던 교회 전도사님을 통해 신자 중 의사를 수소문한 후 그분께 왕진을 청해 소견서를 겨우 받았다. 화장실 출입 말고는 거동을 못 하시는 어르신은 요즘 매일 3시간씩 요양보호사의 케어를 받으며 생활하고 계신다. 이럴 때가 공무원 출신 관리소장으로서 보람과 자부심이 한껏 고조되는 지점이다.

홍보업무 또한 인생 1막 시절 익힌 스킬을 관리소장하면서 잘 써먹고 있다. 일반적으로 아파트 관리소장들은 대언론 업무가 생소하다. 언론이나 기자를 상대할 일이 없었기 때문이다. 그런데 단지(團地) 평가 항목에 언론 보도 지표가 생기면서 다들 고민스러워했지만 내게는 오히려 기회였다. 건수만 있으면 얼마든지 언론에서 보도하게 할 자신이 있으니까.

2017.7.19자 연합뉴스가 보도한 "작은 에어컨 한 대로 아파트 전체가 시원해요!"라는 기사는 우리 단지를 일약 유명한 단지로 만들어줬다. 임대아파트에 사는 주민들이 십시일반으로 모금하여 아파트 경비실에 에어컨을 달아줬다는 미담을 보도자료로 만들어 언론사에 보냈더니 〈연합뉴스〉가 실어준 것이다. 통신사의 기사라서 다른 매체들이 받아쓰다 보니 여러 언론에 기사가 났고, LH(한국토지주택공사) 본사에서 10억 원을 들여 전국 임대

아파트의 에어컨 없는 경비실에 에어컨을 달아준 계기가 됐다. (2017.8.10. LH 보도자료)

그로부터 1년이 지난 2018년 여름에는 '90살 할머니가 테니스를 친다.'라는 기사로 또 한 번 우리 단지의 존재감을 과시한 적이 있다. 인근 대학교 체육학과 교수님과 협약하여 단지 어르신들에게 매직 테니스 무료강습을 한다는 내용의 보도자료를 배포했더니 여러 매체가 보도했다. 특히 각 대학 신문에 개서특필했음은 물론이다. 주인공인 할머니는 그 후 각종 건강프로그램에 출연하는 등 유명인사가 되어 우리 단지를 홍보하는 역할까지 했다. KBS1TV, JTBC, TV조선 등에서 받은 출연료로 관리사무소에 음료수를 사오신 일도 있다.

관리비 부담을 줄일 방법, 즉 잡수입을 올릴 방법을 궁리하다 모 TV 방송국 드라마 촬영을 유치하여 임대료(1천여만 원)를 받은 일도 빼놓을 수 없는 자랑거리다. 주민들의 이해를 구하는 일이 쉽지 않았으나 어려운 살림살이에 보탬이 되고자 하는 관리소장의 충정을 이해하고 따라줬다. 큰길 옆에 있는 단지의 이점을 살려 건물 외벽에 현수막을 걸게 해주고 받은 임대수입(1천 5백여만 원)도 꽤 짭짤했다. 그러나 광고물 관리법 위반으로 관할 행정기관의 시정명령고 고발 위협을 받고 지속하지 못한 일은 두고두고 아쉽다. 마치 놓친 물고기처럼.

상(賞) 받는 즐거움

연말 TV에서 'ㅇㅇ 대상(大賞)' 같은 시상식 보는 일을 가장 지겨워하는데, 내가 직접 상(賞) 받는 일은 하나도 안 지겹다. 오히려 자랑스럽다. 그래서 상 받는 일은 언제까지나 줄곧 좋은가 보다.

올해 연말에 상을 하나 탔다. 그것도 이 업계에서 가장 권위(?) 있다는 상을. 굳이 메달 색깔로 따진다면 동메달 급에 해당하겠지만 전 직원이 하모니를 이뤄 빚어낸 단체상이기에 메달 색깔에 상관없이 마냥 자랑하고 싶다. 올림픽에서 개인종목의 메달도 값지지만, 단체종목에서의 메달을 더 높게 쳐주는 건 구성원 간의 단결과 합심의 결과이기에 그럴 것이다. 우리 단지가 받은 상이 바로 그런 상이다.

LH(한국토지주택공사)에서는 전국의 임대아파트단지(700여 개소)를 대상으로 매년 '주거행복지원 서비스 품질평가'를 실시한다. 상대평가라서 하위 5%에 속하는 단지는 위탁관리계약을 해지하는 소위 '퇴출'을 당하기 때문에 어느 단지나 이 평가에 사활을 걸 수밖에 없다. 2022년 그 평가에서 우리 단지가 우수단지로 선정되어 '장려상'을 받았다. LH 사장 명의의 감사패에는 함께 성과를 낸 직원들의 이름을 전부 새겨 넣어줌으로써 자부심과 긍지를 심어줬다.

우리 같은 작은 단지(368세대)가 전국의 쟁쟁한 단지와 어깨를 겨뤄 우수단지라는 쾌거를 이뤘으니 기뻐해야 마땅하다고 본다. 겨우 5명의 인력으로 입주 5년 만에 이룩한 성과임을 내세우고 싶고, 입주민들로부터 인정받고 싶다.

　전년도 실적을 다음 해에 평가하는 서비스 품질평가 일정은 지사(남양주권 주거복지지사) → 지역본부(서울지역본부) → LH 본사 순으로 예선과 결선을 거쳐 지루하게 진행되는데 봄에 시작한 평가의 결과가 12월 초에 나오게 된다. 결과를 기다리느라 지치긴 했지만 한 해의 업무를 결산하는 연말에 상을 받으니 그 기분도 괜찮다. 앞으로는 TV에서 시상식 방송을 하더라도 채널을 돌리지 말고 끝까지 시청해야 할까 보다.

　생각해 보니, 인생 2막에 접어든 후 전에는 받아보지 못한 많은 상을 받은 것 같다. 작년에만 해도 한국토지주택공사 사장상을 두 개나(금상, 장려상) 받았고, 상품권도 몇 번 받았다. 입사 이후 ㈜미래에이비엠 본사가 주최하는 상품 걸린 행사나 평가에서도 여러 번 수상했다. '대상'을 받아 베트남 여행도 다녀왔으니 늘그막에 상복(賞福)이 터진 것인가. 또 가입한 단체에서 받은 무료숙박권이나 할인구입권 등 운과 관련된 때도 없지 않았다. 물론 업무와 관련한 상은 내가 잘나서, 나 혼자 잘해서 받은 게 아니라 같이 일하는 직원들의 수고 덕분임을 잊지 않고 있다. 그러나 뭐든지 잘 될 거라는 믿음, 즉 긍정적인 마인드를 갖는 것 또한 중요하다 아니 할 수 없겠다.(2022.12.27.)

3
욕인 듯 욕 아닌 '이 양반아'

'요람에서 무덤까지'는 「베버리지 보고서(Beveridge Report)」에 담긴 영국의 사회보장제도를 한마디로 요약해주는 말이다. 1942년에 작성된 보고서의 주된 내용이 인간의 출생부터 죽음까지를 국가가 돌봐 주겠다니 얼마나 획기적인 발상인가, 그 풍부한 상상력이 놀랍다. 그로부터 80년이 지난 2022년 현재 대한민국의 경우, 신생아에 대한 출생수당부터 보육 수당, 학비 보조금, 무료급식, 국민연금, 노령수당 등등을 비롯하여 사망하면(기초생활 수급자) 장례비까지 지원하니 명실상부한 '요람에서 무덤까지'를 국가(지자체)가 실천하는 셈이다. 다시 말해 요람에서 무덤에 이르는 주요 길목마다 국가의 보살핌이 미치지 않는 곳이 없다는 말이다. 요새는 '요람에서 태어나 요양원을 거쳐 요양병원에 들렀다가 요단강을 건너간다.'라는 씁쓸한 얘기도 있긴 하지만, 보편적이든 선별적이든 복지정책의 확대에 따라 사회안전망이 마치 그물망처럼 촘촘히 짜여있다. LH 주거행복지원센터 또한 입주민에게 의식주 중 으뜸인 주거복지를 제공하는 사회안전망의 한 축을 담당하고 있어 그 일원임이 매우 자랑스럽다.

2020년 말부터 LH 공공임대아파트 관리사무소의 명칭이 주거행복지원센터(이하 '센터')로 바뀌었다. 그 의미는 종전의 '관리사무소'가 관리 주체 중심의 기존 시설물 관리업무 수행이라는 2차원적 기능을 수행했다면, '주거행복지원센터는 시설관리뿐만 아니라 입주민의 삶의 질 향상과 복지증진 등 3차원적 기능까지를 수행하는 것이라고 요약할 수 있겠다. 이에 따라 입주민에 대한 서비스는 많이 향상됐지만, 반면에 LH 임대아파트에서 일하기가 갈수록 힘들어졌다고 센터직원들은 입을 모은다. 매년 시행하는 주거행복서비스 품질평가를 통해 평가점수 하위 5% 단지는 아예 퇴출하고, 중대 재허법 시행에 따른 안전보건관리업무 또한 강도가 보통 센 게 아니다. 그러나 우리의 작은 수고에도 고마워하는 입주민이 있고 돌봄이 필요한 이웃에게 도움의 손길을 연계할 때 느끼는 성취감과 자긍심이 오늘도 출근길의 발걸음을 가볍게 한다.

우리 주민들은 정직하다

어느 화장품회사에서 정직성에 대해 실험을 했다. 서울 1호선 전철 안에 선물인 듯한 종이가방 100개를 여러 객차에 분산해 싣고, 꾸러미마다 GPS를 부착하여 행선지를 추적했다. 그 결과 100개의 종이가방 중 전철에 그대로 남아 있는 건 5개에 불과했고 94개는 어딘가로 누군가에 의해 사라졌다. 그런데 반전이 기다리고 있었다. 다음날 서울의 지하철 유실물센터에 없어진 가방 94개 중 81개가 맡겨진 것이다. 회수율이 무려 86%였다. 이 회사는 그 실험을 통해 "우리는 정직하다. 당신은 정직하다."라는 명제(命題)를 도출했다고 한다.

어느 해 봄날, 일과가 시작되기도 전 여성 입주민 한 분이 찾아오셨다. 택배회사로부터 주문한 물품을 배송했다는 문자를 받고 현관문을 열어보니 거기에 있어야 할 물품이 없어졌다며 누가 가져갔는지 CCTV를 확인하고 싶다는 것이었다. 자주 새벽 배송을 이용했으나 전에는 한 번도 물건이 분실된 일은 없었다면서 이웃 중에 '최근 이사 온 집이 있냐!'고 물었다. "택배회사에는 확인해 보셨나요?"라고 되물으니 새벽 2시에 '배송했다.'라는 문자를 받았다고 했다. 택배회사에서 제대로 배송했는지는 따져보지 않았고 의례적인 문자만 받았다는 말이었다. 일단 돌아가시라고 한 후, 우리 직원들에게 민원내용을 알려주며 확인해보라고 했더니 5분도 안 되어 한 직원이 답을 가져왔다. 택배기사가 1동 ○○○호를 2동이나 3동으로 착각했을 가능성이 있다고 보아 먼저 2동의 같은 호인 ○○○호를 찾아갔더니 현관에 그 주민이 말한 물품이 있더란다. 직원의 예상이 맞아떨어져 3동은 찾아갈 필요도 없었다. 생각 같아서는 해당 택배회사에 연락해서 잘못 배송한 물품을 찾아 다시 제대로 배달하라고 하고 싶었으나 그냥 우리 직원이 민원인댁으로 전달하는 것으로 끝냈다.

사람들은 근거도 없이 왜 남을 의심할까. 일단 물품이 배송되지 않았으면 택배회사에 먼저 따져야 하지 않나. 택배기사는 전지전능(全知全能)하기에 절대 잘못 배송할 리가 없다고 여긴 건지 선량한 이웃을 도둑으로 모는 결과가 되어 심히 불편했다. 입주 6년 차인 우리 아파트에서 그일 말고 택배 물품을 분실했다는 민원을 한 번도 들어본 일이 없다. 우리 주민들은 그렇게 정직한 분들이다. 앞의 화장품회사의 명제를 인용하자면, "우리는 정직하다. 당신은 정직하다."

층간소음 해결하고 넓은 집으로 옮기고

공동주택의 층간소음 민원은 딱히 해결방안이 없다. 예방을 목적으로 세대 내 방송을 하지만, 오히려 그 방송으로 인해 참고 살던 주민들이 민원을 내는 계기가 되기도 한다. 흔히 층간소음 민원의 원인으로 아래층의 민감함, 위층의 둔감함을 드는데 사람마다 성격이 다르듯 같은 소음이라도 듣는 상대방에 따라 반응이 다르기 때문이다.

2019년 4월 말쯤이었다. 아래층 모녀가 사는 세대에서 위층의 아이들이 뛰노는 소리로 인해 생활할 수가 없다고 민원을 제기했다. 위층에 직접 찾아가 항의도 여러 번 했고, 소음이 들릴 때마다 시간을 가리지 않고 센터로 전화를 해대서 한동안 직원들이 애를 먹었다. 층간소음 민원은 '당사자끼리 절대 접촉하지 말고 반드시 센터를 통해야 한다.'라고 강조해 왔지만, 양쪽을 오가며 중재하는 데도 한계가 있어 층간소음 관리위원회를 열기로 했다. 위원회를 연다고 해서 해결된다는 보장은 없어도 사람이란 자기의 고충을 남에게 털어놓으면 속이라도 후련함을 느끼기에 각자의 하소연을 들어나 보기로 했다. 실제로 일반 민원의 60~70%는 열심히 들어주기만 해도 해결되는 경우가 많다. 그때가 경남의 어느 지역 임대주택에서 정신질환이 있는 주민이 이웃을 살해한 사건이 있던 때여서 LH에서 유사 민원 현황을 조사하던 때라 '이웃 간 분쟁 우려가 있는 민원'으로 보고(報告)도 미리 해뒀다.

위원회에 안건을 상정하기 위해 양측의 주장을 들어보니 문제해결의 실마리가 보였다. 층간소음 민원은 서로 상대가 이사 가기를 바랄 뿐, 본인이 이사 갈 생각은 전혀 하지 않는데 다행히 이 건은 소음을 유발한 쪽에서 이사할 의향이 있었던 것. 한쪽이 이사 가면 대부분의 층간소음 민원은 해결되기 때문이다. 위층 세대는 아이가 둘이 되면서 현재 거주하는 방 하나짜리가 비좁아 큰 평형인 방 두 개짜리로 이사하고자 했으나 대기 순위가 길어서 거의 포기한 상태라고 했다. LH 지사를 통해 더 자세히 알아보니 일반적인 평형 변경 신청과 달리 층간소음 민원의 경우, 위원회 심의를 거쳐 '평형 변경'을 신청하면 '특별한 사유'가 인정되어 대기 순위와 관계없이 바로 이사할 수 있다는 것이었다. 그때부터 관련 절차를 속도전으로 진행하여 당사자 면담 후 10여 일 만에 LH에서 '평형 변경' 결정이 났다는 연락이 왔고, 단지 내 다른 동 빈집으로 바로 이사할 수 있었다. 전에 '이웃 간 분쟁 우려가 있는 민원'으로 보고해 둔 것도 도움이 됐음은 물론이다. 넓은 곳이라고 해서 어린아이들이 뛰지 않을 리는 없을 텐데 다행히 새로 옮긴 집의 아래층에서는 민원이 없었고, 전에 살던 집의 모녀도 더는 민원을 제기하지 않았다. 같은 소음이라도 듣는 상대방의 성격에 따라 반응이 다르다는 것을 확인할 수 있었다. 우리 아파트 정문에 붙은 플래카드 내용처럼 층간소음이 없는 아파트를 만들기 위해서는 '배려하는 위층과 이해하는 아래층'이 절실히 필요하다고 본다.

"센터장님 덕분에 넓은 곳으로 바로 이사하게 되어 정말 고맙습니다."라는 아이들 아빠의 인사를 받고 내 마음도 그들의 방 크기만큼 넓어져 흐뭇했다.

'이 양반아!'가 욕인가

관리비를 무려 23개월이나 체납한 입주민이 있었다. 혼자 사는 젊은이인데 몇 개월 전부터는 핸드폰마저 꺼져 연락이 닿지 않았다. 독촉장, 내용증명 등 시효중단 노력을 계속하면서 속을 끓이고 있던 어느 날, 경비반장으로부터 전화가 왔다.

"센터장님, ○동 ○○○호에서 이삿짐을 옮기는데요." 체납세대에 대해서는 야반도주(夜半逃走)를 막고자 감시를 잘하라고 경비원들에게 단단히 일러둔 효과가 있었다. "알았습니다. 곧 갈게요."

서둘러 해당 동으로 가보니 2.5t 화물차를 대놓고 두 사람이 가재도구를 싣고 있었다. "○○○ 씨가 누구시죠?"라고 물으니, "전데요."라고 젊은 사람이 대답했다.

"이사 가시나요? 관리비가 많이 밀려서 그동안 수없이 연락했는데 전화를 안 받던데요." 했더니, "관리비 내면 되잖아요!"라고 툭 내뱉는 것이었다. '뭐 뀐 놈이 성낸다.'더니 바로 이런 경우가 아닐까. 어이가 없어 할 말을 잊고 있는데, 같이 있던 머리 허연 사람이 "한 달 후에 낼 겁니다." 한다. 내가 물었다. "선생님은 누구세요? 어떤 관계이지요?" 자신이 청년의 아버지라며, 한 달 후에 내겠다는데 뭘 그리 따져 묻느냐는 듯 언짢은 표정을 지었다.

"무려 23개월간 관리비를 안 낸 사람이 슬그머니 나타나 이삿짐을 옮기면서 하는 말을 믿을 수 있겠어요?"

"한 달 후에 낸다잖아, 이 양반아!" 이런 경우를 적반하장(賊反荷杖)이라고 하던가.

'이 양반'이 욕은 아닌 게 분명한데 왜 그 순간에는 욕설처럼 들렸을까. 속에서 뜨거운 게 치밀어 올랐지만 애써 꾹 눌렀다. 거의 2년간 관리비를 안 내고 연락도 안 되다가 어느 날 갑자기 나타나 이삿짐 옮긴 현장을 들킨 주제에 그걸 지적하는 센터장에게 '이 양반아.'라고 하니 매우 억울하고 분했다. 그러나 내 감정은 감추고 그 양반 말마따나 '자식 앞에서 거짓말하겠냐.'는 말을 한번 믿어보기로 하고 그냥 이삿짐을 가져가도록 놔뒀다. 일종의 모험이었다. 이삿짐도 뺐으니 다시 안 나타나면 체납관리비는 받을 길이 막막해지는데도 말이다. 관리비를 장기 체납하면 지급명령신청이나 소액심판 청구의 소를 제기해야 하지만 승소해도 강제 집행할 자산(資産)이 없기에 아무 실효성이 없다. 부자(父子)가 떠나고 난 후 직원들은 '저런 사람을 어찌 믿고 그냥 보냈냐!'고 불만을 내비쳤지만 나도 자식 둔 부모 입장이라 그러고 싶었다.

그로부터 한 달이 채 되기 전에 약속대로 미납관리비 전액이 계좌로 입금됐다. 이삿짐을 가져가도록 호의를 베푼 효과가 있었다. 관리비 입금 후 얼마 지나지 않아 '이 양반아.'라던 그분이 사무실로 찾아 왔다. 정식 퇴거 절차를 밟으러 왔다면서 지난번에는 미안했다고 뒤늦은 사과를 했다. 원수는 외나무다리에서 만나고, 어느 구름에 비가 숨어 있는지 모른다던가. 언제 어디서 누구를 만나든 막 대하지 말고 정성을 다해야 한다는 교훈을 얻은 셈이다. 만약 '이 양반아.'라는 말에 흥분하여 다퉜더라면 이사 가는 날 일부러 찾아와 인사하겠는가. 그래서 누구에게든 늘 친절히 대해야 한다. 상대가 입주민일 경우에는 더더욱 그렇다.

입주민의 만족을 위해

공동주택 관리에서 관리사무소의 역할은 공용(共用)부분만을 관리하는 것인데, LH 주거행복지원센터에서는 전유(專有)부분이라 하여 손봐 드릴 수 없다는 말은 성립하지 않는다. 현관 자동키 배터리 교환부터 리모컨 사용방법 설명, 심지어는 '뚫어뻥'을 이용해 막힌 변기까지 뚫어드려야 한다. 실제로 O동에 사시는 약간 치매기가 있는 할머니는 1주일에 한 번 정도 센터에 찾아와 딱 한 마디 "변기가 막혔어요."라고 말씀하시면, 직원이 말없이 뚫어뻥을 챙겨서 따라나서는 수순(手順)은 자동조치사항이다. 그래서 일반 아파트의 근무행태가 몸에 밴 신입 직원들은 왜 세대 내 전유부분까지 감당해야 하느냐고 볼멘소리하기도 한다. 그러나 이내 임대아파트 관리업무에 적응하게 되는데 홀로 사시는 어르신이 냉장고를 좀 옮겨달라는데 감히 "그런 일은 못 합니다."라고 말할 직원이 어디 있겠는가.

센터의 하루는 입주민들과 애환을 함께하며 지나간다. 때론 가슴에 비수를 들이대듯 아픔을 주는 분도 있지만 늘 흐뭇한 표정으로 감사를 표시하는 주민이 더 많아 행복하다. 진심을 알아주는 주민이 늘어나고 매년 실시하는 주민만족도 조사 점수가 점점 높아지는 것도 감사할 일이다. 우리 센터직원들은 현재에 만족하지 않고 모든 입주민이 OK할 때까지, '매우 만족'하는 그날까지 최선을 다할 것이다. (2022.7.26.)

어느 간 큰 입주민

'고독사 없는 아파트 만들기' 사업의 하나로 단지 내 65세 이상 홀몸 어르신 중 수도사용량이 없는 분들과 소통하다 보니 대상 어르신 80여 분에게 내 핸드폰 번호가 알려지게 됐다. 내가 그분들의 연락처에 '성함과 동·호수'를 적어놓았듯이 그분들의 전화기 속 내 번호 옆에도 '관리소장'이라 표시돼 있을 것이다.

어제 아침에는 430○동 ○○○○호로 표기된 어르신이 전화를 걸어왔다. "안녕하세요, 어르신!" 하고 받으니, "아, 소장님, 이거 죄송한 부탁을 좀 해야겠네요." 하셨다. 전화를 거신 이유는 아침에 외출하면서 집안에 에어컨을 켜두고 나온 것 같은데 저녁 늦게 들어가게 되어 부탁 좀 하겠다는 거였다. 그러면서 직원한테 시켜서 집안의 에어컨을 꺼 달라며 현관 비밀번호를 알려주셨다. 그걸 옆에서 듣던 직원이 "아니, 누군데 소장님한테 에어컨을 꺼달라고 부탁해요?"라고 물었다. 마치 감히 관리소장한테 에어컨 꺼달라는 '간 큰 주민'이 누구냐는 말투였다. 그래서 설명해줬다. 홀몸 어르신 중 가끔 안부 전화를 드리는 어르신의 부탁이라고.

안부 확인차 전화를 걸면 아들네 집에 가 있다는 분, 지방에 한 달 정도 머문다는 분, 교회 수련회 가서 1주일 후에 돌아오신다는 분, 아파서 입원했다고 딸이 대신 받는 경우, 일 때문에 주 1회 집에 들른다는 분 등등 그분들의 대소사를 꿰게 된다.

인생 2막에 관리소장을 하면서 얻는 보람 중의 하나가 바로 주민들과 격의 없이 지내게 되는 순간이다. 때론 퇴근하고 집에 있을 때 전화해서 "소장님 조금 전에 무슨 방송했어요?"라고 물으셨다가 "아, 사무실에 알아보고 전화 드리겠습니다."라는 내 말에 놀라 퇴근한 줄 몰랐다며 몹시 미안해하시는 분들도 있다. 그럴 때 내 직업의 보람을 느낀다.

　에어컨 꺼 달라는 어르신의 부탁은 맡길 직원이 없어(많지 않은 직원들이 휴가 가는 기간이라) 직접 다녀왔다. 현관 번호를 잘못 받아 적어 세 번씩 통화하는 과정에서 조금 더 정이 든 듯한 느낌은 나 혼자만의 감정일까.(2024.8.21.)

우리 경로당 총무님

　2021년 초가을 어느 날, 경로당에서 총무님을 며칠째 못 봤다는 생각이 들었다. 매일 출근하다시피 한 분인데 무슨 일이 있나 궁금했다. 마침 경로당에서 나오시는 어르신 한 분에게 여쭤봤더니 청천벽력 같은 말씀을 하셨다. "총두가 폐암에 걸렸는데 너무 늦게 발견해서 손도 못 쓸 지경이라네요."라고 하시는 것이었다. 코로나 때문인지(?) 입원하지 못한 상태로 며칠째 응급실에 있다는 말도 덧붙였다. 총무님은 경로당 회원 중 비교적 젊은 축에 속하고 평소에도 건강했던 분인데 어찌 그렇게 갑자기 병마가 찾아들 수 있나 싶었다. 겉이 멀쩡하다고 사람이 살아있다고 볼 수가 없겠구나 하는 생각도 들었다. 우선 문병을 해야겠다는 생각에 경로당을 찾아가 거기 계신 분들에게 입원한 병원을 물으니 서울 강동구에 있는 ○○병원이라고 했다. 그런데 코로나로 인해 면회가 안 되어 몇 분이 찾아갔으나 얼굴은 보지도 못하고 겨우 통화만 했다고 한다. 나도 전화로라도 위로를 드리기 위해 통화했는데, 정작 당사자는 의외로 차분하고 담담했다. 폐암 말기라면 사형선고를 받은 셈인데 어찌 저리 초연할 수가 있을까 생각하며 위로의 말을 찾기가 어려워 어물거리다가 전화를 끊고 말았다.

그 후 또 며칠이 지나 경로당 입구에서 갑자기 총무님과 맞닥뜨렸다. 그것도 나를 보며 빙긋 웃는 모습으로 눈앞에 서 있는 거였다. '이분이 중병을 선고받더니 실성하셨나.', '그런데 병원에 있지 않고 왜 나오셨지?', '더는 가망이 없다고 해서 집으로 돌아오신 건가?' 여러 의문을 품고 생각을 굴리고 있는 내 모습을 바라보더니 이윽고 말씀하셨다. "오진이었대요. 폐암이 아니래요." 무슨 병원이 사람 목숨 갖고 장난을 쳤나. 멀쩡한 사람을 '폐암 말기'라고 진단을 잘못 내릴 수 있단 말인가. 어쨌든 총무님은 그렇게 제2의 생명을 얻으셨다. 지금도 코로나뿐만 아니라 감기몸살 한번 안 걸리고 잘 지내신다.

그런 분이 얼마 전 나를 찾아오셨다. "소장님과 상의할 일이 있어요.", "어서 오십시오. 무슨 일이신데요?" 자리를 권하고 말씀을 들으니, 작년에 오진 받은 얘기를 꺼내셨다. 유쾌한 기억은 아니지만 나락으로 급전직하했다가 하늘로 솟아오른 경우니까 마치 흘러간 추억처럼 자연스럽게 들출 수 있는 얘깃거리였다. 그때 폐암 말기라는 오진을 받고 실의에 빠져 있을 때, 경로당 회원들이 위로금을 모아서 전달했었다고 한다. 여태 쓰지 않고 보관 중인 그 돈을 다시 돌려드리고 싶다는 것이었다. 회원 21명이 2만 원씩 모아 건넨 돈이 42만 원인데, 1인당 5천 원씩을 보태서 돌려드리고 싶다고 했다. 처음엔 1만 원씩을 얹어 드리려고 했으나 너무 부담돼서 절반으로 줄였다면서. 그분들을 모시고 밥을 한번 살까도 생각했으나 이런저런 이유로 참석하지 못할 분들도 계실 것이기에 그냥 현금으로 돌려드리는 방법을 택했노라고 했다. "총무님, 참 대단한 분이시네요. 위로금이니 그냥 써도 되는데, 지금에 와서 그것도 이자 붙여서 돌려드리겠다고요?" 내가 말했다. "맞아요. 이자 붙여 드리려고요." '이자'라는 말이 맘에 들었던 모양이다. 그런데 정작 총무님이 나를 찾아온 이유는 따로 있었다. 돈만 달랑 봉투에 넣어 돌려드리려면 구구하게 설명해야 하니 말 대신 글로 취지를 써달라는 부탁을 하러 오신 거였다. 당연히 그러겠노라고 했고, 기꺼이 써드렸다.

세상은 선한 사람들로 구성돼 있다고 믿는다. 소수의 선하지 못한 사람들이 미꾸라지처럼 강죽을 흐리게도 하지만 그래도 우리 주변에는 선한 이웃들이 더 많다고 생각한다. 어려운 사람들이 모여 사는 임대아파트에 특히 착한 이들이 더 많다. 이웃이 어려움을 당했을 때 작은 정성이나마 모아 위로해주고, 그렇게 받은 위로에 대해 보답할 방법을 찾는 사람들이 있는 한 아직 세상은 살만하다고 본다.

총무님의 위로금 반환 소동은 두 분의 수령거부로 인해 미완의 반환이 되고 말았다고 한다. 그중 한 분은 돌려주려는 봉투를 뿌리치는 것은 물론, 현금 5만 원을 더 얹어주며 '술 사 먹고 더 건강해요.'라고 했다고 한다. 우리 단지 최고령 어르신이 그분이라며 허허 웃던 총무님의 얼굴이 안동 하회탈을 닮았던 것 같다. (2022.11.9.)

리모컨 할아버지와의 추억

어느 날, 출근하니 1동에 사시는 '리모컨 할아버지'가 돌아가셨다고 했다. 근처에 사는 딸이 혼자 사는 아버지에게 아침에 전화했는데 안 받기에 찾아가 봤더니 화장실에 쓰러져 있었다는 것이다. 놀란 딸의 전화를 받고 우리 직원이 가보니 어르신은 이미 숨진 상태였고 딸은 119대원이 도착하기를 기다리고 있었다. 119에서 현장을 그대로 보존하라고 했다지만 아버지의 머리가 차가운 타일에 놓여 있는 것을 안타까워하는 딸의 맘을 헤아려 직원은 고인의 목덜미에 묻은 피를 닦아내고 머리 뒷부분에 수건을 받쳐드렸다고 한다. 물론 현장 검증 시 책잡히지 않게 신경을 쓰면서.

어르신과는 추억이 하나 있다. 2019년 가을, 단지 내 어르신 20여 분을 모시고 속초 등지로 가을 여행 갔을 때의 일이다. 출발한 후 첫 번째 휴게실에 들렀을 때 그분이 다가와 "소장님, 커피 한잔하실래요?" 하셨다. "아! 어르신, 저는 아침에 집에서 한잔 마시고 왔습니다."라고 정중히 사양하고 화장실을 다녀오다 보니 어르신이 아직도 커피 판매점 앞에 서 계셨다. 다가가 연유를 알아보니, 그 커피숍은 현금은 받지 않고 카드로만 결제가 가능한 데 신용카드나 체크카드가 없는 분이라 커피를 주문도 못 하고 마냥 서 계신 거였다. 내 카드를 꺼내 서둘러 계산하고 뜨거운 아메리카노 한잔을 건넸더니 천 원짜리 몇 장을 내미셨다. "됐습니다. 제가 어르신께 커피 한잔 대접한 겁니다." 하니 계면쩍은 웃음을 지으시던 모습이 눈에 선하다.

홀로 사시는 분들이 대부분 그렇듯 어르신은 낮에도 TV를 보는 게 유일한 낙인 것 같았다고 직원들은 말했다. 주로 케이블방송을 보시는데, 리모컨 작동하는 법을 금방 잊어버려 툭하면 관리사무소로 전화했다. 그래서 별명이 '리모컨 할아버지'가 된 것이다. 어떤 때는 하루에 두 번 전화한 일도 있었으나 평균 1주일에 한 번 정도는 전화하셨다. 그때마다 아무렇지도 않게 "리모컨이 고장 났어요."라고 전화했고 찾아가서 또 사용방법을 알려드리면 당연한 듯 받아들이곤 했다.

하얀 방호복을 입은 119대원들과 정복을 입은 경찰관 등 한 무리의 감독관들이 다녀가고 앰뷸런스가 뒤늦게 도착하여 병원으로 시신을 모시고 간 후, 훌쩍이던 딸마저 병원을 향해 가고 나니 화장실에 흥건히 고인 피를 씻어내는 일은 우리 직원 차지가 됐다. 관리사무소 직원이 청소까지 해줄 의무는 없지만 허망하게 가신 리모컨 할아버지를 위해 해줄 수 있는 일은 생의 마지막 흔적인 핏자국을 지워드리는 일뿐이었노라고 직원은 회고했다. 이렇듯 관리사무소는 주민과 가장 가까이에 있다.(2022.8.5.)

내가 헛되이 보낸 오늘 하루는 어제 죽어간 이들이 그토록 바라던 내일이다.
― 소포클레스

유순하고 순수하고 순박한

모든 불행은 비교에서 시작되고 비교를 줄이면 행복해진다는 말이 있다. 하루 세끼 먹는 식사라도 부자가 먹는 식사의 질과 비교하다 보면 내 식사가 초라해 보일 수 있다. 그러나 어차피 식사란 살기 위해 최소한의 열량을 섭취하는 일이라 치부한다면 굳이 다른 사람의, 특히 부자의 식사 질과 비교하며 불행을 떠올릴 이유는 없을 것이다.

이미 오를 만큼 오른 아파트값이 한동안 잠잠하나 했더니 다시 꿈틀거린다는 소식이 들린다. 아파트값이야말로 대한민국 국민을 불행에 빠뜨리는 원흉이 아닐까. 시멘트, 모래, 철근을 넣어 쌓아 올린 콘크리트 덩어리가 강남에 있느냐 강북에 있느냐에 따라 그 값이 천양지차(天壤之差)니 그게 정상적인 사회인가 말이다. 우리나라를 '헬 조선'이라 멸칭하는 주원인 중에 아파트값이 자리하고 있음은 주지의 사실이다. 같은 평형의 아파트인데도 지역에 따른 엄청난 차이를 보이니 그걸 비교하는 것에서부터 불행은 시작되는 것이다.

내가 일하는 아파트는 임대아파트라서 주민들 간에 서로를 비교할 일이 없어서 다행이다. 아파트가 욕망의 상징이며 삶의 목표가 돼버린 현실에서 일반분양 아파트가 아닌 임대아파트이기에 굳이 남들과 재산을 비교하지 않아도 되니 얼마나 고아(高雅)하고 유유자적한 삶인가. 물론 기본재산이 있는 분들과 없는 분들 사이에 쏠쏠이 차이는 있을 수 있으나 급격한 아파트값 상승으로 인해 불로소득을 보거나 반대의 경우 기대이익을 상실할 일이 없어 주민의 간극이 덜하다는 말이다.

어느 글에서 읽었는데 '엘사'는 LH(한국토지주택공사) 임대아파트 사는 사람들을 칭하고, '빌거'는 빌라에 사는 거지를 뜻하며, '휴거'는 휴먼시아 임대아파트에 사는 거지를 의미한다고 한다. 참으로 씁쓸했다. 바로 우리 아파트가 LH 임대아파트인데 우리 주민들이 '엘사'라는 말인 거다. 그런데 말이다, 그 임대아파트에 사는 사람들이야말로 유순하고 순수하고 순박하고 순진하고 순응하는 사람들이라는 말을 하고 싶다. 마치 갈라파고스섬에 사는 새들이 사람이 다가가도 도망갈 줄 모르는, 자기를 해칠 거라는 생각 자체를 안 하는 것처럼 우리 주민들은 가공하지 않은 원석 같은 순정(純正) 그 자체라고 말하고 싶다.

지난 7월 말인가 TV 시청료 분리부과 문제로 세상이 시끄러울 때였다.

일부 아파트 관리사무소에서는 당시 시청료 관련 문의 전화가 폭주하여 다른 일을 할 수 없을 정도였다고 한다. 특히 거래가가 높은 단지에서 더 심했다고 한다. 그런데 우리 단지는 딱 2통의 문의 전화만 왔을 뿐이었다. 시청료 분리부과를 신청하는 것은 시청료(월 2,500원)를 내지 않겠다는 의사의 표현이라고 봐도 무방할 것이다. 다시 말해 시청료를 내지 않겠다는 속셈을 드러낸 주민이 단 2세대뿐이었다는 말의 의미는 바로 '순수'의 결정체인 우리 주민의 정체를 드러내는 것이라고 본다.

"재산의 수준을 높이기보다는 욕망의 수준을 낮추도록 애쓰는 편이 오히려 낫다."라는 아리스토텔레스의 말처럼 재산이 많지 않음을 탓하기 전에 내 기대치를 낮추는 것이 더 현명하다는 사실을 우리 주민들은 이미 알고 있음이 분명하다. 그런 주민들을 모시는 관리소장으로서의 나는 진정 행복한 사람이다. (2023.9.13.)

순진해서 당하는 사람들

어르신들에게 무료관광을 시켜주고 공짜 점심을 대접하겠다며 인원을 모아 의료기기와 건강보조식품을 파는 행위가 극성을 부렸다. 마치 보이스피싱처럼 나중에 생각해 보면 함정이 분명한데도 당시에는 뭔가에 홀린 듯 빠져들게 된다. 우리 경로당에서도 그런 일이 있었다.

어느 날, 우리 단지에 사는 아버지가 무료관광에 따라가 88만 원어치의 건강보조식품을 구매했다며 딸이라는 분이 전화를 해왔다. 약사라는 그분은 아버지로부터 얘기를 듣고 판매처에 전화하여 재료비가 5만여 원에 불과한 물건을 고가에 판매했으니 사기 아니냐며 강력히 항의했고, 결국 환불받기로 했다면서 도대체 그 과정에서 관리사무소는 뭐 했냐고 따져 물었다.(관리소장이 무료관광 따라간 것도 아닌데….)

알고 보니 순진한 경로당 회장님이 당한 거였다. 대한 ○○회 ○○지회 ○○○이라고 자신을 소개한 사람이 경로당 어르신들에게 관광을 시켜주고 점심까지 대접하겠다는 말에 깜빡 넘어간 것이다. 보이스피싱 피해자도 나중에 찬찬히 생각해 보면 허점투성이인데도 당시에는 뭐에 홀린 듯 넘어가는 것처럼. 회장님은 순수한 마음에 회원들에게 무료관광+무료점심을 안내했고 어르신 10명이 따라나섰다고 했다. 주최 측이 의도한 대로 회장님도 몇만 원짜리 물품을 샀고, 이 민원인의 아버지처럼 몇몇 회원이 물건을 샀다고 한다. 세상에 공짜 점심은 없다는 평범한 진리를 잠시 망각한 후과(後果)였다.(2023.7.18.)

4
어르신은 그 강을 건넜을까

'장어구이 드시면 소주 + 맥주 = 공짜'

아파트 근처에 몇 달 전 개업한 장어구이 집에 내걸린 플래카드의 내용이다. 장어가 무한리필이 아니라 술만 공짜라고 해서 적이 실망스러웠지만, 저곳에서 회식하면 좋겠다고 생각했었다. 그러나 가격 때문에 엄두를 못 냈고 더욱이 장어를 좋아하지 않는 직원이 있어 포기했던 곳인데, 황감하게도 그 업소에서 회식하게 됐다. 입주민 한 분이 그곳에서 전 직원에게 장어를 사주시겠다는 것이었다. 평소 단지 업무에 우호적인 분이지만 갑작스러운 제안이라 어떻게 해야 하나 살짝 고민이 됐다. 관리사무소 직원이 입주민으로부터 식사를 제공받는 건 일종의 향응 수수에 해당한다고 여겨온 터였지만 '뇌물'이 아닌 '선물'임이 분명했기에 고심 끝에 제안을 받아들이기로 했다. 그러면서도 내심으로는 혹시 거절하기 어려운 부탁을 하면 어쩌나 하는 부담이 있었는데 그건 기우(杞憂)였다.

"저는 다음 달에 이사 갑니다. 그동안 잘해 주신 직원분들께 감사의 의미로 저녁을 대접하는 것이니 아무 부담 갖지 말고 드세요."

머리를 한 대 얻어맞은 느낌이 이런 걸까. 무슨 일로 저녁을 사는 거지? 이리저리 머리를 굴리는 내 속내를 알아차리기라도 한 듯, 가까운 신규 입주 단지로 이사 가기 때문에 그동안의 정리(情理)에 감사하는 뜻에서 저녁을 산다는 것이었다. 특별히 잘해드린 것도 없는데, 참 멋진 분이라는 생각과 함께 좋은 분을 놓치게 되어 매우 안타깝다는 감정이 교차했다.

코로나가 발생하기 전인 2019년 가을, 어르신 스물네 분을 모시고 단풍 구경을 다녀온 일이 있는데 그때 차량을 제공해주신 분이 바로 그분이다. 15인승 쏠라티 2대를 제공했고, 1대는 직접 운전까지 해주셨다. 모처럼의 나들이에 흥이 난 어르신들에게 내년에 다시 모시고 가겠다고 했으나, 코로나 사태로 인해 2년이 지나도록 약속을 이행하지 못했다. 이제 '위드 코로나'를 앞둔 시점에 차량 스폰서가 이사 가버리면 그 약속을 영영 못 지킬 일이 걱정됐다.

"사장님, 이사 가시면 우리 어르신들 단풍 구경은 어떻게 합니까?"
"그건 걱정하지 마세요. 이사는 가지만 1년에 한두 번 어르신들 나들이 모시겠다는 약속은 꼭 지킬 테니."
이런 고마울 일이 있나. 우리 아파트에서 비록 이사는 가시지만, 어르신들이 나들이하게 되면 차량은 제공해주시겠다니. 당장 악수부터 하고 애들처럼 엄지손가락을 마주 댄 후 복사하는 손짓까지 마쳤다. 때맞춰 직원들이 박수를 쳤으니 인감도장 찍고 공증까지 한 셈이 됐다.

회식이 끝나고, 식대가 꽤 나왔을 거라며 걱정하던 직원이 "왜 좋은 사람들이 다 이사 갈까요?"라던 푸념처럼 단지 일에 협조적이던 분들이 요즘 많이 이사 간다. 그렇지만 우리 아파트에는 좋은 분들이 더 많이 계실 거라 믿는다. 다만 우리가 아직 잘 모르고 알려지지 않았을 뿐, 대부분 주민이 협조

적일 거로 생각한다.

박×스와 할머니

2020년 8월 어느 날이었다. 사무실에 앉아 있는데 어르신 두 분이 들어오셨다. 우리 아파트 최고령인 93세 최 할머니는 아직도 꼿꼿하시고 83세 박 할머니는 허리가 많이 굽었는데 두 분 다 배낭을 메고 오셨다.

"소장는, 관리실은 에어컨 안 켜요? 전기 아끼느라 안 켜신 건가."

"아, 네…" 아직 오전이라 기온이 높지 않기에 에어컨을 안 켰는데, 말씀하시는 최 할머니의 얼굴을 바라보니 이마에 땀방울이 송골송골 맺혀 있었다.

"이 더위에 뭔 짐을 그리 지고 다니세요?"

"…"

내 말에 대답은 안 하시고 두 분이 동시에 배낭을 내려놓고 지퍼를 여는데, 그 안에 박×스 상자가 들어 있었다. 10병들이 2개를 패키지로 포장한 거라 무게가 상당할 텐데 그걸 나이 드신 분들이 한 상자씩 짊어지고 오신 거다.

"날 더운데 직원들 드시라고…"

"아이고, 이러지 않으셔도 되는데, 고맙습니다. 잘 마시겠습니다."

박×스를 사 오신 사연은 듣지 않아도 짐작이 갔다. 2018년 9월경 '91세' 최 할머니가 '매직 테니스'를 하며, 건강을 유지한다는 사연이 언론에 보도된 후로 KBS1TV, JTBC, TV조선 등의 각종 건강 관련 프로그램에 소개됐었다. 나중에 들으니 그때마다 방송국으로부터 약간의 출연료를 받으셨다고 한다. 언제였던가, 한번은 관리사무소로 찾아오셔서 직원들에게 밥을 사겠다기에 극구 사양한 일이 있었는데 밥 대신 음료수를 사 오신 것 같았다.

박 할머니 또한 '암 수술을 7번이나 받은 어르신이 테니스를 한다.'라는 내용으로 매스컴을 탄 일이 있고, 최근 방영된 건강프로그램에서는 최 할머니 인터뷰 장면에 잠깐 얼굴이 노출된 적도 있다. 그런 인연에다 두 분이 같은 교회를 다녀서 매우 친한데 그날은 짐꾼으로 차출되신 거였다.

텔레비전에 나오는 일은 아이들 못지않게 어르신들도 참 좋아하신다. 사전 인터뷰할 때 어떻게든 방송에 잡혀보려고 묻지도 않은 대답을 하면서 갑자기 카메라 앞에 얼굴을 들이미는 어르신들을 보며 웃음을 참기 어려웠다. 우리가 TV에서 뉴스를 보면 인터뷰하는 원내대표(또는 당직자) 좌·우측에 바짝 붙어서는 정치인들을 보는 것과 똑같다. 박 할머니는 그런 모습이 싫다고 일부러 떨어져 계셨는데, 막상 방송에는 그분 얼굴만 나왔다.

사실 나로서는 할머니들한테 음료수를 얻어먹는 대신 오히려 대접해야 마땅하다. 왜냐면, 경로당 어르신들의 커뮤니티 활동인 '매직 테니스 무료 강습', '경로당 거실 탁구대 설치' 등이 심심찮게 언론에 보도되어 우리 아파트의 긍정적 이미지를 고양했을 뿐 아니라 미담을 전파하고 있기 때문이다. 말하자면 두 분은 우리 아파트 전속 홍보 모델인 셈이니까.

당연한 일을 했는데도 매우 감사해하는 분들이 있는가 하면, 어렵게 애써 줬는데도 고마운 기색을 전혀 비치지 않는 분들이 있다. 방송에 나오게 해줬다고 감사를 표하러 무거운 짐을 지고 오신 어르신들이 참 고마웠다. 부디 우리 어르신들이 오래 건강하게 지내셨으면 좋겠다. 박×스는 얻어먹지 못하더라도.

네 가지 없는 아파트 만들기

어언 5년 차 관리사무소장인 나는 우리 아파트를 '네 가지 없는 아파트'로 만들기 위해 심혈을 기울이고 있다.

첫째는 '고독사 없는 아파트 만들기'이다.

인간의 존엄을 해치는 고독사가 우리 아파트에서는 발생하지 않게 65세 이상 홀몸 어르신 64명을 대상으로 3중(三重) 안전장치를 마련했다. '원격검침시스템'을 활용하여 48시간 이상 수도사용량이 없는 세대에 대해 안전을 확인하고, '응급안전 안심서비스' 가입을 통해 집안에 감지기와 단말기를 설치하여 일상생활에서의 이상 유무를 관찰하며, 홀몸 어르신과 자원봉사자를 결연하는 '1대1 노노케어(老老care)'를 통해 안부를 확인하거나 말벗이 되어 주는 일이 그것이다.

둘째, '층간소음 없는 아파트 만들기'이다.

공동주택의 층간소음 문제는 생각보다 심각하다. 감정대립에서 칼부림, 심지어 살인까지 불러오고, 그 지경까지는 가지 않더라도 심각한 분쟁으로 치닫는 경우가 많다. 우선 동 대표를 비롯한 입주민들로 '층간소음 관리위원회'를 구성하여 분쟁을 중재하기 위해 노력하고 있다. 발자국 소리로 인한 민원을 줄이기 위해 올해 10월부터는 위층인 민원유발세대에 실내화를 지급하기도 했다. 흔히 층간소음의 원인으로 위층의 '둔감함'과 아래층의 '예민함'을 든다. 그러나 당사자가 돼보지 않고는 누구도 그 고충을 이해하기 힘든 게 층간소음 민원이다. 이웃끼리 서로 이해하고 배려하는 공동체 문화를 조성하는 일이 무엇보다 필요한 이유이다.

셋째, '외로운 노인 없는 아파트 만들기'이다.

우리 아파트에는 유독 혼자 사는 어르신들이 많다. 젊은 세대들은 이사도 자주 가지만 어르신들은 붙박이처럼 입주 이후 줄곧 거주하시는 분들이 많다. 이런 분들을 위해 인근 대학교 테니스교육연구소의 도움을 받아 '매직 테니스 무료강습(2018, 2019)'을 열어 건강에 관한 관심과 운동에 대한 열정을 느끼도록 했다. 또 매년 여름 복날을 즈음해서 보양식 나눔 행사(2018년 이후 매년 2~3회 개최)를 벌여 어르신들의 기력을 보충하는 데 일조했고, 2019년 가을에는 단풍관광(2019.11.12.)을 통해 외로운 어르신들에게 새로운 추억거리를 선사하기도 했다.

마지막으로 '이웃 간 벽 없는 아파트 만들기'이다.

입주 후 바로 경로회 설립을 지원하여 '경로당'이라는 복합놀이 문화공간을 조성함으로써 '멀리 있는 사촌보다 가까운 이웃이 낫다.'라는 것을 확인시켜 드렸다. 또 우리 동네 자원봉사단체인 '별미봉사단' 설립을 지원하여 어린이집 앞 교통봉사, 단지 내외 풀 뽑기, 샛길 야자 매트 깔기, 심폐소생술 교육 등을 통해 공동체 구성원 간의 동질감을 높이도록 했다. 엘리베이터에서, 복도에서, 주차장에서 늘 만나는 이웃끼리 데면데면하게 지내시지 않도록 '내가 먼저 인사하기 운동'을 통해 이웃 간의 벽 허물기를 실천하고 있다.

우리 단지에는 관리사무소와 경로당을 제외하고 공동생활 공간이 전혀 없다. 오죽하면 어르신들이 경로당 거실에 탁구대를 놓고 운동하시겠는가. 임대료와 관리비는 똑같이 내는데 왜 우리 아파트에는 운동 시설이나 커뮤니티 공간이 없느냐는 주민들의 원성을 귀가 따갑도록 듣고 있다. 그래서 현재 단층인 관리등 옥상을 증축하여 공동생활 공간을 마련해 달라고 LH에 건의도 해봤지만 종무소식(終無消息)이다. 그렇다고 마냥 손 놓고 있을 수는 없는 일. 하드웨어에 관한 부분은 어찌할 수 없더라도 소프트웨어 부분에서는 다양한 방안을 찾아내서 주민이 행복한 아파트, 오래 살고 싶은 아파트가 되도록 모든 노력을 다하고 있다.

고독사 없는 아파트, 층간소음 없는 아파트, 외로운 노인 없는 아파트, 이웃 간 벽 없는 아파트 즉 '네 가지 없는 아파트 만들기'를 통해 사람 냄새나고 인정이 넘쳐나는 그런 공동체를 만들고자 한다. '빨리 가려면 혼자 가고 멀리 가려면 함께 가라'는 아프리카 속담처럼 우리 주민들이 함께하면 공존과 상생의 공동체를 충분히 만들 수 있다고 믿는다.(2021.12.30.)

귀향 준비

'나 하늘로 돌아가리라. 아름다운 이 세상 소풍 끝내는 날, 가서 아름다웠다고 말하리라…' 천상병 시인의 「귀천」을 읊조리게 하는 최 할머니 근황이다.

올해(2025년) 한국 나이로 98세(1928년생)이신, 우리 단지 최고령인 어르신이 '귀향'을 준비하듯 임대주택 생활을 접고 요양원으로 들어가실 준비를 한다고 했다. 이사하는 게 아니라 모든 살림살이를 처분하고 몸만 가는 일이기에 그 준비가 만만치 않을 것을 알 수 있었다. 작년 늦가을 집안에서 넘어져 다리를 다치신 이후 혼자서 밥해 먹는 일이 너무 힘들어 다니는 교회에서 운영하는 요양병원에 계시다가 겨울이 지나면 돌아오시겠다더니, 아예 주거지를 요양원으로 옮기시겠다는 것이다. 삼시 세끼를 주는 곳에서 맘 편히 책이나 읽으며 여생을 지내고 싶다는 것이 어르신의 마지막 소망이란다. 마치 겨우살이를 준비하는 농부처럼, '수구초심'의 고사처럼 어르신의 퇴거 소식에 가슴이 아렸다.

며칠 전 전화 드리니 집안 정리하느라 몸살 날 지경이라면서, "10여 년 전 영감 돌아가신 이후 짐을 전혀 정리하지 않았더니 치울 게 너무 많아! 평소에 정리했어야 했는데…." 하셨다. 살던 집에서 다른 곳으로 이사하는 일도 짐을 싸고 버리느라 정신없을 텐데, 다시 못 올 곳으로 가기 위해 일평생 간직했던 추억 어린 모든 물품을 처분해야 하니 육체적으로나 심정적으로 얼마나 힘드실까 안타까웠다. 가재도구, 가전제품은 주위 분들에게 나눠 주기로 했다지만 개인물품은 그럴 수가 없다고 했다. 앨범만 10권이 넘어 그걸 정리하는 데 꼬박 하루가 걸렸다고.

우리는 겨우살이는 준비하면서 죽음은 준비할 줄 모른다. 천년만년 사는 것도 아니고 겨우 100년 남짓 사는 인생임에도 아무 준비 없이 죽음을 맞이하는 이들이 대부분이다. 그런 의미에서 98세 어르신의 귀향 아닌 귀향 준비는 오늘을 사는 우리에게 시사하는 바가 크다고 본다. 혹자는 구십이 넘었으니 언제든 하늘로 돌아갈 준비를 해야 하는 것 아니냐고 하겠지만, 사람의 일이라는 게 미리미리 준비하기 어렵다는 걸 우리는 이미 안다.

어르신의 귀향 준비를 보며 남의 일이 아니라는 생각이 들었다. 우리가 모두 언젠가는 거쳐야 할 길이기에 기록이 필요하다고 생각했다. 그래서 모 TV 방송국 아는 PD한테 연락했다. 이 세상 소풍을 끝내고, 하늘로 돌아가기 위해 즌비하던 천 시인처럼 어르신의 귀향 준비를 기록해보는 건 어떻겠냐고 제안했다. 임대주택 생활을 정리하는 모습, 요양원에서 책을 읽으며 소일하는 일상 등을 전에 방영했던(어르신이 출연했던) 건강한 노년 생활과 결합하면 작품이 되지 않겠는가고. 다행히 제작팀 회의 끝에 촬영하기로 했다는 연락이 왔다.

오늘은 어르신께 점심을 대접했다. 한정식이 정갈하고 입에 맞으셨다며 무척 좋아하셨다. 식사 전 감사기도를 하겠다고 양해를 구하시더니, 내 무운(武運)을 빌어주셨다. 그것도 아주 길게. 내가 교회에 안 다닌다는 사실을 잘 아시기에 식사 끝에 덧붙인 말씀이 귓가에 맴돈다. "소장님은 다 좋은데, 신앙심만 있으면 더욱 좋겠어!"(2025.1.20)

피할 수 없는 죽음

세상에는 피할 수 없는 것이 두 가지가 있는데, 첫째는 죽음이고 둘째는 세금이라고 한다. 임대주택에 거주하는 분들은 '세금'은 거의 낼 일이 없으나 '죽음'은 피할 수 없다는 점에서 세상 사람들과 다를 바 없겠다. 고령화사회에 접어들면서 존엄성을 지키며 생을 마감할 수 있는 권리에 관한 관심은 갈수록 커지고 있다. 임대아파트 주거행복지원센터에 근무하면서 만나본 어르신들의 즌정 중에는 고독사에 대한 우려와 치매에 관한 두려움이 가장 큰 것임을 알 수 있었다.

'고독사 없는 아파트 만들기' 사업의 하나로 단지 내 65세 이상 홀몸 어르신들(현재 79명)의 수도사용량을 매일 체크하고 있다. 전기, 온수, 난방사용량도 점검하지만, 24시간 이상 수도사용량이 없으면 일단 문제가 있다고 보고 단계별(인터폰 – 전화 – 문자 – 세대방문 순)로 조치한다. 그 외에도 노노케어(老老care) 결연, 사전연명 의료의향서 작성, 정신건강 복지서비스 제공 등의 커뮤니티 활동방안을 마련해 시행해 왔다.

누구도 피해 갈 수 없는 게 죽음이라지만 정말 안타깝게 생을 마감한 한 노인의 사례를 통해 더 효능감 있고 실질적인 지원방안이 없을까를 고민하게 됐다. 그런 뜻에서 고독사 예방의 성과와 자부심보다는 실패 경험을 반추해보며 지속 가능한 지원방안을 모색해보고 싶다.

430○동 ○○○○호에 사시는 김○○ 어르신은 변기가 막혔다며 최근까지 수시로 전화하여 직원들이 '뚫어뻥'을 들고 방문하는 일이 빈번했다. 제발 변기에 이물질을 넣지 말아 달라고 주의를 줘도 소용없었고, 노인이라 힘에 부쳐 직접 뚫으라고 할 수도 없었다. 작년 말에는 어르신의 '발 망치' 소리로 인해 잠을 잘 수 없다며 아래층 주민이 소음 피해를 호소하여 층간소음 관리위원회를 연 적이 있다. 중재안으로 실내화를 착용해 달라 요청했으나 갑갑하여 도저히 못 신겠다고 하니 소음 민원이 해결될 수 없었다. 결국, 아래층 세대는 동호 변경을 통해 옆 동으로 이사토록 한 것으로 종결했다. 그 외에도 TV 소리가 커서 시끄럽다는 이웃 주민들의 민원도 그때그때 전달했지만 소용없었다. 팔십 넘은 어르신이 누구 말을 듣겠는가. 이런저런 일로 '손이 많이 가는' 주민 중의 한 분이었다.

수도사용량 제로

평소 예감(豫感)을 믿지 않는 편인데 그날 아침은 좀 이상했다. '고독사 점검일지'에 어르신의 수도사용량이 24시간 동안 0으로 나온 것을 보면서 그런 예감이 들었다. 집에 사람이 있다면 더운 여름날 물을 전혀 안 쓸 수가 없겠고 어디 갈만한 다른 데도 없는 분이기 때문이었다. 세밀하게 시간대별 사용량을 따져봤더니 평소 10시간당 0.1t 정도의 수돗물을 사용하시는 분인데 30시간 가까이 수도사용량이 제로(zero)였다. 문제가 있음이 분명했다. 인터폰, 전화, 문자에도 연락이 없어 세대에 찾아가 현관문을 두드려 봤으나 역시 응답이 없었다. ○○복지관의 담당 생활지원사도 어르신이 이틀째 전화를 안 받아 걱정이라고 했다.

오후 4시경, 더는 기다릴 수 없어 복지관 사회복지사에게 전화를 걸었다. 예감도 이상하고 수도사용량이 없는 건 분명 무슨 일이 생긴 듯하니 빨리 112에 신고해서 현관문을 따보는 것이 좋겠다고 말했다.

오후 5시경 복지관 직원들과 함께 119대원들이 어르신 집에 도착하여 강제로 현관문을 따보니 어르신이 베란다 쪽 바닥에 반듯이 누워계셨다. 아마 열대야를 피하려 바람이 통하는 창문 쪽에 몸을 누였던 것으로 짐작됐다. 처음엔 숨진 것으로 보여 112에 신고했고, 경찰관이 출동하여 몸을 흔들어 보고 나서야 의식이 있음을 확인했다. 그렇게 깨어난 어르신은 119대원들이 들것을 가져와 병원으로 옮기려 하자 병원엔 절대 안 간다며 손사래를 쳤다. 결국, 소방대원들과 경찰관들은 돌아갔고, 복지관 직원들이 남아 간단한 음식을 만들어 제공하니 어르신은 기력을 되찾았다.

다음날 복지관 사회복지사가 전화를 걸어와 "센터장님 아니었으면 그 어르신 큰일 날 뻔했습니다."라며 수도사용량 체크를 통해 어르신 안부를 확인토록 한 내게 감사를 표했다. 당연한 일을 했을 뿐인데도 감사 인사를 받으니 흐뭇했다. 주거행복지원센터에 근무하면서 다짐한 일 중의 하나가 내가 관리하는 아파트에서 고독사는 절대 생기지 않아야 한다는 것이다. 고독사가 발생한다는 건 자존심이 상하는 일을 넘어 치욕스러운 일이라고 생각해왔기 때문이다. 그렇기에 다른 단지와 차별화되는 몇 가지(앞에서 언급한) 전략을 세워 실행해오고 있다.

24시간 수도사용량 없는 분에게 안부 확인차 전화를 하면 어르신들이 보이는 첫 번째 반응은 '너 누구냐!'이다. 모르는 번호로 걸려오는 전화를 의심하는 게 당연한 세상이니까. 두 번째 반응은 '센터장이 무슨 볼일'로 전화했느냐다. 관리비를 안 낸 것도 아니고 너희와 엮일 일은 없다는 확신으로. 마지막으로 안부 확인차 전화했다고 하면 무척 황감해 하신다. 내 일의 보람을 느끼는 순간이다.

깨어난 지 사흘째 되던 날, ○○방문요양센터 박○○ 대표님이 어르신을 면담하더니 위중하다고 판단하여 ○○요양병원에 긴급 입소시켰다. 원래 절차는 장기요양등급 중 시설입소 등급을 받아야만 입소가 가능한데 탈진증상과 치매증세가 있어 선(先) 입소, 후(後) 검사라는 운용의 묘(妙)를 발휘한 것이었다. 박 대표님의 투철한 소명의식과 프로다운 면모를 확인할 수 있었다.

그렇게 여러 기관에서 관심과 정성을 기울였음에도 불구하고 깨어난 후

8일째 되는 날 아침, 어르신이 요양병원에서 별세하셨다는 연락을 받았다. 치매 검사를 비롯하여 시설입소를 위한 절차를 준비하던 박 대표님의 노력이 물거품이 됐을 뿐만 아니라 고독사는 피해서 다행이라고 자위했던 나 자신이 민망스럽게, 어르신은 고달픈 생을 그렇게 마감하셨다. 그런데 더 큰 문제는 돌아가신 이후였다. 시신을 인수하여 장례 치를 가족이 나타나지 않는 것이었다. 가족으로는 아들과 딸이 있어 경찰 측에서 연락했으나, 몇십 년째 의절한 상태라며 자기네와는 상관없는 일이라 했다고 한다. 가족은 혈연으로 맺어져 일상생활을 공유하는 사람들의 집단이며 사회의 자연적이고 기초적인 공동체이다. 그런데 가족과 떨어져 살다 죽어서도 가족에게 외면당한 영혼은 어디서 구원받을까 생각해봤다.

죽어서 건너는 강

시신은 인근 시 소재 ○○장례식장으로 옮겨져 안치실에 모시다가, 가족들이 끝내 인수를 포기(?)하여 관할 지자체에서 공고 기간이 경과한 후 무연고 사망자 공영장례 절차를 진행했다. 돌아가신 지 20일 만에야 장례를 치른 것이다. 기독교의 요단강과 불교의 삼도천(三途川)은 사람이 죽어서 건너가는 강(江)이라는 공통점이 있다. 김 어르신은 그 강을 다 건넜을까. 주검이 장례식장의 차가운 안치실에 머무는 동안 영혼은 구천을 떠돌고 있었을까.

어르신의 외로운 죽음을 계기로 고독사 예방을 위해 과연 우리 센터는 적절한 대응을 했는지 자문(自問)해봤다. 단지 내 홀몸 어르신들에게 응급안전 안심서비스 기기를 설치(28대)해드릴 때 그분은 신청하지 않아 제외됐는데, 만약 그때 설치했다면 실신 상태를 좀 더 일찍 발견할 수 있지 않았을까. 처음 쓰러진 날, 어떻게든 설득해서 병원으로 모셨어야 했는데 그러지 못한 것도 아쉽다. 아마 병원비 걱정에 그랬던 것 같은데 본인의 거부를 핑계 삼아 소극적으로 대응했던 건 아닌지 되돌아본다. 몇십 년간 의절한 사이라 아들·딸의 마음을 돌리긴 쉽지 않았겠지만, 시신이라도 거두도록 설득하는 최소한의 노력을 기울여야 했는데 공무원들에게만 맡겨 놓은 것도 아쉬움으로 남는다.

이번 일을 거울삼아 앞으로 우리 단지에서는 돌봐 줄 가족이 없는 외로운 노인들이 쓸쓸히 죽음을 맞이하는 일이 없도록 고독사 예방의 그물망을 더 촘촘히 짤 것이다. 거기 더해 행정력이 허락한다면, 고독사의 취약계층인 50세 이상 64세 이하 혼자 사는 남성을 대상에 포함하려고 한다. 아울러 행정기관인 시청·행정복지센터, 돌봄 기관인 노인복지관·방문요양센터를 비롯하여 유관기관인 경찰서·소방서와의 네트워킹을 더욱 강화해 나갈 것이다.(2024.10.29)

5
죽음도 준비가 필요하다

48시간 이상 수도사용량 없는 세대

어느 날 430 0동에 사는 주민 한 분이 어제부터 전화를 받지 않는다며 관리소 직원이 집에 가서 확인해달라는 전화를 받았다. 지인이라는 그분은 멀리 살기에 와볼 수 없다면서. 직원을 보냈더니 문을 두드렸는데도 아무 기척이 없다고 했다. 겁이 덜컥 났다. 아직 우리 단지에서는 고독사가 한 건도 없어 자부심이 있었는데 이제 그 기록이 깨지게 되나 걱정됐다. 다녀온 직원을 대동하고 내가 직접 나섰다. 혹 냄새라도 난다면 즉각 다음 단계 조처를 해야 한다는 각오를 다지며. 세대에 도착하여 문을 세게 두드리는 데도 도무지 반응이 없다. 현관문 틈으로 냄새를 맡아봤지만 별다른 징후도 없었다.

그 찰나 정복을 입은 경찰관 두 명이 현관문 앞으로 들이닥쳤다. 어찌 된 영문인지 물어볼 경황도 없이 여경이 현관문을 두드리기 시작했다.
"계십니까? 경찰입니다." 손이 아닌 무슨 쇳덩어리로 두드리는 듯 노크 소리가 요란했다. 그런데 잠시 후 안에서 소리가 들렸다.
"네! 나갑니다."

주민이 안에서 현관문을 여는데 방안은 불을 안 켠 듯 깜깜했다. '핸드폰이 고장 나 통화가 안 됐다. 방안에 계속 있었는데 문 두드리는 소리를 못 들었다.' 한참을 변명해대는데 경찰관이 있어서 그런지 마치 죄지은 사람처럼 행동하는 어르신이 안 돼 보였다.

그런데 갑자기 하얀 방호복(코로나 시대라서)을 입은 사람들이 또 들이닥쳤다. 정복을 입은 소방관 등 모두 여섯 명이었다. 도대체 이게 어떻게 된 일인가 어리둥절 해하는데 소방관 한 사람이 설명한다. 지인이라는 분이 119로 전화해서 여기 사는 분이 어제부터 연락이 안 된다며 아마 무슨 일이 난 것 같다고 했다나. 그러니까 지인이라는 분은 관리사무소에 전화하여 기척이 없다는 말을 전해 듣고 112와 119에 바로 전화를 했다고 나중에야 말했다. 약간의 배신감 같은 걸 느꼈는데 그이도 그걸 눈치챈 듯 미안해했다. 그러나 미안할 일이 아니라고 말해주고 그분에게 감사를 표했다.

아까의 그 여경이 알려줬었다.
"앞으로도 이런 일 있으면 주저하지 말고 112에 전화하세요. 관리사무소에서 고민하지 마시고…." 그 순간만은 과연 '민중의 지팡이답구나'라고 생각했다. 우리의 애로점을 다 아는 듯했으니까. 여경은 문을 두드릴 때 세게 두드려야 한다는 말도 덧붙였다. 아까 핸드폰으로 두드렸다면서. 119는 도착하자마자 상황이 종료된 걸 알고 늘 있었던 일인 듯 아무렇지 않게 돌아서 가버렸다. 혹 코로나 환자일지 몰라 방호복을 입고 온 소방관들과 함께 표표히 사라졌다.

다음날 그 어르신이 관리사무소를 방문했다. 고장 난 핸드폰을 버리고 새

것으로 바꿨다면서 어제 일을 감사해했다. 그래서 내가 답했다. "그 지인이라는 분, 두 분이 참 고마운 분입니다." 알고 보니 옛 직장 후배라는데 그분 외에는 가까운 친인척이 아무도 없다고 했다. 그래서 고독사가 생기는 거고, 우리 단지에서는 고독사 없는 아파트를 만들기 위해 애쓰고 있는 거다.

죽음도 준비가 필요해

"세상에 죽음만큼 확실한 것은 없다. 그런데 사람들은 겨우살이 준비는 하면서도 죽음은 준비하지 않는다."라고 톨스토이(Leo Tolstoy)는 말했다. 실제로 우리 사회에서는 결혼 준비에 최소 1년은 투자하지만, 장례는 언급조차 금기시한다. 웰빙(well-being) 못지않게 웰다잉(well-dying)의 중요성이 주목받으면서 죽음 준비를 활성화하고 죽음을 자유롭게 거론할 수 있는 문화가 형성되어야 한다는 주장이 대두되고 있다.

우리 아파트에는 어르신들이 유독 많이 사신다. 경로당에서 그분들과 대화해보면 죽음과 관련한 두 가지 걱정을 알 수 있었다. 우선 치매에 걸려 자신이 누군지도 모르고 가족도 못 알아보게 되지 않을까를 걱정하신다. 다음으로 심정지 등으로 의식이 없는 상태에서 인공호흡기를 달고 지내면 어쩌나 하고 두려워하신다. 2023년 커뮤니티 활동 주력 과제로 '사전연명의료의향서' 작성을 택하게 된 이유가 바로 두 번째 걱정 때문이었다.

인생은 죽음을 향한 여행일 뿐, 살아가는 동안 평생 죽음을 위한 예행연습이 필요하다고 현인(賢人)들은 설파하고 있다. 어떻게 해야 품위 있는 죽음을 맞이할 수 있을까. 한국인의 77%는 병원에서 죽음을 맞이한다고 한다. 집에서 사망하는 경우는 14%도 되지 않는다. 두려움과 불안으로 맞이하는 죽음보다 어디서 누구와 어떻게 삶을 마무리할 것인지를 자율적으로 선택할 수 있어야 한다. 결과적으로 죽음을 삶의 일부로 받아들이는 과정이 필요하다고 본다.

연명의료 결정은 존엄사, 안락사와는 다르다. 회복 불가능한 사망의 단계에 이르렀을 때 의학적 판단을 전제로 한다. 환자의 고통을 덜어주기 위해 생명을 인위적으로 종결하는 행위가 아니며 죽음을 극복하는 행위가 아니다. 가망 없는 환자를 단지 가족애라는 핑계로 버려두며 연명하게 하는 것은 결과적으로 인권을 짓밟는 행위일 수 있다. 죽음 앞에 초연한 인간은 없다. 그러나 죽음을 미리 준비하고 인간답게 죽을 권리를 확보하는 일은 어렵지 않다고 본다. 우리 단지에서 시행한 사전연명의료의향서 작성은 바로 그러한 공감대가 형성됐기에 가능했다.

해마다 커뮤니티 활동목표를 정하면서 단지 전체 주민의 28%를 차지하는 어르신들, 그중에서도 홀몸 어르신들의 공동체 활동 수요를 파악하는 일이 필요했다. 2023년 2월 16일부터 3월 10일까지 홀몸 어르신 79명을 대상으로 벌인 '어르신이 행복한 아파트 만들기'를 위한 4가지 항목의 실태조사가 그것이었다. 실태조사 결과는 다음과 같았다.

첫째, 노노케어 결연사업은 도움을 바라는 분과 도움을 주려는 분을 1대1로 결연하는 사업인데, 2022년 이미 실시했기 때문인지 응답률과 호응도가 낮아 사업을 접기로 했다.

둘째, 사전연명의료의향서 작성 사업은 이미 작성한 분들을 제외하고 작성을 희망하는 분들이 17명이어서 2023년도 사업으로 추진하기로 했다.

셋째, 정신건강서비스 제공 사업은 희망자가 23명이어서 남양주시 정신건강복지센터와 일정을 협의하여 하반기에 추진하기로 했다.

넷째, 수도사용량 없는 세대의 안전 확인 사업은 홀몸 어르신 79명 중 48시간 이상 수도사용량이 없는 세대에 대해 주거행복지원센터(이하 '센터')에서 세대 인터폰 호출 → 문자 및 통화 → 세대방문, 안전 확인 순으로 매일 체크하기로 했다.

사전연명의료의향서 작성

사전연명의료의향서(이하 '의향서')란 19세 이상 성인이 향후 자신이 임종 과정에 있는 환자가 되었을 때를 대비하여 연명의료시술(심폐소생술, 혈액투석, 항암제 투여, 인공호흡기 착용, 체외생명 유지술, 수혈, 혈압상승제 투여 등)을 유보하거나 중단하겠다는 의사를 문서로 작성하는 것을 말한다.

우리 단지 어르신들 대부분은 이 의향서에 대해 소상히 알고 계셨다. 정작 문제는 보건복지부의 지정을 받은 등록기관을 직접 방문하여 작성하여야 하는 번거로움 때문에 희망하는 어르신들이 쉽게 참여하지 못하는 애로사항이 있었다. 우리 센터에서는 이 점에 착안하여 의향서 등록기관의 관계자가 출장 나와 서명을 받아줄 수 있는 곳을 찾던 중 사단법인 ○○패밀리(대표 ○○교회 담임목사)와 연결되었고, 이 단체가 2023년 7월 14일 단지 내 경로당에서 총 27명의 서명을 받은 것이다. 만약 단지 내에서 서명받지 않고 등록기관을 직접 방문토록 했다면 이분들은 참여하지 못했을 것이다.

의향서 작성을 통해 살펴본 어르신들은 2가지 유형으로 나눌 수 있었다. 헌혈하러 온 것처럼 담담하고 의연한 분들이 있는가 하면, 마치 안락사에 동의하는 것인 양 쭈뼛대며 망설이는 분들도 있었다.

A 어르신(여, 96세)은 헌혈하러 온 것처럼 차분했다. "센터장님 감사합니다. 진즉부터 이걸 작성하고 싶어도 어디로 가야 할지 몰라 못했는데 이렇게 우리 아파트에서 작성하게 해주어 정말 고맙습니다." 그 어르신은 지난 6월 말, 5년 만에 미국에서 나왔다는 아들과 함께 센터에 오신 적이 있다. 올해 환갑이라는 아들 손에는 큰 수박 한 덩이가 들려져 있었다. 평소 센터 직원들이 어머니한테 잘해 주신다기에 감사 인사차 들렀다고 했다. 혼자 사시는 어르신이 모처럼 귀국한 아들을 곁에 앉히고 힐끔힐끔 쳐다보는 눈빛은 '나도 이런 듬직한 아들이 있다.'라는 것을 주변에 과시하고 싶은 표정, 바로 그것이었다.

B 어르신(여, 82세)은 요양보호사의 부축을 받으며 경로당에 와 의향서를 작성하고 가셨는데 잠시 후 전화를 하셨다. 아들과 상의하지 않아 시간이 필요하다며 바로 처리하지 말고 1시간만 기다려 달라고 했다. 그러더니 진행해도 좋다는 전화를 걸어오셨다. 하긴 자식들과 교감 없이 덜컥 서명했다가 나중에 가족들이 동의하지 않으면 연명치료를 중단하지 못하는 사례도 있다고 한다.

미리 신청하신 어르신들 대부분은 그렇게 담담하게 서명했고 또 고마워했다. 나중에 쓰러져 의식이 없을 때 자식들에게 폐 끼치기 싫다면서 밀린

숙제를 끝낸 듯 개운해 하셨다.

　C 어르신(여, 89세)은 실태조사 때는 참여하겠다고 했는데, 서류를 작성하는 과정에서 망설이셨다. '이걸 작성하면 호스피스 신청한 것과 같으냐?', '장기기증도 자동으로 되냐?'는 등 서명을 회피하려는 듯한 질문만 골라 하시는 품이 의향서에 서명하려는 의지가 없어 보였다. 낌새를 눈치챈 옆에 있던 어르신이 얼른 쓰라고 재촉하자, 도움을 청하는 눈빛으로 나를 바라봤다. 그래서 내가 미리 신청했더라도 꼭 써야 하는 건 아니라고 말했더니 주민등록증을 가지러 간다는 핑계로 나가신 후 끝내 안 돌아오셨다. 어느 분이 킥킥대며 말했다. "저 노인네 줄행랑치네!"

　D 어르신(남, 72세)은 경로당 문을 활짝 열며 "여기서 산소호흡기 안 달겠다는 서류를 작성합니까!" 하고 호기롭게 들어서더니 관계자에게 이것저것 물으셨다. 열심히 설명 듣는 것까진 좋았는데 막상 서류를 받아들고는 서명하기 싫은 듯 눈이 침침해서 안 보인다 했다. 관계 직원이 손으로 짚어가며 여기에 체크하고 서명만 하라는 말에 "자식들한테 물어보고 다시 와도 될까요?" 하신다. 내가 얼른 대답했다. "그럼요. 자제분들하고 먼저 상의하시는 게 좋습니다." 그러자 "아, 센터장님 감사합니다."라면서 서둘러 나가셨다. 옆에 계시던 한 분이 짓궂게 "여기서 전화하시지, 어디 가세요?"라고 해도 듣는 둥 마는 둥 나가시더니 그길로 함흥차사였다. 그 어르신과 얽힌 사연이 있다.(그분은 모르는 내용이다.)

　우리 단지에 사는 아버지가 '무료관광을 시켜주고 공짜 점심을 대접하겠다.'라며 인원을 모아 의료기기와 건강보조식품을 파는 행위에 넘어가 수십만 원 상당의 건강보조식품을 샀다면서 자식이라는 분이 전화를 걸어온 적이 있었다. 그러면서 '경로당 이용자 3인 이상이 놀러 갈 때는 어디로 가며, 비용이나 교통수단은 어떻게 마련하는지 개요를 관리소에 보고해야만 하는 규정을 제정하여 관리해야 한다'고 주장했었다. 그 민원인의 아버지가 D 어르신이시다.

서명 그 후 이야기

몇몇 어르신이 공수표를 날렸지만, 의향서 서명은 27명이라는 예상 밖의 실적을 거뒀다. 그 숫자에는 나와 아내도 포함돼 있다. 나 또한 회생의 가능성이 없는 질병에 걸렸을 때 단순히 연명을 위한 치료는 거부하겠다는 의지를 평소 다져왔고 아내와도 충분한 대화를 통해 서명에 대해 공감했었다. 그래서 행사 하루 전날 서류를 집에 가져가 아내의 서명을 받았고 주민등록증까지 받아와 내 서류와 함께 제출했었다. 그런데 며칠 후 귀가해 아내를 보니 표정이 어두웠다. 무슨 일인가 하고 캐물으니 낮에 '의향서 등록증'을 우편으로 받고 나서부터 기분이 우울하다는 거였다. 사람의 마음이란 참 갈피를 잡기 힘들다. 의향서가 나을 수 있는 병을 치료하지 않겠다는 것이 아니라 낫지 못할 병에 대해 단지 목숨만 부지하는 치료를 받지 않는 거라는 걸 누구보다 잘 아는 아내가 마치 '안락사 의향서 등록증'을 받은 듯한 행동을 보이니 의향서 쓰려다가 '줄행랑' 친 어르신, '함흥차사' 되신 어르신의 심경이 이해됐다.

우리 단지에서는 '고독사 없는 아파트'를 만들기 위해 홀몸 어르신의 수도

사용량 일일 점검, 노노케어 1대1 결연, 응급안전 안심서비스 기기 설치 등의 여러 활동을 벌여온 후 올해(2023년)에 사전연명의료의향서 작성까지 마쳤다.

  내년 커뮤니티 활동은 홀몸 어르신을 대상으로 '장례(葬禮) 희망서' 작성을 추진할 계획이다. 의향서 작성을 일회성 행사로 끝내지 않고 웰다잉과 관련한 여러 행사, 즉 호스피스 선택, 유산기부, 마지막 소원 이루기, 정신적 유산정리 등을 연계하여 추진하고자 한다. 죽기 전에 당당하게 내가 죽거든 이러이러하게 장례를 치러라, 장례식에 초청할 사람은 누구누구다, 비용은 얼마 이내로 하되 내 통장에 남아 있는 돈을 사용하고 부의금은 받지 마라 등등 생각만 해도 장례 희망서를 작성한 어르신은 '멋진' 노인이고 '당당한' 노인이라는 생각이 든다.(2023.7.19)

제3장

떠올리고 싶지 않아도
마주 봐야 해

1
아홉수 그 고비를 넘다

아내 간병기

중병에 임하는 사람의 심리 반응을 부정-분노-타협-우울-수용의 5단계로 나눈다는데, 돌이켜보니 아내와 내가 겪은 과정이 딱 그랬던 것 같다. 뇌종양이라는 병명을 받아들이기 힘들어 네 군데 병원을 통해 확인해야 했고(부정), 남한테 해코지한 일 없이 착하게 세상을 살아왔는데 왜 우리에게 이런 시련을 주는지 분노가 치밀었다(분노). 확실한 진단을 받고 수술 말고는 다른 방법을 찾을 수 없었으며(타협), 일반병실과 중환자실을 옮겨 다니며 절망과 희망의 늪에 번갈아 빠지기도 했다(우울). 결국은 나이 들면 병마와 공존해야 한다는 사실을 받아들일 수밖에 없었다(수용).

2019.7.28. 입원한 후 2019.9.10 퇴원하기까지 45일간의 아내 간병기를 '뇌투사'(뇌종양과 투병하는 사람들 카페)에 4회에 걸쳐 올렸었다. 우리와 같은 고통으로 밤을 지새우는 이들에게 희미한 빛이라도 비춰주자는 뜻에서였다. 시간이 지났는데 아픈 상처에 다시 소금 뿌린다고 생각할지 모르는 아내의 마음을 헤아려 여기서는 축약하여 간단히 소개한다.

이 글을 쓰기 전에 세 분에게 먼저 감사를 표해야겠다. 분당차병원 신경외과 김한규 교수님과 김혜경 간호사 선생님, 그리고 내 처형인 광주광역시에 거주하는 박영희 여사님이 그분들이다.

걸어 다니는 게 기적이다
"기적은 하늘을 날거나 바다 위를 걷는 게 아니라 두 발로 땅에서 걸어 다니는 것이다."라는 중국 속담이 참으로 절묘한 표현이라는 걸 병원에 다니며 깨달았다. 몸이 아프기 전에야 신체 개개의 기능에 무관심했고, 그냥 조물주가, 부모님이 주신 육신이려니 했는데 그게 아니었다. 내 몸이 아프지 않아 다행인 것이 아니라 차라리 내가 아프고 말지 하는 심정은 누구나 환자를 둔 가족이라면 공감할 것이다.

아내가 아프니 참으로 많은 변화가 있었다. 의, 식, 주 어느 것 하나 전과 같은 게 없었다. 생활의 리듬이 깨진 건 기본이고, 주위의 어떤 것도 예전 같지 않았다. 아침에 눈 뜨는 시간부터 밤에 침대에 드는 시간까지 어느 것 하나 익숙한 것이 없었다.(익숙한 것과 이별이라고나 할까) 저녁 약속도, 모임 참여도, 주말 산행도 모두 없어졌고 심지어 친지·지인과의 안부 전화까지도 나눌 수 없었다. 통상적인 대화를 나눌 여건이 아니니 특별한 정황을 얘기해야 하는데 그럴 경황이 없는 것이다.

뇌종양이라니
'양성 뇌종양, 뇌수막종, 종양 크기 3.0×2.5×1.6cm'
아내는 오른쪽 턱 윗부분에 칼로 베는 듯한 통증을 느껴, 2019.6.20. 집에서 가까운 ○○의료원에 갔다가 '삼차신경통'이라는 진단을 받았다. 담당 교수님이 삼차신경통으로 병원에 이렇게 빨리 찾아오는 사람은 처음 봤다면서, 대부분은 치과나 한의원을 돌고 돌아 몇 달 후에나 온다고 하더란다. 그 후 6. 22. MRI를 촬영했고, 6. 27. MRI 결과를 보며 상담한 결과, 신경외과 ○○○ 교수님으로부터 위와 같은 진단을 받았다.

청천벽력이란 이런 경우를 두고 한 말일 거다. 그야말로 마른하늘에 날벼락이 따로 없었다. 인간의 신체 중에서 가장 중요한 부위인 두뇌에 작지 않은 크기의 종양이 자리 잡고 있다니 믿어지지 않았고 그것도 뇌기저부라는 아주 깊은 곳이라니 고약스럽기 그지없었다.

평소 암 같은 중한 병은 최소 세 군데 이상 병원의 진찰을 받아 봐야 한다는 지론에 따라 C○의료원 말고도 ××의료원, 강남○○병원, 분당차병원을 차례로 거치게 되었다.

4개 병원을 거치면서 여러 교수님을 만났고, 치료 방법 또한 일치하지 않아 결단해야 할 일이 몇 차례 있었다. 환자는 아무래도 냉정한 자세를 견지하기 어려우니 보호자인 가족의 결단이 필요했고 그건 온전히 남편인 내 몫이었다.

인생은 가까이서 보면 비극이지만, 멀리서 보면 희극이다.

— 찰리 채플린

감마나이프 수술이냐, 두개저 수술이냐

우선 뇌종양 치료 방법에 있어 감마나이프와 두뇌 절개술 중에서 선택해야 했다. 그러려면 두 가지 방법을 자세히 비교해 봐야 했다.

먼저 감마나이프 수술에 대해 알아본 결과, 퍼펙션+아이콘 수술이라 하며, 정위기구로 고정한 후 감마선을 투사하는 방법인데, 장점은 종양이 더는 자라지 않게 하며(85% 성공률), 안전한 수술 방법으로 알려져 있다. 고통이 거의 없고(2시간), 단기(1박 2일) 입원으로 치료할 수 있으며 추후 수술 시 출혈감소 효과(반대 의견도 있음)도 있다고 한다. 단점은 수술 효과가 늦게(6개월, 2~3주) 나타나고 종양이 신경을 눌러 통증은 계속될 수 있으며, 삼차신경 통증 발생 시 약으로만 대처할 수 있고 얼굴 시림과 유착 같은 일부 부작용 우려도 제기됐다.

다음으로 두뇌 절개술은 두개저 수술이라 하는데, 장점은 종양을 직접 제거함으로써 삼차신경 통증을 해소할 수 있고, 수술 후유증이 거의 없는 최선의 치료법이나 경험 있고 수술을 권하는 의료진(교수님) 확보가 관건이었다. 단점은 신경이 지나는 위험한 부위라서 완전제거가 곤란(잔여 종양 또는 재발 시 감마나이프 시술)하고 청력·시력 상실, 안면 마비 등 후유증이 우려되며 장시간(10~15시간) 수술과 장기간 입원의 문제가 있었다.

감마나이프 수술은 ××의료원 ○○○ 교수님과 ○○○ 교수님, ○○의료원 ○○○ 교수님(임○○ 교수님은 감마나이프 수술의 권위자이나 직접 권하지는 않음)이 권하였다. 두개저 수술은 강남○○병원 ○○○ 교수님과 분당차병원 김한규 교수님이 권장하였다.

의사를 잘 만나야

다음으로 결정할 문제는 어느 교수님(의사 선생님)한테서 치료받을 것인가였다. 병원과 교수님은 한 묶음이기에 교수님의 선택이 바로 병원을 선택하는 것이다. 일단 미봉책이라 평가할 수 있는 감마나이프 수술은 버리고, 두개저 수술 쪽으로 마음먹으니 강남○○병원의 ○○○ 교수님과 분당차병원의 김한규 교수님으로 자연스레 범위가 좁혀졌다. 두 분 다 같은 병증의 많은 환자를 수술한 경험이 있고 유명한 분이셨지만, 아내의 병에 대해서는, 즉 그냥 뇌수술이 아닌 뇌 기저 부분의 수술에서는 김한규 교수님이 더 설득력 있게 설명해주셔서 결국 김한규 교수님이 계시는 분당차병원에서 수술을 받게 됐다.

지금 생각해도 잘한 결정이었다고 생각한다. EBS 〈명의〉(2012년)에 나온 분이기도 하지간 대뇌, 소뇌보다 더 아래 뇌간 근처인 뇌 기저의 두개저 수술에 있어서 세계적인 권위자임을 나중에 알게 됐다.

> 우리가 어느 날 마주친 재난은 우리가 소홀히 보낸 어느 시간에 대한 보복이다.
> — 나폴레옹

분당차병원에 가보니

김한규 교수님과 인연이 닿을 수 있을까 싶었다. EBS 〈명의〉에까지 출연하신 분을 쉽게 만날 수 있겠나 해서다. 그저 경험 삼아 진찰 한번 받아보고 수술은 다른 교수님한테 받아야겠다고 생각했었다.

그런케 막상 만나본 김한규 교수님은 7년 전 방송에 나온 모습 그대로 젊었다. 수술계획에 대한 설명 또한 막힘이 없었다.

다른 병원에서 복사해 간 CD 2장을 다 보셨냐고 물었지만, 그에 대한 언급은 없이 수술 방법에 대해 열심히 설파하셨다. '수술은 2회에 걸쳐서 하게 되며, 꽤 오랜 시간이 걸릴 수 있다.', '뇌 속의 뼈를 깎아내서 길을 먼저 열어야 한다.' 등등 자신감 있게, 마치 설계도를 그리듯 설명하셨다.

두개저 수술 분야는 독보적인 존재라는 걸 강조하면서 아무 걱정하지 말라고 하는데 어찌 신뢰가 가지 않겠는가.

집사람은 너무 성급하게 수술을 결정한 거 아니냐고 투정했지만, 내 생각에 그분을 만난 건 천사를 만난 거와 진배없다고 단언한다. 마침 수술 일정에 빈자리가 생겨 다른 병원보다 한 달을 앞당겨 수술할 수 있는 것도 행운이었다.

세상을 보는 데는 두 가지 방법이 있다. 하나는 기적이 없다고 생각하고 사는 것이고, 다른 하나는 모든 것이 기적이라고 생각하며 사는 것이다.
― 아인슈타인

신의 영역에 도전, 두개저 수술

※ 네 번의 수술과 한 번의 시술, 그 상세과정의 묘사는 아내의 프라이버시를 존중하여 생략한다.

뇌 기저 부분, 뇌간 근처의 두개저 수술은 인간의 영역이 아닌 신의 영역으로 친다는 것을 수술 과정에서 알게 됐다. 거미줄처럼 많은 신경이 지나가는 곳이라서 그렇다고 했다.

2019. 7. 28 일요일 오후 3시 20분 분당차병원 입원

2019. 7. 30 화요일- 1차 수술

2019. 8 6 화요일- 2차(본) 수술

2019. 8 16 금요일- 3차 수술

2019. 8. 25 일요일- 예정에 없던 4차 수술

2019. 8. 26 월요일- - 혈관수축 증세로 인한 시술

2019. 9. 2 월요일- 중환자실 생활 8일 차

07:18 김한규 교수님 회진

"오늘 병실로 올라갑시다. 환자가 답답해하니 옮깁시다." 중환자실에서 일반병실로 옮기자는, 교수님의 듣던 중 가장 반가운 말씀이었다.

드디어 일반병실로 복귀

09:34 중환자실에서 연락이 왔다. 병실이 났으니 오늘 일반병실로 옮기라고…. 일단 6인실이라도 옮기는 게 낫겠지. 그 후 2인실을 강력히 요구하자. 오후 2~3시경이 될 거라니까 미리 준비하자.

13:43 중환자실 입구에서 대기 중. 이런 날이 오긴 오네. 일반병실로 옮기는 날이. 아직은 조심스러운 상태지만 올라가서 견뎌야지. 우선 6인실이라도 감지덕지 여기고, 다음 단계로 2인실을 요청해야지. 이제 중환자실과는 멀리해야겠다.

퇴원, 이는 듣기만 하여도

2019. 9. 10 화요일 – 입원 45일 차

하필이면 우리 은희 퇴원하는 날, 비가 오네. 하지만 비가 대수냐. 듣기만

하여도 기분 좋은 '퇴원'인데.

  07:25 회진시간. 김한규 교수님, "오늘 퇴원하세요."

  (저희에게 화타이시고, 편작이신 교수님 고맙습니다.)

2019년 9월 9일 아홉수(끝 나이, 년, 월, 일에 9가 들어 있다)라는 고비를 넘기고, 다음날 입원 45일 차에 퇴원했다.

    머리의 우환덩어리를 걷어내고
    피폐하고 가늘어진 육신을 모아들고
    내 집으로 인제 간다
    다시는 병원과 친하지 말자
    더는 병마와 다투지 말자
    그저 내 몸 안의 모든 건 내 몸의 일부려니 여기고
    동고동락하며 뿌리치지도 말자
    이 시점에서 얻은 게 있다면
    세상에 내 편이 있어야 한다는 것
    내 몸이 나 혼자만의 몸이 아니라는 것
    사람은 아프지 않고 살 수는 없다는 것
    두 발로 땅을 딛고 걷는 게 바로 기적이라는 것
    건강을 잃으면 모두 잃는다는 것이다

다시 일상으로

내 아냐 박은희 여사는 뇌종양 수술을 성공적으로 마치고 지금은 별다른 치료 없이 약만 하루 두 번 먹으면서 근력운동을 열심히 하고 있다. 아무래도 발병 전의 상태로 회복되려면 1~2년은 걸리지 않을까 생각한다. 아프지 않으면 참 좋겠지만, 기왕 병을 앓고 나서 생각해 보면 얻는 것도 있다. 무엇보다 가족의 소중함을 알게 됐다는 점을 들 수 있다. 세상에 가족보다 더 친근한 존재는 없다. 가족은 곁에 있다는 의미만으로도 충분히 행복하다. 이 험한 세상을 살아가면서 애환을 같이해줄 수 있는 가족이 있다는 것은 백만 원군을 둔 것처럼 든든하다. 그런데 요즘 젊은이들은 왜 그 원군을 마다하는 거지. 왜 결혼을 안 하려고 들까.

이상으로 간병기를 마친다. 이 글이 '뇌투사' 회원님들께, 환우님들의 투병에 조금이나마 보탬이 된다면 참 좋겠다. (2020. 2)

> **희망이란 본래 있다고도 할 수 없고 없다고도 할 수 없다. 그것은 땅 위의 길과 같다. 원래 땅 위에는 길이 없었다. 걸어가는 사람이 많아지면 그것이 곧 길이 되는 것이다.**
> — 루쉰

2
아프다고 죽는 건 아니지만

외래진료 동행하다

2020.3.4. 수요일은 아내가 퇴원한 지 6개월째 되는 날로 김한규 교수님한테 두 번째 외래진료를 받는 날이었습니다.

40여 분 전에 미리 도착하여 접수부터 하고, 혈압을 재고 기다리니 곧 이름을 부르대요.

아내를 앞세우고 진료실에 들어서며 "안녕하세요. 교수님!" 하고 인사를 하니

아내를 바라보며 "네, 앉으세요." 하는데 저는 못 봤는지 조금 후에야 "아, 남편분이시네요."라고 합니다.

아내를 향해 "남편분이 조금 까다롭지요?"

"…??" 아내가 아무 말 안 하고, 저도 가만있으니

"아, 내 말은 남편이 부인을 자상히 챙긴다는 말입니다. 허허."

"…."

교수님은 전에 입원 중 회진 때 내가 질문을 좀 많이 하면 싫은 기색을 감추지 않았다. 결정적으로는 뇌경색 증세가 왔을 때 의료진이 미리 알아차리지 못한 데 대해 내가 불신감을 느끼고 있다는 걸 알기에 깐깐하고 까다로운 사람으로 각인돼 있는 것이다.(은근히 뒤끝이 있으시다. ㅎ)

진료는 1분 만에 끝났습니다. 3개월분 약을 처방해주고, 다시 3개월 후에 오라는 것과 수술한 지 만 1년이 되는 6월 초에 MRI를 찍게 예약하라는 것으로… 진료 끝.

돌아오면서 아내와 얘기했습니다. 교수님께 물어볼 것도 있고, 좀 더 자상히 건강관리에 대해 듣고 싶었지만, 진료가 너무 짧게 끝나 아쉬웠다고. 하지만 의사로서 해줄 말이 없다는 건 좋은 일 아니냐. 어떤 이들은 항암치료다, 방사선 치료다 하여 퇴원하고도 병원을 들락거리면서 고통스러운 투병 생활을 이어가는데 우리는 약만 3개월 분씩 타가서 하루 두 번 먹으면 되니 얼마나 다행한 일이냐고….

정말 고맙고 감사한 일입니다. 좋은 의사 선생님 만나 수술 잘 받았고, 아직은 후유장해에 대한 걱정 없이 회복하고 있으니 참으로 다행스러운 일입니다. 처음 뇌종양 진단을 받고 마치 병원 쇼핑하듯이 여러 병원을 거쳐 입원했고, 4번의 수술과 두 번의 중환자실 경유, 그리고 퇴원, 외래진료에 이르기까지… 암울하고 막막한 나날을 거쳐 드디어 우리에게 이런 날이 왔으니 얼마나 감사한 일입니까.

환우 여러분도 병마와의 싸움에서 꼭 승리하셔서 건강한 삶을 영위하시길 빕니다. 늘 잘 되리라는 긍정적인 마음을 간직하시고요.(2020.3.5. 뇌투사 카페에 올린 글)

나는 〈미스터트롯〉이 싫다

며칠 전, 그러니까 3.11. 수요일이었던가. 퇴근해 현관문을 여는데 노랫소리가 크게 들린다. 평소엔 듣기 어려운 트로트였다. 알고 보니 아내가 TV인지 유튜브인지를 켜놓고 모 방송국의 〈미스터트롯〉을 보는 중이었다.

전국적으로 트로트 열풍이 거세다는 걸 최근에 알았다. 한 달쯤 전에 아는 분이 내 핸드폰을 달라면서 누구에게 투표하라기에 정중히 사양했지만, 우리 부부만 빼놓고 거의 모든 중년 부부가 목요일 저녁에 그 방송을 시청한다는 걸 처음 안 것이다.

그런데 TV를 보는 아내 얼굴에 눈물이 번져 있어 왜 그러냐고 물으니, 아예 크게 소리 내며 통곡을 하는 것이었다. 어디가 또 아파 그런가 하고 가슴이 철렁했다. "왜, 왜?" 하고 다그치니 노래가 너무 슬퍼서 그런다고 했다. 임영웅이라는 출연자(가수)가 아버지가 생전에 즐겨 부르던 노래라며 〈배신자〉를 부르는데 자기도 모르게 눈물이 쏟아지더라고.
"신나는 음악을 들어야지, 왜 방정맞게 슬픈 노래를 들어!" 말은 그렇게 했지만, 벌써 나도 코끝이 찡하면서 눈이 흐려져 왔다.

"저 노래를 들으니 내 신세가 처량하게 느껴져서 눈물이 계속 나오네."
"당신 신세가 어때서. 수술 잘 받고 회복 중인데… 뭐가 처량해…."

뇌종양 수술 전에는 그렇지 않았는데, 수술 후에 감정이 약해진 모습을 자주 보게 된다. 아무래도 전과 비교하면 서글픈 생각이 들겠지. 아직 단발

머리 차림도 요원한 짧은 머리칼, 음정이 고르지 않은 남의 것 같은 목소리, 마비가 풀리지 않은 듯한 오른쪽 뺨, 움푹 팬 오른쪽 관자놀이… 그 모습을 바라보는 내 마음도 아리고 아픈데 본인은 어떻겠는가.

코로나19가 지나가고 집회 금지(?)가 풀리면, 교회든 성당이든 절이든 찾아가 신앙을 가져야겠다. 육체의 건강만큼 심리적 안정 또한 중요하다는 걸 깨달으며 내린 결론이다.

그날 저녁 잠자리에 들면서 아내가 조용히 던진 한마디가 또 내 가슴을 후벼 팠다.

"당신 없으면 난 못 살아요. 그러니 당신이 나보다 하루만 더 살아야 해요!"

"…"

이 글을 쓰려니 주책없이 또 코끝이 찡하고 눈가가 흐려지네. 그래서 나는 〈미스터트롯〉이 싫다. (2020.3.19)

수술받은 얘기 괜히 했나

지난 토요일, 아내가 친구 아들 결혼식엘 가겠다고 했다. 코로나19로 세상이 어지러운데 사람이 많이 모이는 장소라 꺼림칙하고, 특히 음식을 여럿이 함께 먹어야 하는 예식장이라서 내심 안 갔으면 했으나 친한 사이라 꼭 가야 한다고 우겼다. 전철을 타고 가게 할 수는 없어서 예식장까지 태워다 주고 돌아오는 내 기분이 마치 물가에 아이를 두고 온 것처럼 찝찝했다. 나도 저녁에(18:00) 지인의 혼사가 있어 참석했다 집에 오니 거의 10시가 되었다.

"예식장 잘 다녀왔어?" TV를 보고 있는 아내에게 물었다.

"잘 다녀오긴 했는데, 한 가지 실수를 했네요." 가슴이 철렁했다. 또 무슨 실수를 했기에.

사연은 이랬다. 오랜만에 만난 친구가 "너 왜 살이 이렇게 빠졌어, 어디 아파?"라고 묻기에, 작년에 뇌종양 수술받았다는 사실을 털어놨다는 것이다.

"수술받은 건 사실인데 그게 뭐가 실수야!" 낙담하는 아내를 달랠 겸 얼른 내가 말했다.

"그래도 말하지 말 걸 그랬나 봐요." 약간 젖은 듯한 목소리가 나를 우울하게 했다.

아내도 사실대로 말하는 게 좋겠다고 여겨 그리 대답했는데, 다른 친구들이(수술받은 사실을 알고 있는 친구는 혼주를 포함해서 3명뿐) 그걸 굳이 뭐 하러 얘기했냐고 하더란다. 그냥 다이어트한다고 해도 되는데 자세히 말할 필요까지 있었냐면서.

"사람들이 뇌수술 받았다고 하면 이상하게 생각하잖아!"라고 덧붙이면서 슬픈 표정까지 지었다. 하긴 팔·다리가 부러져서 수술받았거나 위암 정도의 수술 받은 사람에 비해 아무래도 인체의 가장 중요한 부위인 '뇌'에 관한 수술을 받았다고 하면 조금 이상한 눈치를 보이는 건 사실이다. 마치 정신과 치료를 받는다고 할 때 보이는 표정처럼.

"오늘 이후로 어차피 친구들 사이에 소문날 건데 걱정할 필요 뭐 있어."라는 내 말에 "나중에 알게 되더라도 괜히 내 입으로 얘기했나 봐. 입도 가벼운 친구인데…."라고 했다. 아내 말이 맞을지도 모른다. 하지만 생각보다 사람들은 남의 일에 대해 오래 기억하지 않는다는 것이 내 지론이고, 삶의 경험이다.

아직 아내한테는 얘기 안 한 나 혼자만의 계획이지만, 오는 9월 초, 수술 후 1년이 되는 시점에 MRI 촬영이 예정돼 있는데 그 결과를 보고 종양 상태에 변화가 없음이 확인되면(수술이 성공했다고 확인되면) 그때야말로 아내가 뇌수술 받고 완쾌됐음을 동네방네 떠들고 다닐 계획(?)이다. "은희야! 그때까지 조금만 더 기다리자!"(2020.7.2)

1년이 중요한 이유

'… 수술 후 1년이 되는 시점에 MRI 촬영이 예정돼 있는데 그 결과를 보고 종양 상태에 변화가 없음이 확인되면 그때야말로 아내가 뇌수술을 받고 완쾌됐음을 동네방네 떠들고 다닐 계획이다.'라고 지난 7월 초 블로그에 글을 올렸었다. 뇌수술 받았다는 사실을 친구에게 털어놓고 괜한 얘길 했나 하고 후회하는 아내에게 위로의 말 겸 MRI 결과가 좋은 쪽으로 나오기를 바라는 심정을 담았던 말이었다.

오늘 그 역사적인 MRI를 찍었다. 결과는 바라던 대로 수술 직후와 '다름 없음'이었다. 제거한 종양이 전혀 자라지 않았다. 다시 말하면, 수술 시 종양을 완벽하게 제거하였기에 그 뿌리가 통째로 뽑혔다는 말이 되겠다.

석 달 만에 찾아가는 분당차병원, 아침 9시에 MRI 촬영 일정이 잡혔기에 7시 10분경 집에서 출발했는데 벌써 동부간선도로는 반은 주차장이었다. 그래도 내비게이션이 일러준 대로 1시간 20분쯤 지나니 병원에 도착했다. 코로나 감염 예방에 따른 여러 절차를 따르고, 1층에서 수납한 후 지하 1층으로 내려가 영상의학과에 접수하고 MRI 촬영실에서 '드르르… 따다다다… 부우부우….' 소리를 듣다 보니 40여 분만에 촬영이 끝났다.

다시 4층 신경외과 진료실로 올라가니 예약시간(10시) 2분 전이었다. 교수님을 기다리기 30여 분, 드디어 안내데스크에서 이름을 부른다.
"○○○ 님, 들어오세요." 낯익은 간호사 선생님이 고개를 까딱이며 문을 열어줬다.
"안녕하세요!" 아내가 먼저 들어가며 교수님께 인사를 드렸다.
"안녕하세요! 교수님, 까다로운 남편도 왔습니다." 내가 큰소리로 설레발을 쳤더니, 교수님의 파안대소가 이어졌다.
"아, 허허허."

이어 자리에 앉은 아내를 향해 "남편분이 매우 꼼꼼하게 물어보니까 우리 의사들은 귀찮지만 아내분을 위해서는 잘한 일이지요. 저는 그런 자상한 남편이 못돼요." 늘 하던 통과의례 중의 하나다.

남편이라는 사람이 의사인 자기를 많이 괴롭혔지만, 알고 보면 아내를 위한 일념이었으니 좋은 남편 아니냐! 그런 얘기다. 다만, 오늘은 내가 선수를 친 게 여느 때와 다를 뿐이다.

늘 교수님이 먼저 "남편분이 꽤 까다롭지요. 아, 내 말은 남편분이 자상하다는 말입니다."로 시작했는데 오늘은 내가 먼저 '까다로운 남편'이라고 고백했으니ㅎ….

"교수님, 당황하셨어요?"라고 마치 보이스피싱범을 흉내 내서 한마디 더 보탰으면 까무러쳤을까.

MRI 결과를 설명하시는 김한규 교수님이 컴퓨터 좌·우측에 '전'과 '후'가 극명하게 비교되도록 화면을 띄워놓고
"이건 정말 기적 같은 일입니다."라고 했는데도 별말 없는 우리 부부의 반응이 영 맘에 들지 않았던 모양이다.
겨우 '감사합니다. 모두 교수님 덕분입니다.'라고 내가 말했지만, 그걸로는 교수님의 마음을 충족시키지 못했던지, 화면만 뚫어지게 바라보는 아내에게
"환자분은 뭐가 많이 궁금한가 봐요. 물어볼 게 있으면 말씀하세요!" 한다.
그러자 아내가 말하길, "오른쪽, 이마 부분 움푹 팬 곳을 성형수술할 수 있나요?"라고 했다.

어이없어하는 교수님의 표정이 자못 심각하다 못해 무섭기까지 했다. 물에 빠진 사람 건져 놓으니 내 보따리 내놓으라 할 때의 '건진 사람'의 표정이 바로 저 표정 아닐까.

"이런 수술을 받은 환자 중 절반은 일어서서 지내지도 못해요! 이렇게 완벽하게 종양이 제거된 것은 기적이라고요. 하나님께 감사할 일이에요!"
교수님한테 된통 혼날 줄 알았다.

"네! 교수님께 정말 감사하고 있습니다."
아내가 기어들어 가는 소리로 낮게 뱉었다.
"교수는 당연한 일을 한 거고, 이건 정말 아주 드문 경우라고요!!"
김 교수님은 아직도 분(?)이 덜 풀린 듯한 표정을 목소리에 담아 거듭 혼내셨다.

> **삶의 지혜는 종종 듣는 데서 비롯되고 삶의 후회는 대개 말하는 데서 비롯된다.**
> — 이기주, 『말의 품격』 중에서

사람의 마음이 얼마나 간사한가. 오죽하면 화장실 들어갈 때와 나올 때 다른 게 사람의 마음이라고 했을까. 수술받기 전에야 어쨌든 살려만 달라고 빌고 매달리다가 수술이 잘 끝나 1년이 되는 시점에 종양이 더는 자라지 않는다는 사실을 확인하고는 이제 수술 부위 성형할 방법을 찾고 있으니…. 의사 처지에서는 환자가 야속하다 못해 얄미웠을 게다. 오늘은 교수님에 대해 온갖 찬사를 동원하여 감사를 표한 후 일어설 때쯤 그걸 물었어야 했는데….
"성형외과에 한번 가서 상의해보세요!" 아내의 질문에 대한 교수님의 답변이었다.

김한규 교수님의 진료는 뒷맛이 영 개운치 않게 끝났다. 이제 1년 후에나 뵙게 될 텐데. 약 처방은 3개월 전부터 안 했고, 다음 검사는 1년 후에 MRI를 찍기로 했으니 덕담이나 한마디 듣고 마무리됐으면 좋았을 것을. 종양의 뿌리를 통째로 뽑아준 데 대한 감사를 제대로 표하지 못한 것이 교수님을 섭섭하게 한 것 같고, 그 뒤끝으로 인해 쫓기듯 진료실에서 나온 것이다. 그래도 우리가 김한규 교수님께 감사한 마음을 어찌 접을 수 있겠는가. 신의 영역이라는 뇌기저부의 종양을 발본색원해 주신 분의 은혜를 어찌 잊겠냐 말이다.

"이제부터 당신은 환자 아니야!" 집으로 오는 길에 옆에 앉은 아내에게 장난스럽게 말했다.
"…." 아내는 말이 없다. 환자 생활을 졸업하기가 싫은 건가. 아마 김한규 교수님의 마지막 말을 생각하고 있을지 모른다. 나처럼.

"물어볼 말 없으면 나가세요! 다음 환자 봐야 하니까."

이제부턴 병원과는 정말 친해지고 싶지 않다. 아니 친할 일이 더는 없었으면 좋겠다.
'즐길 힘이 있는 데도 그럴 기회가 좀처럼 오지 않는 것이 인생의 전반이며, 후반에는 그럴 기회가 많은 데도 즐길 힘이 없다.'라는 마크 트웨인의 말처럼 여생이 길어져 즐길 기회가 많을 텐데 힘이 없으면 안 되니까 더욱 건강관리에 힘써야겠다. (2020.9.10.)

걱정은 흔들의자와 같다. 계속 움직이지만 아무 데도 가지 않는다.
— 윌 로저스

3
병원과 한 걸음 친해지다

위암 환자가 되다

지금으로부터 4년 전인 2017.12.2.(토)은 내 인생에 오래 기억될 날 중의 한 날이다. S 병원 내과 오○○ 과장으로부터 '위암' 선고를 받았는데 다행히 3시간 만에 '위염'으로 감형되어 살아나게 된 날이니까.

전날 밤부터 위 왼쪽 상충부를 짓누르는 듯한 통증이 지속하여 잠을 못 잤다. 보통 통증처럼 간헐적으로 오는 게 아닌 지속적인 짓누름이었다. 영 기분이 찝찝하여 아침에 일어나자마자 S 병원에 전화해보니 토요일에는 12시까지 진료한다고 했다. 정기 건강검진을 받던 곳이고, 전년에 위내시경을 받은 병원이라 망설임 없이 찾아갔다.

내과 과장은 50대 중반쯤으로 무뚝뚝한 표정에 의사 특유의 권위의식이 풍기는 분이었다. 증상을 설명하니 한참 동안 내 차트를 들여다본 후에 말했다.

"왜 작년(3월) 검사 때 내과 상담을 안 했나요?" 위, 대장내시경 검사 후 늙수그레한 의사가 검사결과 이상 없다고 말해서 그냥 온 거라고 대답했다. "가족력 좀 말해보세요!" 돌아가신 부모님의 병명을 읊조렸다.

"아니, 작년에 왔어야지, 왜 안 왔어요? 누워 보세요."

문진(問診)에 이어 간이침대에 눕혀놓고 배를 몇 번 만졌다. 이른바 촉진(觸診)이다. 그러더니 선고 아닌 선고를 내렸다.

"암인 것 같은데… 암이야!" 혼잣말이라지만 환자를 앞에 두고 의사가 하는 소리였다. 아, 내가 위암 환자라니… 절망감에 잠시 멍한 상태가 돼 버렸다.

의사는 위내시경 검사와 CT 촬영을 받으라고 했다. 직원의 안내에 따라 수납창구를 거쳐 위내시경 검사를 받고, 또 대기하다가 CT 촬영까지 마치니 2시간여가 경과했다. 그 시간 동안, 이 검사에서 다음 검사까지 기다리는 동안 별별 생각을 다 했다. 혹 죽을병은 아닌가 하는 생각도 잠시 해봤다.

'경륜 있는 의사는 촉진만으로도 암을 진단할 수 있을 터이니 이건 의심의 여지가 없는 위암이다. 이제 어찌 살아야 하나. 위암이라 해서 당장 죽지는 않겠지만 수술은 해야 할 테고, 항암치료도 해야겠지. 초기여서 절제 부위가 작으면 다행이지만 그렇지 않다면 어쩌지. 암 진단을 받으면 최소 두세 군데 병원에서 교차확인 해봐야 한다는 말을 들었는데 어느 병원을 가봐야 하나. 그동안 술을 너무 마셨으니 이런 사달이 나지, 이제부터는 모임 횟수도 줄이고 술도 줄여야겠다. 아니지 이젠 못 먹는 거지.' 위암 수술을 받은 후 모임에서 만나면 막걸리만 먹는 몇몇 지인의 얼굴이 떠올랐다.

1시간여가 지난 후에 검사결과를 들으러 다시 진찰실로 가니 여직원이 평소와 달리 자리에서 공손히 일어나 안내했다. 암 환자라서가 아니라 아마 토요일 마지막 환자라서 그런 배려를 한 것 같았다. 근데 내과 과장의 표정이 좀 뜨악했다. 얼마 전의 기세등등함과 위압스러움은 사라지고 겸손하고 자상한 모드로 바뀌었다. 컴퓨터 모니터를 보면서 고개까지 갸웃거리고….

"담도(膽道) 부분을 좀 세밀히 촬영하라 했는데, 아팠죠?"
"…." 암 환자 주제에 그까짓 조금 아픈 게 무슨 대수란 말인가.

"위가 많이 부은 것 같아 위암이라고 생각했는데 다시 사진을 보니 암은 아니네요."
이게 무슨 말인가, 암이 아니라고? 그 말을 듣는 순간 나도 모르게 벌떡 일어났다. 그러고 의사 선생님을 향해 꾸벅 고개를 숙이며 절을 했다.
"아이고, 감사합니다. 감사합니다."라고 되뇌며 주억거렸다. 어떻게 집에 왔는지 그 후의 일은 기억이 안 났다.

최종결과를 보러 월요일에 다시 병원에 가니 그 의사가 계면쩍은 얼굴로 얘기했다. CT 결과와 내시경 결과를 종합해보니 '위염'이 맞다고 했다. 변명 같은 설명을 곁들이며, 자기가 20년 차 내과 의사라면서도 오진(誤診)에 대한 사과는 없었다. 환자 앞에서 겸손과 절제를 가장 중요한 덕목으로 여겨야 할 의사가 멀쩡한 사람을 위암 환자로 3시간 동안이나 살게 하고도 반성이나 미안함이 없다니 참 뻔뻔하다 여기지 않을 수 없었다. 군왕무치(君王無恥)라는 말이 있지만, 의사가 절대군주는 아니잖나.

그 병원과는 그걸로 끝이었다. 나 하나쯤 안 간다고 병원 경영에 지장이 있겠는가만, 그처럼 경박한 의사가 있는 병원은 다시 가고 싶지 않았다. 설령 90% 위암을 확신한다 해도 내시경 결과와 CT 결과를 보고 단정해도 늦지 않을 텐데, 자기가 화타(華佗)나 편작(扁鵲)이라도 된 양, 손으로 만져본 것만으로 어찌 병을 확신하고 환자에게 선고하듯 말할 수 있단 말인가.

어느 모임에서 3시간의 위암 환자 체험기를 이야기했더니 그 의사한테 위자료를 받아냈어야지 그걸 그냥 뒀느냐고 했다. 위자료는커녕 암 선고를 철회해준 게 고마워서 절까지 했는데 말이다.(2021.11.22)

고쟁이 입기 체험

최근 고쟁이를 입은 적이 있다. 남자가 무슨 고쟁이를 입느냐고? 참말이다. 아마 이 글을 읽는 분 중에도 미처 의식하지 못했겠지만, 남녀를 불문하고 근래에 고쟁이를 입어본 분들이 꽤 있을 것이다. 옛날 어렸을 적 할머니들이 고쟁이 입은 걸 본 적 있는데, 속옷 바지의 가랑이 밑이 뚫려있어 앉으면 좌우로 갈라지는 그 옷 말이다. 전에는 기저귀를 막 졸업했으나 대소변을 아직 못 가리는 아이들에게 고쟁이 바지를 입혔던 것 같다. 손주가 아직 없어서 요즘 아이들은 어떤지 모르겠지만.

의사가 분부한 대장내시경 검사 주기(3년)가 됐기에 병원엘 갔었다. 간호사가 "속옷을 몽땅 벗고 이걸 입으세요." 하며 건네준 옷이 바로 고쟁이와 가운이었다. 바지 뒤가 트였으나 그 위에 가운을 걸치니 감쪽같이 그냥 보통바지처럼 보였다. 검사받을 때만 옆으로 눕게 한 후 가운을 들쳐서 뒤쪽에 바로 내시경 호스를 꽂을 수 있으니 얼마나 편리하고 실용적이며 멋진

디자인인가. 조상님들이 지혜롭게 개발한 고쟁이를 현대에 들어 의료 현장에서 쓰고 있다니 그 디자인의 역사가 참으로 길다고 하겠다.

표준국어대사전에 따르면, '고쟁이'는 '한복에 입는 여자 속옷의 하나. 속속곳 위, 단속곳 밑에 입는 아래 속곳으로, 통이 넓지만, 발목 부분으로 내려가면서 좁아지고 밑을 여미게 되어 있다. 여름에 많이 입으며 무명, 베, 모시 따위를 홑으로 박아 짓는다.'라고 설명하고 있다.

옛날 여성들이 아랫도리 속옷을 입는 순서는 다리속곳 – 속속곳 – 고쟁이 – 단속곳 – 너른 바지라고 한다. 도대체 아랫도리에 옷을 몇 개나 껴입는다는 건가. 그러고도 몸을 움직일 수 있었나.

나무위키에는 "안쪽에 입는 일종의 속바지로서 가랑이 밑이나 뒤가 트여 있고 허리끈이 달려 있다. 흔한 오해로 여성용 속옷을 전부 고쟁이라고 부르지 않나 생각할 수 있지만, 한복의 속옷 종류는 매우 다양하므로 무명, 삼베, 모시 등을 이용해 홑겹으로 만드는 여름용 속옷을 따로 고쟁이라고 부르며, 가을, 겨울에 입을 수 있도록 솜을 누비거나 겹으로 만든 것은 속바지라고 부른다. 둘레에 창을 낸 것은 따로 살창 고쟁이라고 부른다."라고 한다.

'고쟁이'를 생각하다 보니 갑자기 일본 여자들이 입는 '기모노'가 떠오르는 건 왜일까. 아마 야담(野談)과 설화(說話)가 생각나서 그럴 거다. 혹 나와 같은 생각하는 사람이 있을까 하고 네이버를 뒤졌더니 아니나 다를까 그런 글이 있었다.

일본 여자는 팬티를 입지 않는다. 도요토미 히데요시가 천하통일 하는 과정에서 오랜 전쟁으로 남자들이 너무 많이 전장에서 죽자, 왕명으로 모든 여자에게 외출할 때 등에 담요 같은 걸 항상 메고 아랫도리 속옷은 절대 입지 말고 다니다가 어디에서건 남자를 만나면 그 자리에서 언제든지 아이를 만들게 했다고 한다.

이것이 일본 여인들의 전통 의상인 기모노의 유래이며, 오늘날에도 기모노를 입을 땐 팬티를 입지 않는 풍습이 전해지고 있다.

그 결과 아버지가 누군지 모르는 애가 수두룩이 태어났는데, 이름을 지을 때 애를 만든 장소를 가지고 작명하였다. 木下(기노시타)―나무 밑에서, 竹田(다케다)―대나무밭에서… 등등. 그것이 족보가 되어 일본인들의 성씨가 되었다 한다. 그래서 일본의 성씨는 10만 개가 넘는다고 한다.(seru kim 님의 블로그)

이번 기회에 '기모노'에 대해 제대로 알아보려고 자료를 다시 찾아봤다.
[네이버 지식백과] 일본의 복식 - 기모노
일본 하면 제일 먼저 떠오르는 것 중 하나가 바로 기모노(着物)가 아닐까 싶다. 새하얀 호장에 화려한 머리 장식, 그리고 약간은 불편해 보이는 높은 게다(下駄)를 신고 종종걸음으로 걸어가는 기모노 차림의 일본 여성들. 그 화려한 전통을 뒤로 하고 오늘날에는 왕실의 결혼식, 혹은 게이샤나 가부키 등에서만 그 전통적 명맥이 겨우 유지되고 있고, 일반인들은 격식을 차려야 하는 자리 등에는 간소화된 기모노를 입고 나가는 정도이다. 기모노는 혼자 입기 어려울 정도로 입는 절차가 복잡하고 까다로울 뿐 아니라, 그 명칭 또한 생소한 것이 많아 하나하나 살펴보기에는 지면을 다 할애해도 모자랄 정도이다.

이런 일본 고유복식인 기모노를 등에 깔개 같은 게 달렸다는 이유로 히데요시 시대 운운하며 희화화한다면, 문화에 대한 폄하나 몰이해를 넘어 왜곡일 수 있겠다.

속담에 "고쟁이를 열두 벌 입어도 보일 것은 다 보인다.", "고쟁이를 열두 개 포개 입어도 나올 것은 다 나온다."라는 말이 있다. 그 의미는 '제 부끄러운 것을 아무리 감추려 애써도 알 것은 다 알게 된다는 말'이고 '아무리 여러 번 감싸도 정작 가릴 것은 못 가렸다는 뜻으로, 요점을 얻지 못했다는 말'이다.

기능성 속옷으로써의 오랜 역사를 지닌 '고쟁이'를 오늘에 되살릴 방법은 대장내시경 검사용 말고는 정녕 없을까. 조상의 지혜를 전수할 디자인, 그걸 보고 싶다.(2021.9.8.)

안과에서 치과로

세상을 살아가다 보면 몸이 고장 나기 마련이고 그때그때 고장 난 부분을 수리하지 않으면 안 된다. 그래도 그 고장이 중요한 엔진 부분이 아닌 주변적인 곳이라면 일단 안심이다. 자동차도 오래 사용하다 보면 여기저기 손볼 구석이 많은데 사람이라고 다를 리 없다. 나이 들면 병원과 친해야 하는 이유다.

어느 날 이유 없이 눈이 충혈되더니 며칠이 지나도 원상태로 복원이 안 되기에 동네 안과를 찾았다. 어느 과(科)든 환자 없는 병원이 없지만, 신도

시인 이웃엔 안과가 하나뿐인 탓인지 정말 환자가 많았다. 건강보험 제도가 잘된 나라라서 살짝만 아파도 병원을 찾는 탓도 있겠지. 선진국이라는 미국에서는 병원비가 워낙 비싸 몸이 아파도 웬만하면 병원에 가지 않고 그냥 참고 산다는데 대한민국 국민은 그런 면에서는 미국 사람보다 나은 생활을 하고 있다고 자부해도 좋겠다. 전화로는 예약이 안 되기에 일단 한번 방문해서 대기자명부에 이름을 올리고 사무실로 돌아온 다음, 진료 예정 시간대에 다시 가서 1시간여를 기다리는 과정을 거쳐 그나마 대기시간을 줄일 수 있었다.

진료결과 다행히 증세가 별거 아니라는 원장님의 설명을 듣고 적이 안심했지만 무슨 검사를 그리 많이 하는지 과잉진료를 의심할 수밖에 없었다.

안압검사는 기본이라 쳐도 나중에 진료 명세서를 받아 살펴보니, 기본 안전촬영, 시신경섬유층 사진, 굴절 및 조절검사, 세극등현미경검사, 안구 광학단층촬영까지 무려 6~7가지 검사를 했다. '녹내장을 우려했는데 아니라서 다행'이라는 판결에 안도했지만, 앞으로 주기적으로 검사를 받으라기에,

"내가 요즘 가족의 질병으로 인해 ㅇㅇ대학병원에 매달 가는데 거기서 검사받게 소견서를 써주실 수 있느냐?"고 물으니 큰 병원 갈 것 없이 자기 병원에서 충분히 케어 가능하다고 했다. 하긴 눈병 좀 생겼다고 대학병원 갈 일은 아니지.

그 얼마 후엔 치과를 갔다. 아래 어금니가 깨진 것도 같고 그쪽으로 음식

제3장 떠올리고 싶지 않아도 마주 봐야 해　**181**

물을 씹으면 가끔 통증이 느껴져 스케일링도 할 겸 들렀다. 접수하는 직원에게 증세를 설명하고 기다리니 이름을 부른다. 1차 순서는 다짜고짜 CT 촬영이다. 치아에 뭐를 끼워 물게 하더니 3~4분 동안 열심히 찍어댔다. 나중에 원장님의 진료를 받으면서 보니 내 이빨 전체 모습이 사진에 찍혀 한눈에 상태가 드러난다. 참, 기술 좋은 세상이다.

의사가 다가와 어느 쪽 어금니가 아픈지 묻더니, '개껌' 같은 걸 주면서 꼭 깨물어보라 한다. 통증의 원인이 어느 부위인지를 찾아내 신경치료를 해야 한다는데 어떻게 된 일인지 의사 앞에 오니 아픈 데가 없어졌다. 의사는 기어이 아픈 부위를 찾아내려는 듯 다른 '껌딱지'(?)를 또 입에 넣어준다. 시키는 대로 그걸 콕 씹고 우물거리고, 딱딱거려 봐도 여전히 통증 부위가 잡히지 않는다.

"아랫니가 맞아요?"
"윗니였나."

사실 그쯤 되니 나도 어느 쪽 이가 아팠었는지 헷갈렸다. 신경을 건드리는 기분 나쁜 통증이 분명 있었는데, 윗니인지 아랫니인지 기억이 나질 않았다.

간호사가 스케일링을 끝내고 나니, 의사가 다시 와서 아픈 부위를 찾기 위해 개껌 같은 걸 또 동원했으나 문제의 치아를 찾는 데는 끝내 실패했다. 의사가 최종적으로 설명해주길, '신경이 손상된 부분을 찾아 그 치아의 속을 긁어낸 후 신경을 처리(죽인다.)하고, 그 위에 금이나 다른 재질로 캡을 씌우는 긍정으로 치료하게 되는데 최소 5번은 방문해야 하며, 신경치료는 보험이 되나 씌우는 것은 비보험이라 35~45만 원이 소요된다.'라고 했다.

아하, '그래서 의사가 아픈 이를 찾기 위해 그리 혈안이 됐구나. 2번씩이나 시도하더니, 이유가 그게 돈 되는 일이니까 그랬구나.' 하고 이해가 됐다. 덕분에 난 그 돈이 안 들어가 득을 본 거고.(치과는 돈을 못 번 거고)

언제 또 치아가 말썽을 부려 다시 치과를 찾게 될지 모르지만, 우선은 귀찮고 돈 들어가는 과정을 거치지 않아도 돼서 다행이다.(2021.4.19)

4
소소하고 평범한 일상

봉화산을 오르며

"거기! 손잡지 말고, 손 놓고 가세요!" 앞에서 갑자기 들리는 소리에 하마터면 아내 손을 놓을 뻔했다.

지난 일요일, 집 근처 봉화산에 다녀오던 길. 하산 길은 주택가임에도 경사도가 꽤 심해서 아내의 손을 잡고 조심스레 걷고 있는데 갑자기 큰 소리가 들려 깜짝 놀랐다. 소리 나는 쪽을 바라보니 맞은편에서 올라오시는 어떤 노인, 팔십은 돼 보이는 어르신이 우릴 향해 소리치는 거였다. 좁은 골목에 거주자 우선 주차구역이 설치돼 있고 지그재그로 양쪽에 차들이 주차되어 차선을 밟고 지났는데 새로 페인트칠한 부분을 밟았다고 그러시나 하고 어리둥절해서 "왜요?"라고 물었더니

"코로나 땜에 손잡고 다니면 안 돼!" 하신다.
피식 웃으며 "아, 예!"라고 답하니
어르신이 파안대소하시며, "다정하게 손잡고 다니는 모습이 배 아파서 그래. 건강하게 잘 지내요!" 하신다.

아내는 그때까지 상황파악이 안 되는지, "지금 저 할아버지 뭐라는 거야?" 한다.

"우리가 손잡고 가니 불륜인 줄 알았나 봐." 내가 말했다. 하산 길의 가벼운 발걸음만큼이나 마음도 상쾌했다.

우리 부부는 주변의 아는 분들이나 또래 친구들로부터 다정(?)하다는 말을 많이 듣는 편이다. 부부동반 외국 여행 갔을 때도 버스에 빈자리가 많아 다들 한 사람씩 앉아 가지만 우린 꼭 같이 앉는다. 그럴 때면 짓궂은 분들로부터 "꼭 불륜 커플처럼 티를 낸다."라고 놀림도 받고 강제로 밀침을 당하기도 한다.

등산로에서 '선글라스 끼고 손잡고 가는 커플은 대부분이 불륜'이라는 말이 있다. 또 도로에서 운전하며 '운전석과 조수석에 (중년) 두 사람이 웃으며 얘기하고 간다면 그 커플은 틀림없이 불륜'이라는 말도 있다. 그만큼 우리네 중년들은 부부간에 대화가 부족하고 애정표현에 인색하다는 뜻일 것이다. 개인차도 있겠지만 전통적인, 유교 문화의 탓도 있지 않을까 생각해본다.(남 있는 데서는 남 보듯 하다가, 남 없는 데서야 님 보듯 한다든가….)

그런 면에서 우리 부부는 남다르다고 봐야겠다. 전부터 그래왔지만, 특히 아내가 큰 수술을 받은 이후로는 더 그렇다. 남이 들으면 닭살 돋는다고 할지 모르지만, 계단을 오르내릴 때는 물론이고 평지에서의 산책길에도 늘 손잡고 다니니까. 요즘은 아내가 신발 신을 때 손가락으로 구둣주걱 역할도 대신해 준다.

중랑구에 있는 봉화산은 높이 159.8m에 불과한 낮은 산이지만 주택가 한가운데 위치하여 주변 사람들에게 산소를 공급해주는 우리 몸의 허파와 같은 기능을 한다. 또 이름에 걸맞게 옛날의 봉수대도 보존된 유서 깊은 곳이다. 집에서 가까운 곳이지만 둘레 길과 비교하면 경사도가 있어 아내가 싫어하기에 피했었는데, 엊그제는 체력을 테스트하겠다 하여 그곳을 택했었다.

결과는 수술 전과 비교하면 더 잘 걷는다는 것이 입증되어 인상에 남는 하루였다. 거기에 더해 팔순 어르신으로부터 시샘움까지 받았으니 자랑거리가 하나 늘어난 셈이다.(2020.5.20)

주차비 50원

21세기 현대인에게 알레르기성 비염만큼 흔한 질병이 안구건조증이 아닐까. 난 그 두 가지를 다 가지고 있으니 어쩔 수 없이 진정한(?) 현대인인가. 원래 눈이 큰 탓에 툭하면 하루살이가 날아들고 바람 부는 날 티끌도 많이 들어가 고생하는데 PC와 스마트폰 때문인지 눈이 충혈된 상태가 삼사일이나 지속했다. 안과를 안 가고는 낫지 않을 것 같아 집에서 가까운 안과를 찾아갔더니 초진이라고 온갖 검사를 다 하잔다. 비싼 최신 장비를 도입했으니 본전을 뽑기 위해서인 걸 다 알겠던데, 명분은 자기 병원에 차트가 없으니 검사를 다 해봐야 한다는 것이었다. 그래, '네 맘대로 하세요.'라는 심정으로 내맡겼더니 처음 앉은 자리에서 오른쪽으로 옮겨 가며 무려 6가지 기계에서 눈 검사를 받았다. 잠시 후 본 진료에 접어들어 드디어 원장님 앞에 앉으니 다시 눈을 까뒤집고 '앞을 보세요, 옆을 보세요, 위를 보세요.'라고 하면서 양 눈을 번갈아 들여다봤다. 그렇게 해서 나온 병명은 '안구건조증'인데, 전에 백내장 수술한 부위에 실핏줄이 너무(?) 발달하여 눈이 자주 충혈된다며 약을 넣어보고 2주 후에 다시 오라고 했다. 인공눈물은 수시로 넣으라고 덧붙이며.

병원이나 음식점을 갈 때는 예약부터 해야지, 예약 없이 그냥 갔다간 마냥 기다리거나 손님 대접 못 받기 십상이라는 걸 우리는 경험으로 안다. 2주가 지나간 어느 날 점심 식사 휴진시간이 지났을 오후 2시경 예약차 안과에 전화했으나 받질 않았다. 무려 대여섯 번을 걸어도 통화가 안 되기에 그냥 찾아가기도 했다. 어차피 잠깐 원장 얼굴 보고 약을 추가로 타오면 되니 굳이 예약하지 않아도 오래 걸리지는 않을 거라는 확신이 있었다. 근처 공영주차장에 주차하면 무료주차권을 준다는 안내문을 병원에서 봤기에 차를 가져갔고, 병원 옆 공영주차장에 어렵사리 주차하고 건물 4층을 향해 계단을 올라갔다. 근데 이상했다. 병원 앞이 한산하고 안에 불도 꺼져 있었다. '이게 뭐지?' 하고 현관문을 바라보니 '매주 수요일은 오전 11시까지만 진료한다.'라는 안내판이 붙어 있는 게 아닌가.(그게 전부터 있었던 것은 분명하다.)

가는 날이 장날이라던가, 헛걸음질에 화가 나서 현관문을 발로 한번 걷어차고 터덜터덜 계단을 내려왔다. 올라갈 때는 몰랐는데 내려오는 계단이 몹시도 가팔랐다. 내 느낌이 그랬다. 다시 주차장으로 가서 차를 빼는데, 회차 공간이 너무 좁아 좌측으로 전진과 후진을 4번 정도 반복한 후에야 겨우 돌려서 정산소에 다다랐다. 진료를 받았으면 주차비가 무료였을 텐데 돈을 내야 한다고 생각하며, 차를 정산소에 바짝 붙였더니 삑 하는 소리와 함께 "50원입니다."라고 안내원이 말하는 것이었다. "얼마라고요?", "50원입니다. 카드로만 계산할 수 있습니다." 내가 잘못 들은 게 아니었다. 원래 10분당 주차료가 100원인데, 친환경 차인 가스차라 50%를 감면해서 50원이라는 것였다. 피식 웃음이 나왔다. 아무리 변두리라지만, 서울 시내에서 주차비 50원짜리 주차장이라니, 이런 경험을 어디서 또 할 수 있으랴 싶었다.

얼른 카드를 꺼내 계산을 마치고 오는데 아까 불 꺼진 안과의 현관문을 걷어찼을 때의 낭패감은 사라지고 재미있는 얘깃거리를 얻었다는 뿌듯함으로 벅찼다. 단돈 50원에 사람 맘이 이리 변할 수 있는 건가 생각하면서 아무리 부자라도 내 돈 한 푼 쓰는 건 아깝다는 말이 떠올랐다. 참고로 노상공영주차장은 요금이 10분당 100원이라고 한다. 거기가 어디냐면 1호선 석계역 근처이다.

남자가 앉아서 소변보다니

"제발 좀 앉아서 오줌 누면 안 될까?"

화장실 청소하는 아내로부터 귀가 따갑도록 늘 들어온 말이다. 애들 어렸을 때는 두 아들을 포함한 세 명의 남자가 '서서 쏴'를 통해 변기 주변에 얼마나 많은 소변 방울을 흘렸을 것인가를 생각하면 이해가 되고도 남는다.

'남자가 흘리지 말아야 할 것은 눈물만은 아니죠.'
'좀 더 가까이 다가와 주시면, 지금 본 것을 비밀로 해드리겠습니다.'

남자 화장실 소변기 앞에서 지금도 대하는 문구들이다. 여자 화장실에는 물론 없겠지만.

남자가 서서 소변을 볼 때마다 하루 약 2,300방울이 주변에 튄다는 통계가 있다. 암스테르담 스키폴공항 남자 화장실 소변기의 '파리' 디자인이 왜 '넛지 효과'의 대명사가 됐는지 이해가 되는 이유다.

요즘 젊은 사람들은 앉아서 소변보는 경우가 꽤 많다고 한다. 어떤 자료에 의하면 일본 남성의 44%가 앉아서 소변본다고 하는데 아쉽게도 한국의 통계는 없다. 아무리 그래도 서서 소변을 본다는 건 생물학적 남성의 특권인데 그걸 포기하고 남사스럽게 앉아서 일을 보다니… 그래서 난 아내의 성화에도 불구하고 아직도 예전의 행태를 바꾸지 않고 있다.

우리 집의 문제는 대충 가닥을 잡았다. 집안에 화장실이 다행히 두 개라서 아들과 나는 거실 화장실을 쓰고, 안방 화장실은 아내 전용으로 정하니 깔끔하게 정리됐다.

그런데 최근 안방의 커튼을 진한 색으로 바꾸고 나서 문제가 생겼다. 창밖의 가로등과 대형교회에서 발산되는 불빛이 방안으로 들어와 검은색(암막) 커튼을 단 것인데 밤에 불을 끈 상태에서는 주변이 전혀 안 보이는 거다. 며칠 전 자다가 일어나 소변을 보고 다시 잠이 들려는데 갑자기 "어이쿠!" 하는 비명이 들렸다. 옆에서 부스럭거리는 소리에 일어나 내 뒤를 이어 화장실에 들어간 아내가 덮개 올라간 변기에 털썩 앉다가 사달이 난 거였다. 평소에는 거실 화장실을 이용하던 내가 그놈의 커튼 때문에 깜깜하여 아내 전용인 안방 화장실로 들어갔던 게 문제였다. 난 늘 하던 대로 변기 덮개를 올리고 일을 보고 들어왔고, 아내 또한 늘 하던 대로 당연히 변기 덮개가 내려진 상태로 있으리라 생각하고 털썩 앉았는데 그만 변기 덮개가 올려져 있어 차가운 변기 속에 엉덩이가 빠질 뻔한 거였다. 다행히 큰일로 번지지는 않았지만, 아침에 잔소리까지 피할 수는 없었다.

"아니 엉덩이가 변기에 안 걸쳐지나! 그렇게 작았던가!"
"뭐요? 당신이 한번 앉아봐!"

그 후부턴 커튼을 다 닫지 않고 창문 양쪽을 조금씩 열어놓는 것으로 문제를 해결했다.

커피의 진화

'갓 구운 빵을 손으로 찢어 먹을 때, 서랍 안에 반듯하게 정리된 속옷을 볼 때….' 무라카미 하루키가 소확행(小確行, 작지만 확실한 행복)을 느낀다는 지점에 공감하면서도 나는 분쇄된 원두를 커피메이커에 넣고 커피를 내릴 때, 잔잔하게 퍼지는 은은한 커피 향을 맡으며 작은 즐거움을 맛본다.

엊그제 신문에서 "매일 3잔을 마시면 대장암 위험이 77% 뚝 떨어지는 '기적의 음료' 정체가 커피!"라는 기사를 읽었다. 다른 나라 얘기가 아니라 우리나라 국립암센터 연구진의 발표이니, 또 암 분야 국제 학술지인 〈카시노제네시스(Carcinogenesis)〉 최근호에 게재된 내용이라니 신뢰성을 의심하지 않아도 되겠다. 사실 같은 사안을 두고도 전문가들의 의견이 늘 일치하는 건 아니다. 어떤 때는 커피가 건강에 해롭다는 주장이 제기되기도 하고, 지금처럼 몸에 이롭다는 연구결과가 발표되기도 하니 어느 주장을 받아들여야 할지 일반인은 당혹스럽다. 그러나 내가 즐겨 마시는 기호식품인 커피가 몸에 좋다니 다행이다.

'악마처럼 까맣고 지옥처럼 뜨거우며 천사처럼 순수하고 사랑처럼 달콤하다.'라는 말은 프랑스의 정치인이자 외교관인 탈레랑(샤를모리스 드 탈레랑페리고르)이 한 말이라는데 커피 맛을 조금 알 것 같은 요즘에야 그 의미가 와 닿는다. 사실 달콤함보다는 쓸쓸함이 더 진솔한 표현이기에 '지옥처럼 뜨거우며' 다음에 '실연처럼 쓸쓸하며'를 덧붙이면 어떨까 싶다. 더욱이 요즘 커피는 단맛과 쓴맛뿐만 아니라 신맛도 가미되어 마니아들은 새콤함도 느낄 수 있다.

커피를 처음 맛본 스무 살 시절에는 다방 커피(커피:크림:설탕을 2:2:2의 비율로 배합한)인 가루 커피를 주로 마셨지만, 믹스커피가 출현한 이후에는 봉지 커피를 열심히도 마셨었다. 십수 년 전 미국에서 교수를 하는 분과 디자인 행사 준비 관계로 서울에서 몇 개월간 같이 일한 적이 있는데, 우리나라 믹스커피가 미국에서도 인기가 높다고 했다. 그분 말인즉 '믹스커피'야말로 최고의 디자인 상품이라며 감탄해 마지않았다. 커피, 크림, 설탕을 적절히 배합하여 모든 이의 입맛에 맞췄고, 크림 양을 조절할 수 있는 기능은 물론 비닐을 쉽게 뜯을 수 있는 점선까지 세심하게 배려하였으며, 어디서든 뜨거운 물만 있으면 타 먹을 수 있도록 막대기형 봉지로 포장한 것까지 그렇게 실용적이고 실리적인 상품 디자인을 어디서 찾을 수 있겠느냐는 말이었다. 십분 공감한 말이었다.

그렇게 30년 이상 마셔온 봉지 커피를 졸업하게 된 계기는 둘째 아들이 카페를 개업하면서부터다. 명색이 아들이 바리스타인데 부모 된 자가 믹스커피를 마실 수는 없는 노릇이고, 더욱이 건강에 이롭지 않다는 크림을 피하고자 원두커피를 애용하게 됐다.
'너무 진하지 않은 향기를 담고 진한 갈색 탁자에 다소곳이~~' 노고지리가 불렀던 〈찻잔〉의 가사를 음미하다 보면, 나는 커피가 연상된다. '커피잔'이 아닌 '찻잔'을 노래하는데도 왜 커피가 떠오를까. 아마 연한 아메리카노를 좋아한 탓이 아닐까 생각한다.(두잔 째의 커피는 카페 라테가 좋다.)

나의 커피 취향도 많이 진화하여 요즘은 캡슐커피로까지 발전했다. 에스프레소 원액이 담긴 캡슐커피는 믹스커피의 고급 버전이라고 할 수 있겠다. 캡슐커피머신을 따로 장만하려면 초기비용이 들긴 하나 편리함과 럭셔리함으로 상쇄되기에 가성비를 따질 계제는 아니라고 본다. 두서너 가지 맛의 캡슐 중에서 내 입맛에 맞는 것을 선택하고 나면 다른 고민 없이 아침마다 신선하고 개운한 커피 맛을 즐길 수 있어 좋다. 처음엔 아들이 직접 로스팅한 원두로 만들었으니 맛이나 보라며 무료 제공해줬으나 이젠 사서 먹는다. 아무리 가족이라지만 계산은 계산대로 해야 서로 편하니까. 심지어 가끔 가는 알바 데이(격주 토요일에 우리 부부가 하는 카페 청소 알바)에도 커피 두 잔을 선결제한다. 이름하여 '돈 쓰는 알바'이다.

코로나로 직격탄을 받은 업종 중의 하나가 바로 카페다. 또 그 고난의 기간에 가장 많이 창업한 업종이 카페라고 한다. 아들의 카페 옆에도 어느 기업에서 운영하는 새로운 카페가 생겨 맘고생은 물론 매출 감소의 이중, 삼중고를 겪고 있다. 그런 와중에 커피를 하루 석 잔 이상 마시면 대장암 위험이 감소한다는 보도가 나왔기에, "손님 좀 늘었니?"라고 물었더니 "아니요."라는 답이 돌아왔다. '바리스타가 직접 로스팅한 원두'로 만든 '캡슐커피'의 인기가 팍팍 올라 매출이 쑥쑥 올라가기를 기대해 본다. (2022.3.25.)

제4장

겨울을 준비하듯
인생 3막을 준비하라

1
10년을 더 산다면

초보 어른의 다짐

　나이 들어 정부와 사회로부터 어른 대접 받는 일은 누가 뭐래도 노령수당과 전철 무임승차와 같은 공짜시리즈일 것이다. 심신이 쇠약해지고 살날이 얼마 남지 않았다는 걱정도 있겠지만 나이 먹어 좋은 일도 많다고 본다. 우선 젊을 때처럼 힘들게 일하지 않아도 된다. 개인차는 있겠지만 노후를 대비하여 각종 연금이나 저축이 있을 테고 집 한 채 정도의 재산은 있을 테니 아등바등 살 시기는 아니다. 공부해도 시험을 의식할 필요가 없고 책을 읽어 오래 기억이 안 된다 해도 그리 걱정할 일이 아니다. 있는 게 시간뿐이고 남는 게 시간인데 그냥 기억력이 떨어지더라도 거듭 읽으면 그만 아닐까. 기실 원로이니 누구에게서 잔소리를 들을 계제도 아니다. 마누라와 늘 붙어 있다 보면 아무래도 간섭을 받겠지만 그것도 노년의 행복이라 여기면 그만 아닐까. "나이 들어 좋은 점은 딱 하나, 더는 누구의 눈치도 볼 필요 없다는 점이다."(이근후, 『나는 죽을 때까지 재미있게 살고 싶다』) 내 말이 그 말이다.

　100세 인생이라고 하니 남은 인생에 대한 생활계획은 세워야 하겠다. 80 넘어 90 안쪽에 가면 그만이겠으나 재수 없어 100세까지 산다면 무작정 살아서는 안 될 일이다. 그래서 난 90세를 목표로 인생계획을 세우고자 한다. 아무래도 지금 하는 일을 72, 3세까지는 해야 할 것 같다. 말은 딱 70까지만 한다고 했으나 들고 있던 적금을 깼기에 새 만기에 맞추려면 아무래도 2년여는 더 일해야 하리라.

여유가 되면 교외에 오피스텔 하나 장만했으면 참 좋겠다. 서울에서 전철이 연결되는 곳으로. 지공거사니까 교통비 걱정 안 해도 되고, 아침마다 그곳으로 출근하는 거다. 마치 지금의 직장 생활처럼 가방 하나 들고 오버코트 깃 세우고… 책상 하나에 컴퓨터 한 대 놓고 인터넷 서핑을 즐기기도 하고, 책을 읽기도 하며 가끔은 글도 쓰면서. 아, 책상 하나를 더 들여놔 아내에게도 함께 하자고 해야겠다. 하지만 책 읽는 걸 즐기지 않으니 받아들일지는 모르지만 그래도 제안은 해둬야 나중에 원망을 피할 수 있겠지. 간단한 싱크대가 있으면 금상첨화겠다. 가끔, 아주 가끔 친구들이 찾아오면 삼겹살이라도 구워 먹고 라면이라도 끓여 먹고 싶다. 냉장고도 한 대 있어야겠네. 음식이 상하면 안 되고 점심은 아무래도 그곳에서 해결해야 비용을 절약할 수 있을 테니까. 맨날 밖에서 사 먹는다면 노년에 생활비가 걱정될 테이니. 내가 전부터 꿈꿔오던 사단법인 사무실로 그곳을 쓰는 방법도 있겠다. 사무소 소재지가 서울이 아니라서 활동에 제약이 있을지도 모르나 꼭 서울이 아니면 어떤가. 경기도든 강원도든 그곳 지자체와 협업하면 되는 거지. 그런데 어떤 일을 할까. 그건 아직 모른다. 조금 더 살다 보면 그런 일에 죽이 맞는 사람을 만나 신나고 보람 있는 사업(놀이)을 하게 될지도 모를 일이다.

봄에는 나물 뜯는 일이 새로운 취미가 되겠다. 대한민국 산하는 봄이면 지천으로 널린 게 나물이니 독 있는 것만 빼고 뭐든 채집하는 거다. 가장 만만

한 쑥부터, 취나물, 두릅, 뽕잎, 다래순, 누구는 칡잎도 나물 해 먹는다니까 뭘 채취할지 전혀 걱정 안 해도 되겠다. 혹 오피스텔 근처에 밭뙈기라도 붙어 있다면 그곳을 가꿔도 되겠다. 지방에는 묵혀 둔 땅이 있을 수 있으니까.

10년만 더 살게 해달라고 간청하던 환자들은 "10년 더 살면 무얼 하고 싶으냐!"는 질문에 아무 대답도 못 한 채 세상을 떠나곤 한다. "오래 살고 싶다는 것 말고는 구체적인 계획이나 소망이 없는 사람이 많다."라는 서울대병원 김범석 의사 선생님의 말이 생각난다. 그러고 보니 내 계획도 더 사는 동안 조용한 오피스텔에서 소일하겠다는 거지, 뭐 특별한 계획이 있는 건 아니잖나. 구체적으로 한글 붓글씨를 연습해서 국전에 입상하겠다는 꿈도 있고, 한 권의 책을 써서 이 세상에 다녀간 흔적은 남겨야겠다는 소망도 있긴 하지만. 사무엘 존슨은 "하루에 3시간을 걸으면 7년 후에 지구를 한 바퀴 돌 수 있다."라고 했다. '1만 시간의 법칙'처럼 매일 한 시간 정도를 투자해서 붓글씨를 연습하려고 한다. 그래서 '10년을 더 살면 무엇을 하겠냐'고 물으면 확실히 대답해야겠지. 옛날 할머니가 하시던 말이 생각난다. 별똥별이 떨어질 때 소원을 빌면 반드시 이루어진다던 말씀이. 지금 생각해 보면 목표를 항상 생각하고 있으면서 유성이 떨어지는 그 짧은 순간에도 떠올릴 수 있다면 그 목표는 꼭 이룰 수 있다는 말씀이었던 것 같다. 지공거사증은 목표로 하지 않아도 나오게 돼 있으니까. 그건 빼고 앞으로 25년 후 90세가 되는 날까지 해야 할 일을 조용히 정리해두자.

인생 3막에는

2030 세대에게 가장 절박한 과제가 '내 집 마련'이라는 데에 이견을 달 사람은 없을 거다. 그만큼 주거문제는 인간에게 절실한 삶의 요건이다. 인간 생활의 기본요소인 의식주(衣食住) 중에서 순서는 맨 뒤에 있지만 그렇다고 중요도가 가장 덜하다는 의미는 아닐 것이다. 값도 제일 비싼 게 주(住) 아닌가.

어렸을 때는 내 방이 정말 갖고 싶었다. 당시는 대부분 가정이 3대가 함께 사는 대가족이었고, '아들, 딸 구별 말고 둘만 낳아 잘 기르자!'라던 시대여서 형제자매 또한 많았다. 많은 집은(흥부네처럼) 자식이 열 명인 집도 있었고, 대부분 다섯 명 이상은 됐던 것 같다. 그러니 무슨 수로 아이들에게 방을 한 개씩 줄 수 있겠는가.

중학교 시절, 학교가 있는 면 소재지에서 자취하는 친구들이 있었다. 통학하는 시간을 아껴 공부에 전념하라는 부모님의 배려로 대개 두어 명씩 방을 얻어 지냈는데, 꽤 잘사는 집 아이들이나 누리는 호사였다. 공부하는 시간이 많아져서 좋겠다는 생각보다 자기만의 공간을 가진 그 친구들이 정말 부러웠다. 그렇다고 당시 자취하던 친구들이 다 공부를 열심히 했던 것도 아니다. 부모의 통제를 벗어난 상태에서 방종하다가 옆길로 새서 공부를 작파한 친구들도 있었고, 만화방에서 빈둥거리며 신간을 섭렵하는 애들도 있었으니까.

결혼생활은 단칸 전셋집에서 시작했다. 그 시절에는 누구랄 것 없이 다 그렇게 출발했다. 그 후 아이들이 태어나면서 간간에서 두 칸짜리 전셋집으로, 작은 아파트에서 시작해서 방 3개 딸린 아파트로 이사해 살아온 게 나와 같은 베이비붐 세대의 삶의 궤적이다. 사글세에서 전세로, 전셋집에서 청약부금 넣어가며 어렵사리 아파트 분양받아 내 집으로 이동하는 주거 사다리를 누구나 거쳤다.(명의만 내 것일 뿐, 사글세 같은 원리금 갚느라 실은 은행을 집주인으로 모신 셈이지만) 그러나 요즘 젊은이들에게는 그런 과정이, 위로 올라가는 계층의 사다리가 없어져 버렸다. 천정부지로 치솟는 도시의 집값은 급기야 젊은이들이 '이생망'이니 '헬 조선'을 외치며 신음하게 만들고 있다.

6~7년 전 큰애가 결혼하여 분가하니 방이 한 개 비었다. 그래서 오랜 로망인 서재를 갖게 됐다. 작은 침대와 붙박이 옷장, 책상 한 개, 그 위에 컴퓨터를 올려놓으니 어엿한 나의 전용공간이 완성됐다. 책장의 책들도 자주 읽는 책과 신간들은 가까운 곳에 꽂고, 소설이나 전집류, 교재 등은 눈에 덜 띄는 곳으로 밀어냈다. 책상 한쪽 구석에는 라디오를 놓고 스위치를 켜면 늘 FM 음악이 흘러나오게 했다. 나이 70이 가까워도 전용공간을 갖게 되니 무척이나 좋다. 요즘은 넷플릭스에 빠져 하루에도 서너 시간씩을 내방에 틀어박혀 지내다 보니 아내는 무슨 야동이라도 보는 줄 알고 가끔 들여다보며 힐끔거린다. 그래서 영화를 볼 때는 일부러 방문을 활짝 열어놓는다.

인생 2막에서 돈 버는 일을 5년이나 했는데도 아직 모은 돈이 없다. 앞으로 5년을 더 일한다 해도 필요한 만큼 모을 수 있을 것 같지 않은데 이건 어찌 설명해야 하나. 원래 작정대로라면 인생 2막에 10년간 일해서 연간 천만 원씩 1억 원을 모아 남은 인생 3막의 용돈으로 쓰려 했는데… 그러나 내가 허튼 곳에 쓴 것도 아니고 늘 그렇듯 검약하고 절제하며 살아온 건 내가 알고 가족이 아는데 그러면 된 거 아닌가. 아담한 사무실 하나 확보하는 일은 지금부터 준비해서 구하면 될 일이다.

'구하라 그리하면 주실 것이요….'라고 했으니.(2022.1.14.)

무임승차 첫 경험

옛말에 '공짜 좋아하면 머리가 벗어진다.'라고 했지만 이미 정수리가 휑한 마당에 까짓 머리 좀 더 벗겨진들 대수이겠나. 그런가 하면, '공짜라면 양잿물도 큰 걸 먹는다.'라는 속담도 있듯이 '공짜'는 무엇이든, 심지어 독극물까지도 좋아하는 건 인지상정이겠다.

최근 공짜시리즈를 체험했다. 일명 '地空居士證'인 '서울특별시 어르신 교통카드'를 발급받아 지하철을 공짜로 3번 이용했고, 두타산자연휴양림의 입장요금 1천 원과 동구릉 입장료 1천 원을 면제받았다. 어떤 분들은 지공거사가 되면 나이 먹었다는 사실에 슬퍼진다고 하던데 나는 공짜증이라서 그냥 좋았다. 그래서 정치인들은 무상시리즈를 약속하게 되고 유권자들은 거기에 현혹되는가 보다. 세상에 공짜 점심은 없다는 데도 불구하고 말이다.

전부터 주변 사람들에게 지하철 공짜증이 나오면 제일 먼저 수도권 전철 노선 중 가장 먼 거리인 소요산에서 신창까지 가보겠노라고 공언했었는데 아직 실행하지 못했다. 요금은 4,050원인데 76개 역에 무려 4시간 20분이 걸리는 여정이라서 같이 갈 사람도 없기 때문이다. 아무리 공짜라지만 아직

사지 멀쩡한 사람이라면 무려 왕복 9시간을 무료하게 전철 타는 일에 매달리겠는가.

하긴 노인 중에 온양온천까지 공짜 전철 타고 가서 온천에서 목욕한 다음 점심 식사하고 돌아오는 코스가 유행이라고 들었다. '시계는 느리고 달력은 빠르다.'라는 말처럼 하루를 보내기는 지루하고 한 달은 훌쩍 지나가는 삶을 사는 이들에겐 매우 저렴하면서도 알뜰한 여행코스일 테니까.

지자체에서 운영을 떠안은 도시철도공사의 누적된 적자는 보통 일이 아니라고 본다. 건설부채가 누적된 탓이 크기에 적자의 많은 부분이 무임승차라는 데는 전적으로 동의하기 어렵다. 그러나 보편적 무임승차보다는 선별적 무임승차로 정책을 전환해야 한다고 생각한다. 아니면 정부가 그 비용을 부담해야지, 생색만 내고 부담은 지자체에 전가하면 되겠나. 일전에 대한노인회에서 무임승차 연령을 65세에서 70세로 높이자고 한 것은 젊은 노인이 늘어나는 세태를 반영하고 지자체의 적자부담을 덜어주고자 하는 충정의 발로라고 본다. 그런데 왜 반영이 안 될까. 아마 그건 2년 단위로 선거를 치러야 하는 정치권의 눈치를 보느라 정부가 납작 엎드린 탓이 아닐까 생각한다. 나처럼 근로소득이 있는 노인은 돈 내고 타고, 그렇지 못한 분들에게는 무임이용을 통해 교통복지를 누리게 하는 게 맞다고 본다.

전철에서 경로우대석(노약자보호석) 쟁탈전을 벌이는 노인들을 종종 마주한다. 사람의 외모를 보고 나이를 속단하는 일은 몇십 년 전이라면 모를까, 실수하기 십상이다. 요즘은 칠십이라고 해도 청년처럼 보이는 노인들이 많다. 그런데 외모를 보고 연하라고 착각하여 경로우대석을 양보하지 않는다고 핀잔을 주다가 급기야 '민증'까지 깐 후에 망신당하는 노인들을 가끔 봤다. 그때는 생각했다. 공짜 전철 타는 사람들은 객차의 양쪽 끝에 있는 경로우대석을 벗어나지 못하게 해야 한다고. 또 아무리 시간을 때울 목적이라 해도 출퇴근 시간대 무임승차는 자제해야 한다고. 노인들이 경로우대석을 벗어나 객차의 중간쯤으로 와서 자리에 앉아 있는 젊은이들에게 은근히 자리 양보를 압박하는 걸 보면 염치가 실종됐다고 여겼다. 먹고살기 위해, 공부하기 위해 고단한 하루를 보냈거나 보내야 할 젊은이들이 좌석에 앉는 게 맞고, 할 일 없이 하루를 보내는 노인들은 건강을 위해서도 서서 가는 게 맞는다고 생각해왔다. 그런데 막상 내가 무임이용을 해보니, 경로우대석 쪽은 쳐다보지도 않고 가운데에서 빈 좌석을 찾느라 두리번거리게 되더라. 내로남불, 표리부동의 전형이 아닐 수 없다.(2021.11.12.)

짝을 생각하다

TV 예능에 짝을 찾는 프로그램이 있다는 건 알지만 한 번도 시청해보진 않았다. 내 나이야 그런 예능과 상관없다 쳐도 과년한 아들이 한 명 집에 떡 버티고 있어 '짝'이라는 단어가 전혀 무관하다고 생각해 본 적은 없다. 날짐승도 짝이 있고, 헌 짚신도 짝이 있다는데 언젠가는 짝을 찾아 가정을 이루겠거니 자위하며 지내는 나날이다.

엊그제 주말에는 운동화를 하나 사려고 백화점엘 들렸다. 백화점이 좋은 건 여러 브랜드의 품목을 한곳에서 비교해 볼 수 있어 편리하고, 검증된 제품을 살 수 있어 조금 비싸더라도 소위 바가지를 쓸 일이 없다는 것이 아닐까 싶다.

몇몇 매장을 둘러보다가 전과 다른 점 하나를 발견했다. 원래 신발가게에서는 짝을 맞춰 한 켤레를 진열하는 게 기본으로 알고 있는데 그날 돌아본 매장들은 한결같이 신발 한 짝씩만 진열해 놓은 것이었다. 하기야 신발은 양쪽 사이즈를 동일하게 신지, 서로 다르게 신지는 않으니까 그럴 수 있겠다. 오른발은 270mm인데 왼발은 265mm를 신는 사람은 없을 테니까. 그래서 한쪽 신발만 신어보면 굳이 다른 쪽을 신어보지 않아도 문제없는 것이다. 익숙한 브랜드의 매장에서 왼쪽 신발만 진열해 놓은 것 중 몇 개를 신어보고 맞춤한 색상이 있어 찍었더니 직원이 매장 뒤편의 창고에서 오른쪽 신발을 가져왔다.

왜 신발을 한 짝만 진열하느냐고 물으니, 두 짝을 내놓으면 자리를 비울 때 슬쩍 가져가는 일이 발생해서 그런다고 했다. 이해할 수 있었다. 그것 말고도 신발을 한 짝씩만 진열하면 한정된 공간에 여러 종류의 디자인과 사이즈를 선보일 수 있어 장점이 많겠다는 생각이 들었다. 양말, 장갑 같은 물건이야 부피가 작으니 한 켤레를 모두 진열해도 무방하겠지만 구두나 운동화는 그럴 필요가 없겠다. 신발은 양쪽 한 켤레를 진열해야만 한다는 고정관념에서 벗어나 반드시 짝을 맞춰 놓을 필요가 없다는 새로운 사실을 깨달은 하루였다.

사람의 삶도 마찬가지 아닐까. 옛날에야 반드시 짝을 맞춰 생을 영위했지만, 요즘에는 동성끼리도 혼인하여 신발로 치면 왼쪽이나 오른쪽 신발만 두 짝을 신기도 하니 말이다. 아니면 그냥 한쪽 신발만 신고 다른 쪽은 맨발로 다닌다 해도 누가 뭐라 하겠나. 세상의 변화가 참 무쌍하다.

2
이발소에서 생긴 일

그냥 백두(白頭)로 살까?

코로나19로 인해 가장 뜬 사람을 꼽으라면 단연 질병관리청장을 꼽는데 아무도 이견이 없을 것이다. 그 청장의 트레이드마크가 '염색 안 한 머리'일 텐데, 나 또한 염색을 안 하면 그렇게 백두가 된다. 그래서 한 달에 한 번씩 이발소에 간다. 어떤 사람은 검은 머리를 일부러 은색이나 금색으로 칠하기도 하지만 난 흰색을 검게 칠하기 위해 간다. 보통사람들은 블루클럽이나 미용실에 가서 커트하기도 한다는데 난 꼭 이발소로 간다. 머리를 자른 후 염색을 해야 하기 때문이다. 그래서 시간도 남보다 더 걸린다. 남들은 10여 분만에 끝난다는데 난 최소 한 시간은 걸린다. 그것도 대기자가 없는 경우에 그렇다. 블루클럽이나 미용실에서는 머리를 안 감겨 주는 거로 아는데, 이발소에서는 염색했기 때문에 반드시 머리를 감겨 준다. 그것도 비누나 샴푸로 거품질을 여러 번 해준다. 대신 이발비도 곱이다. "하루를 즐겁게 보내려면 목욕탕엘 가고 한 주를 즐겁게 보내려면 이발소에 간다."라는 글을 어디선가 읽은 기억이 나는데 내게는 이발소 가는 일이 즐겁다기보다는 고역에 가깝다. 그래서인지 12년째 다니는 동네 이발소 사장님과도 거의 대화하지 않는다. 그의 신상에 관심이 없고 그도 내 신상에 관해서도 묻지 않는다.

염색의 장점은 겉모습을 젊게 보이게 한다는 것이다. 생선가게에서 진열해 놓은 생선에 주기적으로 물을 뿌려서 싱싱하게 보이게 하는 정도의 효과랄까. 반면에 단점은 여럿이다. 우선 시력이 안 좋아지는 느낌이 든다. 과학적으로 규명됐는지는 차치하고, 염색하고 나면 사물이 희뿌옇게 보이는 걸 체감한다. 또 피부도 거칠어지고 가려움증도 생긴다. 이발 시간이 오래 걸리고, 이발비가 곱절로 들어가는 건 앞에서 얘기한 바와 같다.

이발소에 다녀온 후 2주가 지나면 정수리와 이마 부분, 그리고 양 눈썹 끝에서 귀부분에 서리가 앉기 시작한다. 물론 눈썹도 조금씩 하얘져 가고. 그때면 집에서 땜질식의 1차 염색을 해야 한다. 전에는 아내가 도와줬는데 귀찮아하는 눈치여서 나 혼자 한지도 벌써 10여 년 됐다. 그렇게 한 주를 보내고 3주째에 또 한 번의 땜질을 한다. 그리고 4주째가 되면 이발소에 가야 한다. 어쩌다 일정에 쫓겨 한 주가 지연돼 5주째에 이발하는 때도 있는데, 그때는 주위 사람들로부터 "아니, 염색하세요?"라는 듣기 싫은 질문을 들어야 한다. 정수리 부분이 하얗게 변하는 모습을 들킨 것이다.

이발소를 2주에 한 번씩 간다면, 집에서 염색하는 수고로움을 피할 수 있고 늘 같은 모양, 같은 길이의 머리칼을 유지할 수 있어 좋겠다는 생각을 했다. 그러나 문제는 돈이 더 들어간다는 점과 약을 바르고 마르기를 기다리는 시간이 참으로 무료하다는 점 때문에 실행하지 못했다. 이 대목에서 대통령은 전용 이발사(효자동 이발사와 같은)가 있어 참 좋겠다는 생각을 가끔 해본다.

집에서 염색하는 모습은 내가 봐도 가관이다. 웃통을 벗고(나중에 벗으면 염색약이 옷에 묻으니까) 염색약을 흰 머리칼에 충분히 칠한 후 약이 잘 지워지게 피부에 비누 거품을 발라 준다. 정수리를 비롯한 이마 부분은 그런대로 괜찮은데 양 눈썹이 문제다. 원래 숱이 많은 눈썹에 약을 칠하면 마치 판다처럼 큰 다크 서클이 생겨난다. 그 상태로 약 15분 동안 소파에 앉아 마르기를 기다려야 한다. 아내는 그 명장면을 찍겠다고 카메라를 들이밀기도 하는데(물론 장난이지만), 만약 그런 짓을 하면 대형사고가 날 거라고 엄포를 놓은 덕분에 아직까진 별 탈 없다.

가끔 아내에게 묻는다. "나 이제 염색 졸업할까?"
아내가 대답한다. "그때부턴 같이 다닐 일이 없을 거야!"
머리가 하얀 남자와 같이 다니면 남들이 부녀지간으로 볼 수도 있다나. 나는 혼자 속으로 생각한다. '딸은 그렇고 아마 애첩으로 생각할 수는 있겠네.'
백두로 그냥 지내기는 나도 싫다. 어쩌다 젊은 여인네와 밥 먹을 일이라도 생긴다면, 상대방이 꺼릴 게 분명하니까. 반대의 경우라도 내가 싫다.

이발소에서 생긴 일

통상 4주에 한 번 이발하는데 이번에는 여행을 다녀오느라 한 주를 건너뛰었더니 머리카락이 많이 자랐다. 자란 머리카락이야 빗질을 하면 단정해지지만 염색한 부분이 탈색되어 희끗희끗해진 건 아주 볼썽사나웠다. 내 눈에도 그럴진대 남들 눈에는 얼마나 추해 보일까 싶어 금요일 저녁 5분 먼저 퇴근하여 이발소로 달려갔다.

늘 그렇듯이 이발소에서 차례를 기다리는 건 딱 질색이라 오늘도 내 앞에 손님이 없기를 바라면서 문을 열고 들어섰는데 다행히 다른 손님은 없었다.

전에 12년 동안 다니던 이발소가 갑자기 문을 닫은 후 이곳으로 옮긴 지 2년째인데 건물 외관은 물론 내부까지 꾀죄죄하여 쉽게 친근해지지 않는다. 선반 위에 내려앉아 있는 머리칼이며 먼지, 면도할 때 쓰려고 잘라놓은 신문지 조각, 주인 여자가 가끔 들락거리며 채워놓는 수건들. 재건축 지역에 포함되어 헐릴 날이 얼마 남지 않았다며 주인이 한숨짓던 것으로 보아 앞으로 이발소 외부는 물론 내부가 바뀔 일은 결코 없을 것 같았다.

그러고 보니 이발소야말로 재료비가 전혀 안 들어가는 순수하게 인건비를 따먹는 업종이다. 물론 염색약이라든가 수도료, 전기료가 들긴 하겠지만 AI가 넘볼 수 없는, 22세기에도 기계로 대체할 수 없는 직업이 아닐까 싶다. 요즘 젊은이들은 대부분 미용실에서 머리를 자르기 때문에 손님이 줄었다지만, 기계화·자동화의 흐름과는 무관하게 지속 가능한 기술 중의 기술이겠다.

싹둑싹둑 가위질이 다 끝나고 다음은 염색할 차례인데 손님 하나가 문을 빼꼼 열고 소리쳤다. "이발할 수 있어?" 주인과는 서로 잘 아는 사이인 듯 대뜸 반말이었다. 금방 끝나가니 들어와서 기다리는 말에 "막걸리 한 잔만 더 마시고 올게!"라고 사라졌다. 염색이 거의 끝나갈 즈음 좀 전 그 손님이 들어오니 실내에 쉰 옥수수 냄새가 진동했다. 그 양반 얘기로는 막걸리 다섯 잔을 먹고 석 잔을 더 마셨다는데, 나도 술을 마시지만 좁은 실내에서 시큼한 막걸리 냄새를 맡으려니 속이 거북하다 못해 불쾌했다.

그때부터 두 사람의 대화가 시작됐다. 염색약이 마르기를 기다리는 나로서는 귀를 막고 있을 수도 없는 시간이었다. 얼굴에 하얀 반점이 있어서 '얼룩이'라 불린다는 그들의 지인은 여태껏 처가 덕으로 살아왔는데, 그 처가가 재개발구역에 편입돼 보상금을 수억 원 정도 받게 되어 팔자가 더욱 늘어졌다고 했다. 또 누구는 군인 출신으로 많은 연금을 받는데 나이가 90이 되었는데도 아침부터 막걸리를 마신다는 얘기. 그들의 대화는 오토바이 타는 대목에서 정점을 찍었다. 두 사람 다 오토바이 마니아인 듯 며칠 전 오토바이를 타고 강원도에 다녀오다가 길을 잘못 들어 종일 고생했다는 주인장의 얘기. 소싯적 남의 오토바이 빌려 뒤에 여자를 태우고 홍천에 다녀오다가 막걸리에 취해 일곱 번이나 논바닥에 처박혔다는 상대방의 얘기가 오고 가느라 옆에 있는 손님인 나는 아예 안중에도 없었다. 가만히 듣고 있으려니 스멀스멀 부아가 치밀어 올랐다. 기차 화통을 삶아 먹은 듯, 목소리는 어찌나 큰지 귀가 먹먹할 정도여서 몇 번 헛기침하기도 하고 몸을 일으켰다 앉았다 하며 시그널을 보냈으나 대화에 몰두한 그들의 무용담은 그칠 줄 몰랐다. 더는 참을 수가 없어 "아휴, 귀청 떨어지겠네!" 혼잣말하고 일어서니 그제야 말을 그친 주인이 미안한 듯 "이제 머리 감으세요!"라고 했다. 염색은 보통 15~20분 후에 감아야 하는데 30~40분은 족히 지난 듯했다.

주인장이 머리를 다 감겼다고 해서 세숫물에 얼굴을 씻으려 거울을 보니 눈썹 부분의 염색약을 제대로 닦아내지 않아 마치 판다의 그것처럼 눈 주위가 시커멓다. "사장님, 눈썹은 안 지웠네요." 하니 "아이고 죄송합니다. 거길 못 봤네." 한다. 못 본 게 아니라 잡담하느라 손님에게 소홀한 거지. 서비스업 종사자가 손님은 의식하지 않고 자기들끼리 희희낙락하는 꼴을 보이더니, 울컥 화가 치밀었다.

　근데 문제는 거기서 그치지 않았다. 반소매 와이셔츠를 벗지 않고 옷깃만 접어 목을 드러내고 이발했는데 검은 보자기를 뒤집어씌웠다지만 염색을 하는 과정에서 약이 옷에 묻은 것이었다. 마치 까만 점을 여러 개 뿌려 놓은 것처럼. 주인은 강력세제를 뿌리면 지워질 거라고 했으나, 흰색 바탕 위에 흩뿌려진 염색약이 지워질 리는 만무해 보였다. 주인이 건네는 사과성 발언들에 한마디 대꾸도 안 하는 것으로 내 심사를 표현하고 "죄송합니다."라는 뒤통수에서의 외침에도 무언으로 일관했다. '다시는 이 집에 오나 봐라!' 속으로 다짐하면서 서둘러 발걸음을 옮겼다.

　집으로 와서 와이셔츠를 벗어보니 아뿔싸! 옷깃 뒤쪽에 염색약이 시커멓게 묻어 있는 게 아닌가. 이발소에서 봤던 까만 점은 아무것도 아니었다. 주인이 염색하면서 잡담에 열중하느라 약이 흘러 옷깃으로 스며든 걸 몰랐던 것 같았다. 셔츠 하나를 완전히 버리고 말았다. 응당 변상을 요구해야 할 터이지만 그 주인 양반과 더는 말을 섞고 싶지 않아서 관두기로 했다. 셔츠를 돌돌 말아 종량제봉투에 집어 던지면서 생각했다. 나쁜 기억일수록 빨리 잊어버려야 한다고. 다시는 그 이발소에 안 가면 그만 아닌가. 요금을 조금 더 내더라도 그런 시골스러운 곳 말고 좀 더 정갈하고 청결한 곳을 찾아봐야겠다. 세상은 넓지만 아직은 이발소도 많으니까.(2023. 6. 19.)

다시 이발소를 찾아

　염색약 묻은 반소매 와이셔츠를 버린 사건 이후, 그 집과는 결별하고 거리가 조금 떨어진 곳에서 다른 이발소를 발견했다. 새로운 이발소를 가게 된 날, 이칼 스타일을 물으면 뭐라고 주문할까 고민하다가 그냥 믿고 맡겨 보기로 했다. 12년을 다닌 이발소에서는 어찌어찌 잘라 달라 따로 주문하지 않아도 적당히 정리해줬다. 이발을 마치고도 머리카락을 자른 듯 만 듯 다듬었기에 아내로부터 "이발한 거야?"라는 질문을 받았었다. 의자에 앉자마자 머리카락을 받아내는 '보자기'를 목에 두르더니 다짜고짜 바리캉으로 뒷머리부터 밀기 시작한다. '너무 바짝 자르면 염색한 부분이 금방 드러날 텐데.' 하고 걱정하면서도 한번 소신껏 해보도록 그냥 놔뒀다. 뒷머리에 이어 앞머리도 가위로 싹둑싹둑 잘라낸다. 왼 가르마를 타려면 앞머리는 어느 정도 길어야 하는데 너무 바짝 자르지 않나 염려하면서….

이발소를 35년째 운영한다는 새 사장님은 자기 솜씨에 대한 자부심이 대단했다. 손님에게 물을 것도 없이 자기만의 방식으로 가위질을 고수하면서 "다 됐습니다." 한다. 거울 속에 비친 내 모습을 보니 머리칼이 너무 짧다. 그러나 어쩌랴! 이미 다 잘린 머리칼인데. 아니나 다를까, 집에 오니 "머리가 짧으니 더 젊어 보이네!" 아내가 품평했다. 내 생각처럼 너무 많이 잘라냈다는 의미다. 그러나 나이 70을 향해 가다 보니 '젊어 보인다.'라는 말이 예전과 다르게 느껴지는 걸 어쩌랴. 머리가 짧아서 젊어진다면 아예 스포츠형으로 자르는 것도 마다하지 않겠다.(다음에는 더 짧게 잘라달랄까?)

3
지방자치 만만세

물 먹이는(?) 동대문구

주말, 아내와 함께 걷는 코스는 늘 일정하다. 중랑천 변이나 둑길(장안 벚꽃길)로 해서 월계동까지 다녀오면 9천 5백 보쯤 된다. 굳이 만 보를 채우려면 집 근처 채소 가게에 들렀다 오면 딱 맞다. 요즘 같은 날씨엔 언제 스콜성 소나기가 쏟아질지 몰라 작은 배낭에 물통 하나와 우산 2개를 넣고 다닌다. 어쩌다 초코바나 단백질바라도 집어넣을라치면 혈당이 높아지느니, 칼로리가 어떻다느니 잔소리를 해서 그냥 가는 게 귓속이 편하다. 뱃속은 조금 허전할지라도. 젖과 꿀이 흐르는 땅을 바라보면서 칼로리와 콜레스테롤을 따지는 게 현대인이라지만 산책길에 군것질거리 하나도 맘 놓고 먹지 못하냐고 구시렁거리지만 차마 입 밖에 내진 못한다.

8월 들어 찜통더위가 지속하니 산책로 주변 곳곳에 생수대가 설치됐다. 내가 사는 동대문구에서 성북구를 거쳐 노원구까지 갔다 돌아오는 코스에 각각의 구청에서 설치한 생수 냉장고가 세 군데나 있으니 이젠 가방에 물을 넣어갈 필요가 없다. 작년에 노원구에서 월계동에 처음 설치했었는데 반응이 좋아서인지 다른 구에서 벤치마킹한 것이다. 세상에! '물 권하는 사회, 물 먹이는 지자체'라니, 30년 전이라면 감히 상상이나 했겠는가. 1991년 지방의원선거, 1995년 지방자치단체장 선거로 부활한 지방자치 시대는 우리

생활의 많은 곳에 변화를 가져왔다. 권위주의 시대에는 상상하지 못했을 일이 일상화됐다. 우선 산책로를 보자. 그 옛날 중랑천 변은 하수도 냄새가 코를 찌르고 날 파리들이 우글거리던 공간이었으나 분류하수관로를 설치하여 악취가 없어졌고 하루살이 같은 미물도 찾아보기 어렵다. 그뿐인가, 철 맞춰 다른 꽃을 심고 아기자기하게 가꿔 놓아 마치 내 집 정원을 거니는 듯한 느낌을 준다. 장마철이나 태풍이 지나갈 때 해마다 두세 번은 둔치가 침수되어 복구에 많은 인력과 예산이 소요되는 문제점이 있긴 하지만 바람직하게 변화한 건 사실이다. 거기에 자전거 도로를 따로 만들고 군데군데 체육시설들을 설치하여 주민의 건강증진에도 이바지하고 있다. 또 산책로의 화장실은 어떠한가. 옛날의 '공중변소'가 아닌 '화장실'은 진화를 거듭하고 있다. 한여름에 에어컨이 나오고 사철 온수가 나오며 잔잔한 음악까지 흘러나오는 곳이 지방자치시대 우리 주변의 공중화장실이다.

'발에 의한 투표'라고 하는 「티부 가설(Tiebout 假說)」은 주민들이 지역 간에 자유롭게 이동할 수 있어 그들의 선호에 따라 지방 공공재 공급의 적정 규모가 결정될 수 있다는 이론이다. 이 가설은 개개인들이 지역 간의 자유로운 이동을 통해 자신들의 선호에 맞는 지방 정부를 택하는 '발에 의한 투표'를 행사할 수 있다는 가정에 근거하고 있다. 그러니까 호수공원을 좋아하는 주민은 일산을 거주지로 선택하고, 올림픽공원이나 잠실주경기장의 체육시설을 이용하고 싶으면 송파구로 이사 감으로써 스스로 지방 정부를 선택할 수 있다는 말이다. 어떤 신혼부부는 둘째를 낳기 위해 출산 수당을 많이 주는 지자체로 옮겨갈 수 있는 것이다. 그러나 그 가설을 정립한 학자(Tiebout)는 21세기 대한민국의 집값까지는 고려하지 못한 것으로 보인다.

집값의 차이가 워낙 크니 강북에서 어찌 감히 송파구로 이사 갈 엄두를 낼 수 있겠나. 그래서 4월이면 벚꽃 천지가 펼쳐지는 장안동이 가깝고 5월이면 장미축제가 열리는 중랑구 묵동이 지척인 곳, 여름이면 산책로에서 '물 먹이는' 동대문구가 나는 좋다. (2022.8.14)

번호판 떨어져 낭패 본 사연

'호미로 막을 것을 가래로 막은 일'이 있었다. 자동차 번호판이 떨어져 나간 탓이다.

이번 주 초 남양주시 정약용도서관에서 교육을 받고 귀가하던 길에, 석계역 근처에서 주문한 포장 음식을 받아들고 길옆에 잠시 주차해둔 자동차의 문을 열려다 깜짝 놀랐다. 앞 번호판이 없는 거였다. 번호판이 없으니 과연 이 차가 내 차가 맞는지 분간이 어려웠다. 설마 공무원들이 불법 주차 단속하면서 번호판을 떼 갔나? 불과 1~2분 사이에 그럴 리는 없었다. 자동차세를 체납하면 번호판을 떼 가는 건 봤지만 무단주차 차량의 번호판을 떼 갈 리는 만무했다. '황당하다.'라는 말은 이런 경우에 쓰는 게 맞겠지.

차에 오르며 곰곰이 생각해 보니, 북부간선도로 어디쯤 공사장 부근을 달릴 때 덜커덕 소리가 났던 것 같은데 그때 번호판이 튕겨 나간 게 틀림없었다. 올 초 어느 골목길을 지나다가 자동차 앞부분이 담장 모서리를 스치면서 번호판이 찌그러지고 플라스틱 프레임이 깨진 일이 있었는데 그때 고치지 않고 그냥 운행한 게 사달이 난 것이다. 속담에 '호미로 막을 것을 가래로 막는다.'라고 했는데 딱 내 경우를 일컫는 말이 됐다. '커지기 전에 처리하였으면 쉽게 해결되었을 일을 내버려 두었다가 나중에 큰 힘을 들이게 된 경우를 비유적으로 이르는 말'이라는 속담 풀이와 싱크로율이 딱 들어맞으니 말이다.

다음 날 아침 가까운 구청 자동차민원실을 찾아갔더니, 경찰서에 번호판 분실신고부터 하고 다시 오라는 것이었다. 번호판만 다시 제작해주면 되지 뭐 하러 경찰서까지 다녀오라는 걸까. 설명을 들어보니 잃어버린 번호판을 누군가가 악용하던 '대포차'에 사용될 수 있고, 그 결과는 오롯이 내 책임으로 돌아올 수 있다는 설명이었다. 거기 덧붙여 번호판 없이 운행하는 차를 누군가가 사진 찍어 불법 차량으로 신고하면 50만 원의 과태료가 부과될 수도 있다고 했다. 그 말을 듣고는 경찰서 가는 길 내내 비상등을 켜고 갔다.

경찰서에서의 분실신고도 간단치가 않았다. 보험료 때문에 차량을 아내와 공동명의로 했는데 두 사람이 같이 오지 않으면 못 온 사람의 위임장과 인감증명서가 있어야 한단다. 갈수록 태산이었다. 할 수 없이 집에 있는 아내에게 연락하여 택시 타고 경찰서로 달려오게 했다. 차라리 어제 운행했던 도로를 되짚어가서 길바닥에 번호판이 뒹굴고 있는지 찾아보는 편이 나을 뻔했다는 생각도 들었다. 그러나 조바심 내 봐야 소용없고, 후회해도 소용없는 일, 시간이 지나니 아내가 도착했고 필요한 서류도 발급받을 수 있었다.

다시 구청 민원실로 가서 서류를 작성하고 앞뒤 번호판을 새로 만들어 줘서 일은 끝났다. 근데 자동차번호가 바뀌니 또 조치할 절차들이 있었다. 보험회사에 번호변경 신고하고, 아파트관리실에서 주차증을 새로 발급받아

차에 부착하고… 또 후속 조치할 일이 뭔가 있을 것 같은데 차차 생각하기로 했다.

처음 번호판이 망가졌을 때 구청에 물으니 28,000원이 든다고 했는데 이번에 합계 57,800원이 들었다. 애초에 번호판을 한 개만 새로 제작하면 됐을 일을 괜히 키워서 두 개를 다 바꿔야 했기 때문이다. 그러나 정작 아쉬운 건 딴 데 있었다. 전 차량의 뒤 번호는 '1472'로 '일사천리'로 발음되어 매사가 일사천리일 것 같은 행운의 숫자였는데 그걸 놓쳤기 때문이다. 차 앞부분에 나사를 박아 부착해 둔 번호판이 떨어져 나갈 줄 누가 생각이나 했겠는가. 시간 뺏기고, 돈 들이고, 아내한테 지청구를 들어가며, 경험하지 않아도 될 일을 체험하고 말았다.

호미로 막을 일은 미리미리 호미로 막아야지, 괜히 놔두었다가 가래로 막거나, 가래로도 못 막을 일을 당하고 말았다.(2024.5.24)

하방이라는 이름의 탈서울

최근 서울 북부지역의 구축(24년 된) 아파트를 떠나 경기 북부지역으로 하방(遐方, 下放)했다. 공기 좋은 곳에서 살고 싶다는 가족의 열망을 실현하기 위해 정든 서울을 떠나 많은 것이 불편해 보이는 신도시로 이사한 것이다. '이제 와 새삼, 이 나이에' 재테크를 하겠다기보다 현대적 시설, 특히 피트니스 센터를 갖춘 새 아파트를 찾아 옮겨 간 것뿐이다.

서울 강남권의 한 아파트 전용 84㎡가 50억 원에 거래됐다는 뉴스를 들으며 상대적 박탈감이 엄습했지만 먼 남의 나라 얘기로 치부하고 나니 마음은 잔잔했다. 두 자릿수가 아닌 겨우 한 자릿수 '억 원'에 불과한 아파트지만 서울에 내 집이 있다는 자부심 하나로 버티며 별 욕심 없이 살아왔는데 이제부터는 서울에서 멀리 떨어진 변방 사람이 됐다고 생각하니 착잡한 심정이다. 그래도 다행인 것은 서울 집을 전세 놨기에 2년 후에 다시 돌아갈 희망의 끈은 남아 있는 셈이다.

'하방'이라는 용어는 2022년 3월 어느 정치인이 시도지사에 출마하면서, 중앙은 대통령 당선인에게 맡기고 자기는 하방하기로 했다고 할 때 접한 바 있다. 사전에는 2가지 뜻으로 나눠 설명하고 있다. 첫 번째 '하방(下放)'은 중국 공산당이 고급 간부들의 관료화를 막기 위해 그들을 공장이나 지방으로 내려보내 현장학습을 하도록 해서 인민 위에 군림하지 말고 정신노동자와 육체노동자 간의 거리감을 없애고 농촌을 근대화시키고자 했던 정책을 말한다. 또 하나의 '하방(遐方)'은 서울에서 멀리 떨어진 지방을 의미한다. 아마 위 정치인은 두 가지 의미를 복합적으로 사용하면서 전자에 방점을 뒀던 듯하다.

그렇다면 나의 하방은 어느 경우인가. 지방에서 뭘 배워 다시 서울로 올라갈 계제는 아니고 그저 가족이 모두 서울에서보다 건강해진다면 더 바랄 것이 뭐 있겠는가. 그 과정에서 서울 집값이 조금이라도 오른다면 작은 이익일지언정 '횡재'로 받아들여 남은 세월을 더욱 해피하게 지낼 수 있을 것 같다. 한국에서 집은 개인들이 사적으로 마련해놓은 노후대책이라고 한다. 학자들은 그걸 '숨겨진 복지국가'라고 부른다던데 서울 강북에 있는 낡은 아파트가 내 노후대책이라니 더욱 애지중지해야 할 일이다.

　지방은 교통편이 큰 문제다. 인생 1막 시절에도 전철로 30분 내외 거리에서 출퇴근했는데, 2막 중인 지금 자동차로 1시간 내외 거리를 통근하려니 이건 아니다 싶다가도 장점만을 떠올려 좋은 쪽으로 생각하기로 했다. 무엇보다 자동차를 두고 가면 대중교통이 여의치 않아 저녁 약속 잡는 걸 주저하게 된다. 그래서 옆지기는 환호작약(歡呼雀躍)까지는 아닐지라도 매우 좋아한다. 술 먹고 늦게 들어오는 모습을 안 봐도 되기 때문이다. 주말 나들이 할 곳과 명승고적지가 지척에 널린 것, 우리 부부가 최애하는 온천이 가까운 것은 덤이다.(2024.8.2.)

강원도 동백나무

　산수유와 비슷하게 생긴 생강나무를 '동백나무'라 부르다니, 강원도 사람들은 앨리스가 사는 이상한 나라의 사람들인가. 그러나 문화가 다른 것을 하급(下級)하다 여길 수 없듯이 나무 이름, 꽃 이름을 달리 부른다고 이상한 사람들이라 치부하면 안 되는 것이다.

　지난 주말, 갑자기 닭갈비가 땅긴다는 옆지기의 요청에 김유정역 '실레이야기길'을 다녀왔다. 닭갈비는 '숯불'과 '철판' 두 가지가 있는데, 숯불은 맛있기는 하나 고기가 타고 암을 유발한다는 검정을 먹어야 해서 우린 늘 철판을 택한다. 국도를 드라이브하는 것도 운치 있지만, 1시간여의 차량운행에 닭갈비만 먹고 온다는 것은 내 취향이 아니다. 하여 김유정역에 있는 금병산을 올라야 마땅하건만 허리가 아프다는 옆지기의 사정을 고려하여 '실레이야기길'을 순례하기로 했다.

   김유정 문학촌 주차장에 주차하고 실레길 초입으로 들어서자니 동네 할머니들이 냉이 나부랭이를 들고나와 길가에서 팔고 있었다. 달래가 있으면 사고 싶었으나 찾는 건 없어 그냥 지나쳤고. 과수가 심어진 밭에는 퇴비를 잔뜩 쌓아 뒀는데 일부는 이미 시비한 듯 계분(鷄糞) 냄새가 진동했다. 옛날처럼 인분을 쓰지 않고 동물의 배설물을 잘 처리하여 거름으로 쓰니 그깟 냄새쯤은 다행이라고 해야겠다.

   '책과인쇄박물관'이라 적힌 예쁜 건물을 지나서 한참을 올라가니 노란 꽃이 매달린 나무 옆에 춘천시에서 세워둔 표지판이 있었는데 다음과 같이 쓰여 있었다.
   "동백나무(생강나무). 생강나무는 녹나뭇과의 식물로 잎이나 가지를 꺾으면 생강 냄새가 나서 생강나무라 부른다. 산동백나무라고도 부르며 꽃은 이른 봄에 산속에서 노란색으로 가장 먼저 피고 꽃이 필 때 짙은 향내가 난다." 산수유나무와 비슷한데 뭐 뭐가 다르다는 말도 덧붙여 있었다. 생강나무를 동백나무라 하고, 그 꽃을 동백꽃이라 한다니 남도 사람들이 들으면 비웃을 수밖에 없겠다. 아무리 그래도 생강나무가 동백나무일 수는 없지.

   남도의 동백은 세 번 핀다고 했다. 나무에서 한번 피고, 땅에 떨어져서 한 번 피고, 사람의 가슴 속에서 또 한 번 핀다던가. 송창식의 노래 〈선운사〉 가사가 떠오른다.

'선운사에 가신 적이 있나요/ 바람 불어 설운 날에 말이에요/ 동백꽃을 보신 적이 있나요 /눈물처럼 후드득 지는 꽃 말이에요 /나를 두고 가시려는 님아 /선운사 동백꽃 숲으로 와요~~'

강원도에는, 특히 춘천에는 닭갈빗집 천지다. 김유정역의 닭갈빗집 이름들에는 봄봄과 점순이가 빠지지 않는다. 우리가 먹었던 그 집은 이름에 '김유정'이 들어있었다.(2025.4.7.)

4
산이 좋아 산에 간다네

레깅스가 등산복 하의라니

취미가 뭐냐는 질문에 늘 '등산'이라고 답하곤 한다. 골프는 안 하느냐고 물으면, '의사가 하지 말라고 했다.'라고 대답한다. 20여 년 전 허리디스크 수술을 받았는데 그때 교수님이 골프나 테니스 같은 운동 대신 등산과 수영을 권했기에 거짓말이 아니다. 경제적인 이유로 골프를 치지 않는 건 아니라는 항변을 담았기에 그럴듯한 변명이라 여기고 있다.

산이 좋아 모였기에, 모임 명칭도 'ㅇㅇ산우회'인 동호회원 몇 분과 올해 5월 말경 설악산 공룡능선코스를 등반하기로 계획을 세웠다. 모임에서 주로 서울 근교를 산행했기에 설악산, 그것도 전문가 영역으로 꼽히는 공룡능선은 긴장되는 코스였다. 그래서 출발 전에 총 4번의 체력단련 기회를 갖기로 했고 그 첫 시도로 지난 주말 도봉산을 등산했다. 우이동 대한상회에서 모여 우이암, 도봉 주능선, 신선대, Y 계곡, 포대 능선(우회), 사패산, 회룡역까지 6시간의 여정이었다. 말하자면, 북한산, 도봉산, 사패산을 종주한 셈이다.

누구 갈마따나 산은 동네 뒷산이나 히말라야나 오르기 힘든 건 마찬가지다. 요샌 어느 산이나 등산로 곳곳의 위험 구간에는 데크(deck) 같은 계단을 설치해서 오르기는 안전하나 대신 무릎에 부담이 많이 간다. 이번 코스도 그랬다. 우이암에서 오봉이 바라보이는 능선을 오를 때, 신선대를 지나 포대 능선 정상 부분을 오를 때는 많이 힘들었다. 일행 중 한 분은 힘들 때마다 공룡능선의 험한 구간을 연상하며 고통을 참아냈다고 하는데, 난 몇 년 전 중국 황산을 오르던 일을 기억해내며 그보다는 낫다고 스스로 위로했다.

아주 오래전에 읽었던 어느 소설의 한 대목이 생각난다. 여러 개의 꼭지로 구성된 이야기의 하나로 기억하는데, 6·25 전쟁 중 힘겹게 행군하는 신병에게 선임병들이 힘 안 들이고 행군하는 비법을 알려준다. 그 노하우인 즉, 걸으면서 여인의 옷을 하나씩 벗기는 상상을 하면 힘이 덜 든다는 것이다. 그래서 신병도 따라 해보지만 이내 낭패를 본다. 그가 만나본 유일한 여자는 어느 여름, 해수욕장에서 만난 대학생이다. 그녀는 수영복만 달랑 입고 있었기에 아무리 옷을 천천히 벗기는 상상을 해봐도 불과 몇 초 만에 끝나고 만다. 고통을 잊을 시간이 너무 짧은 거다. 겨울에 옷을 많이 입은 여자를 만났다면, 한 꺼풀씩 천천히, 오래 벗길 수 있었을 텐데….(기억이 맞는지 모르겠으나 대충 그런 내용이었던 것 같다.)

그 병사는 젊은 20대였으니 그런 상상으로 고통을 잠시 잊었을지 모르나 그보다 3배 이상의 세월을 삼킨 사람이 같은 방법을 적용할 순 없는 법. 쾌락의 순간을 회상하는 대신 더 고통스러웠던 순간을 끄집어내 위기를 넘겼다. 당시 황산은 케이블카 보강공사 중이라 남들은 케이블카로 오르던 코스를 우린 걸어서 올랐었다.

언제부턴가 젊은 여성들의 등산복 하의가 레깅스로 바뀌었다. 어떤 기사를 보니 청계산을 찾는 20~30대 여성의 90%가 레깅스를 입었다고 한다. 도봉산에서도 젊은 여성 중 레깅스를 착용한 사람을 꽤 많이 만날 수 있었다. 마주쳐 지나가는 경우는 상관없으나 오르막길을 뒤에서 따라갈 때는 시선을 둘 곳이 없어서 정말 난감했다. 입는 사람은 편할지 모르나 보는 이들이 불편하니 제발 집에서 입되, 산에서는 입지 말라고 할 수도 없는 노릇이다.

몇 년 전 버스에서 레깅스를 입은 여성의 뒷모습을 몰래 촬영한 행위에 대해 대법원의 최종심에서 성범죄로 보고 처벌할 수 있다는 판단을 내렸다고 한다.(중앙일보 2021.1.6) 신체 노출이 비교적 적은 일상복을 입고 있더라도 당사자 의사에 반해 몰래 촬영하는 건 성적 욕망 또는 수치심을 유발할 수 있는 행위라고 본 것이다. 이 판결은 1심 유죄 → 2심 무죄 → 3심 다시 유죄로 파기 환송되어 세간의 관심을 모았던 사건이다. 당시 피고인 측은 "피해자는 레깅스를 일상복으로 활용하며 대중교통까지 탄 점을 고려하면 성적 욕망의 대상이 된다고 볼 수 없다."라며 몰래 찍은 건 맞지만 통상적으로 눈에 보이는 시야를 촬영한 것이라며 무죄를 주장했었다. 그러나 대법원은 "카메라 등 이용 촬영죄의 대상이 되는 신체가 반드시 노출된 부분으로 한정된 건 아니다."라며, "이 사건처럼 엉덩이와 허벅지 굴곡이 드러난 경우에도 성적 욕망이나 수치심을 느낄 수 있는 신체에 해당할 수 있다."라고 설명했다.

레깅스 입은 모습을 촬영하지 않고 눈으로만 봤으니 죄가 될 리는 없겠으나 앞으로 시선 처리의 불편함과 민망함 때문에도 근교 산은 가지 말아야 할까 보다.(아무래도 공룡능선 등산길에는 그런 복장을 한 여성들이 없을 것 같다.) 이러다가 발레복을 입고 산을 오르는 남성이 나타날 수도 있겠다. 그때 여성들은 어떤 반응을 보일지 궁금하다. 아마 지금의 나와 같지 않을까.

공룡능선을 넘으며

공룡능선을 걸으면서 '사선을 넘다.'라는 말을 떠올렸다면 과장된 표현일까. 어쨌든 나의 공룡능선 산행은 죽음까지는 아닐지라도 제발 성한 몸으로 출발지점으로 회귀할 수 있기를 간구한 고난의 여정이었다. 친목회원 중 산을 좀 탄다고 정평이 난 5명이 의기투합하여 콘도를 예약하고 4번의 준비 산행을 거쳐 2박 3일간의 일정으로 장도에 오른 게 지난 2021.5.30이다. 1주일 전의 예보와는 달리 산행 전날 설악산에 비가 내린다고 하니 발걸음은 그리 가볍지 않았다. 제발 기상청의 예보가 빗나갔으면 하고 바랐지만, 그 기대도 어긋나 산행 당일(5.31)에도 비를 만났다. 물기를 머금어 미끌미끌한 바윗길을 걷다가 미끄러져 손목이나 발목 부상을 하거나 뾰족한 바위 사이의 크레바스에 발목이 끼일지도 모른다는 생각을 하면 다리에 힘이 빠져 걷기도 쉽지 않았다.

위키백과에 따르면, 공룡능선은 외설악과 내설악을 남북으로 가르는 설악산의 대표적인 능선으로서, 그 생긴 모습이 공룡의 등 모습과 비슷하여 공룡릉(恐龍稜)이라 불린다고 한다. 공룡릉은 보통 마등령에서부터 희운각 대피소 앞 무너미 고개까지의 능선 구간을 가리킨다.

우리가 걸은 코스는 소공원 – 비선대 – 금강굴 – 마등령 삼거리 – 공룡능선 - 무너미 고개(희운각) - 천불동계곡 - 양폭대피소 - 비선대 - 소공원으로 약 23km 거리였다. 새벽 5시에 출발하여 오후 16시에 도착했으니 총 소요 시간은 11시간이나 됐다.

신흥사 입구의 어마무시하게 큰 불상 앞에서 기념사진을 찍을 때만 해도 가슴이 설렜다. 비선대 직전까지의 평탄한 길에서는 제법 속도도 냈다. 그런데 비선대 다리를 지나자마자 비가 왔다. 급히 우의를 꺼내 입고 스틱을 짚는데 이마에서 흐르는 땀으로 앞은 잘 안 보이고 벌써 다리가 묵직했다. 가파른 철 계단과 콘크리트 계단을 한 발짝씩 옮기는데 갑자기 선두에 가던 일행이 "어! 길이 없네!" 한다. 아뿔싸! 길을 잘못 들어 금강굴까지 가버린 것이다. '신발을 벗고 올라오세요.'라는 굴속의 안내판을 떠올리면 지금도 피식 웃음이 나온다. 삼거리에서 왼쪽으로 가야 하는데 오른쪽 금강굴로 올라간 것이다. 어이없는 건 일행 중에 그 코스를 두 번 이상 등반한 이가 3명이나 있었는데도 빗길을 생각 없이 오르다 보니 등산로를 벗어난 것이었다. 거리는 200여 미터에 불과했지만, 우중에 무려 20여 분을 허비하고 나니 낭패도 그런 낭패가 없었다.

> **눈 내린 들판을 걸어갈 때 어지러이 걷지 마라. 오늘 내가 걸어간 발자국은 뒷사람의 이정표가 되리니.**　　　　　　　－ 서산대사

4시간여를 걸어 드디어 마등령 삼거리에 도착했다. 막걸리 한잔으로 목을 축이고 간식을 곁들이니 비로소 단체 사진을 찍을 여유도 생겼다. 월요일인데도 우리와 같은 코스로 산행하는 팀이 네댓은 됐다. 바로 앞에 가던

팀(젊은 세 사람)을 만나 덕담을 건네며 금강굴로 갔던 사연을 얘기했더니 자기네는 일부러 가는 줄 알았다며 깔깔대고 웃는다.

잠시간의 휴식이 끝나고 또 고행길은 시작됐다. 안개가 잔뜩 끼어 공룡의 등이 용솟음치는 듯한 힘차고 장쾌한 모습이나 용아장성의 절경은 상상으로 만족해야 했다. 긴 세월 동안 수백만 명의 산악인이 다녀갔을 등산로는 잘 정비돼 있었다. 전에 북한산 족두리봉을 갔다가 내리막길에서 다리가 후들거려 난감했던 적이 있다. 다행스럽게 길을 잘 아는 분을 만나 발을 놓을 지점을 찍어주는 바람에 곤경을 면했는데 공룡능선 등반은 그런 위험보다는 자기와의 싸움 그 자체였다. 걸으면서 생각했다. 공룡 산행은 이번이 처음이자 마지막이라고. 앞으로는 5시간 이상의 코스는 절대 등산하지 않을 거라고. 그렇더라도 이번 산행을 무사히 마무리하는 것이 무엇보다 중요했다. 일행 5명이 모두 무사히 도착할 수 있게 해달라고 평소에는 가까이 한 적 없는 여러 신에게 간절히 부탁했다.

'석가는 무엇을 위해 설산에서 고행하였으며, 예수는 무엇을 위해 황야에서 방황하였고, 공자는 또 무엇을 위해 천하를 철환 하였는가!' 민태원의 「청춘 예찬」을 되뇌며, '나는 무엇을 위해 공룡능선에서 이 생고생을 하는가.'를 생각했다. 대의를 위해서도, 명분을 위해서도 아닌 나 자신을 위해 체력을 확인하고, 의지를 굳건히 하며 신념을 다지기 위해 자진해서 이 길을 떠나온 게 아니었는가.

스틱은 두 다리에 몰리는 부담을 네 곳으로 분산시켜 주어 많은 도움이 됐다. 전엔 내리막길에서만 사용했는데 오르막길, 특히 계단을 오르는 데 큰 힘이 됐다. 다만 급경사 지역의 철제 펜스를 지날 때는 조금 걸리적거렸지만. 산악인 엄홍길 씨와 함께 에베레스트에 다녀온 일행 중의 한 사람이 엄 씨는 평지에서도 늘 스틱을 사용한다고 귀띔 해줘 나도 항상 사용하기로 했다.

나한봉을 거쳐 희운각 대피소로 내려가기 전 무너미 고개에 도착한 시간이 12:44였으니 약 7시간 40분을 걸었다. 거기서 1시간을 더 가니 양폭대피소가 나왔다. 배낭을 벗고 모처럼 여유롭게 쉬었다. 천불동계곡이고 귀면암이고 다 소용없이 보이지도 않으니 어서 소공원에 도착하는 게 지상과제였다. 하지만 시작이 있으면 끝이 있는 법(有始有終), 절뚝거리고 휘청거리면서도 걷고 또 걸으니 비선대가 나타났다. (15:15) 원점으로 회귀한 것이다. 비선대 아래부터는 평지가 나오니 1시간 정도를 걷는 건 일도 아니다. 16:00, 드디어 설악산 소공원 주차장에 닿는 순간, 마침내 해냈다는 벅찬 마음이 밀려왔다. 2021년 나의 버킷리스트 한 줄을 지우는 순간이었다. 공룡능선 등반이라는 인생의 좌표를 하나 찍은 것이다.

속초 중앙시장에서 떠온 회를 안주로 숙소에 둘러앉아 소맥 한 잔을 들이켜니 무사히 산행을 마쳤다는 사실이 비로소 실감 났다. 길을 잘못 들어 금강굴까지 허비한 20분간의 추억은 술자리 안줏감이 되어 두고두고 소환될 것이다.

'좋은 사람과 함께하면 축제이고 나쁜 사람과 함께하면 수행'이라는 고바

야시 하루의 말처럼, 지나고 보니 공룡능선 등반이 11시간의 '수행'이 아니라 함께하였기에 멀리 갈 수 있었던 '축제'의 시간이었다고 본다.

우이령길을 걷다

일명 '김신조길'이라고 하는 서울 강북구 우이동에서 경기도 양주시 장흥면 교현리로 이어지는 '우이령길'을 다녀왔다. 1968.1.21. 김신조 일당이 청와대를 습격하기 위해 침투했던 이후로 수십 년간 폐쇄됐던 길이 시민의 품으로 돌아온 지도 어언 40여 년이 됐다(2009.7.10. 개방). 그린벨트가 사유재산권 침해라는 결정적인 흠결에도 불구하고 개발제한을 통해 자연 상태를 보전해온 공을 인정받듯이 우이령길 또한 문경새재 옛길처럼 태고의 모습은 아닐지라도 생태적인 자연의 속살을 간직하고 있어 찾는 이들에게 큰 기쁨을 준다. 교통 또한 우이신설선 경전철이 연결되어 북한산우이역에서 바로 출발할 수 있어 참 편리하다. 더욱이 우이령길은 도봉산과 북한산을 구분하는 경계로서의 의미도 있다.

옛 그린파크 자리에 건설되던 '파인 트리'라는 이름의 시멘트 건물이 8년여간의 흉물스러운 모습을 벗어버리고 '우이동 콘도미니엄개발사업'이라는 이름으로 322실의 콘도로 재탄생하는 공사가 한창 진행 중이었다. 2012년 시행사 부도 이후 형해화한 몰골이 처참했는데 많은 세월이 흐른 지금 북한산 경관 조망을 위해 동마다 2개 층씩을 잘라내는 등의 조건으로 새롭게 관광숙박 시설로 거듭나고 있었다. 그 건물을 보니 그린파크호텔 시절 부속 놀이동산인 패밀리 랜드에서 아이들 데리고 놀이기구를 타던 그 옛날이 떠올라 감회가 새로웠다.

우이령 전망대어서 바라본 오봉은 날씨가 선명하여 더욱 우람한 모습이었다. 오 형제가 머리에 돌덩이를 이고 우애 있게 앉아 있는 모습이라고도 하고, 어떤 이는 다섯 손가락처럼 생겼다고도 한다. 모든 사물은 보는 사람에 따라 달라 보이는 법이니까.

교현리에 있던, 원래 가려고 했던 식사 장소인 고깃집은 코로나19라는 쓰나미를 견디지 못한 탓인지 '임대'라는 붉은 머리띠를 두르고 원치 않은 휴업임을 시위하는 듯했다. 할 수 없이 메뉴를 바꿔 ㅇㅇ해장국 집에서 점심을 해결했다.

식사 후 편도 2시간여의 거리를 다시 넘어가려니 햇볕은 따갑고 땀이 샘솟듯 했지만, 발걸음은 상쾌했다. 반주로 마신 막걸리 한잔 덕에 알딸딸한 기분으로 어렵지 않은 산행이었다.

우이령 고개에서 내리막길을 한참 지나다 보니 '연리목'이 보인다. 올라갈 때는 못 봤던 그 나무. 표지판도 없기에 그냥 지나칠 뻔했는데 누군가가 알려줘서 잽싸게 사진을 찍었다. '연리목'은 "뿌리가 서로 다른 나무의 줄기가 이어져 한 나무로 자라는 현상"이라고 사전은 풀이한다. 팽나무인 듯 매끈한 나두줄기가 서로 연결되어 두 줄기가 한줄기로, 다시 두 줄기로 뻗어 나가 마치 지극히 사랑하는 남녀의 모습을 떠올리게 했다. '연리지'도 희귀하지만 '연리목'도 흔치 않은데 국립공원 측에서 접붙이기한 걸까. 그랬다면 아마 표지판이라도 세웠을 텐데.(2020.6.13.)

5
사는 곳이 어디든

소림사를 다녀오다

"이 종소리 온 누리에 두루 울려서
듣는 중생 다 같이 해탈하여 지이다."

소림사 일주문 양쪽 기둥에 쓰여 있는 글이다. 종은 일주문 위쪽에 걸려 있다.

부처님이 이 땅에 오신 지 2568년, 석가모니 탄신일을 맞이하여 주지 스님과 인연이 있는 종로구 홍지동 소재 소림사를 찾았다. 이연걸이 나오는 소림사가 아니라 조계종 산하 소림사(少林寺, 1396년 창건하여 1817년 중건하였다고 한다) 말이다. 초행길이지만 근처에 세검정(洗劍亭)이 있어 찾기 쉬웠는데 깎아지른 듯한 언덕배기에 어찌 절을 짓겠다는 생각을 했을까, 600여 년 전 중생을 제도하고자 했던 혜철 선사의 지혜를 헤아려 봤다.

원래는 그날 서울 둘레길 12코스를 걷기로 했는데 일행 중 1명이 불참하게 되어 산행은 순연됐다. 갑자기 하루 일정이 없어지니 벽에 구멍이 뚫린 양 휑하게 느껴졌다. 빈 일정을 무엇으로 채울까 궁리하다 얼마 전 부처님 오신 날 행사계획을 알려주시던 주지 스님이 생각나 소림사를 방문하기로 한 것이다. 주지로 부임하신 지 4년여가 되어 가는데 첫 방문이고, 그것도 부처님오신 날 행사를 하는 곳을 혼자 가긴 좀 뻘쭘했다. 그래서 동행을 찾다 보니 마침 사찰 소재지 구청에 근무하는 후배가 기꺼이 응해줘 혼자 가는 민망함을 덜게 되었다.

오후부터 비가 올 거라는 예보를 무시할 수 없어 짧은 우산 하나 챙겨 들고 전철을 탔다. 휴일인데도 승객이 많았다.(휴일이라서 많은 건가?) 전철에서 눈에 띄는 광경은 젊은 여성들이 콤팩트를 꺼내 들고 화장을 고치는 것이었다. 내 앞 건너편에도, 바로 옆에도 두 명이나 있었고 대각선 쪽에도 한 명이 더 있었다. 화장 고치는 일은 이 쑤시는 일처럼 남이 안 보게 은근슬쩍하는 행동인 줄 알았는데 요즘 젊은이들은 다른 이의 시선 따윈 신경 쓰지 않는 것처럼 아예 대놓고 하는 것이었다. 하긴 살아가면서 남의 시선이 뭐 그리 중요하겠는가.

일반적으로 행사의 성패는 참석인원 규모로 판명된다고 할 수 있는데, 그런 의미에서 소림사의 부처님오신 날 행사는 대단히 성공적이었다고 본다. 일부러 본 행사(11:00)가 끝나는 시점을 골라 점심 공양 시간(13:00)에 맞춰갔는데도 많은 인파가 사찰경내를 채우고 있었다. 기와 불사나 연등 달기를 접수하는 보살님들의 손놀림이 분주했고 접수자의 인적사항을 적은 메모지가 테이블에 수북했다. 워낙 마당발인 주지 스님의 역량임이 분명했다. 사회복지학 박사로 종로노인종합복지관 관장 소임을 맡고 계시는 스님과는 인생 1막 시절 업무적으로 만나 지금껏 인연을 이어오고 있다. 덕분에 불자도 아니면서 명승사찰의 템플스테이를 두 번이나 경험했다.

'눈치 빠른 놈은 절에 가서도 새우젓 얻어먹는다.'라는 속담이 생각나 점심 공양 중에 곡차라도 얻어먹을 수 있을까 기웃거려봤지만 언감생심이었다. 부처님 전에서 그런 불손한 생각을 하다니…. 절 밖에 나오니 본격적으로 비가 내리기 시작했다. 버스를 타고 경복궁역에 내려서 후배가 안내하는 식당으로 가 홍어회 한 접시를 시켜서 막걸리 한 통씩을 음복하고 헤어졌다.

문득 "행사에 한 번 참석하시면 앞으로 매년 오셔야 해요!"라고 하던 복지관 직원의 음성이 들리는 듯했다. "곡차만 준다면 매년 오지요." 입속으로 오물거리다 만 내 대답이었다.(2024.5.16.)

처음 가본 '서울로7017'

완공된 지 4년이 되어서야 '서울로7017'을 가봤다. 1970년도에 건설해서 2017년에 옥상 공원으로 변신했다는 의미에서 '7017'이라고 했단다. 1일 방문자가 몇천 명이니 하고 떠들어대더니 요샌 뜸하기에 찾아가 볼 적기라 판단했는데 예상대로 조용했다. 전임 시장이 치적이 될 만한 성과물이 없다는 주변의 우려에 부응하여 어느 나라 사례를 벤치마킹했다던데 후세에 비교적 성공적이었다는 평을 들을 것 같다.

고가공원의 초입인 명동 입구 회현역 방면에서 만리동 쪽으로 걸음을 옮기다 보니 건너편으로 서울역사가 보였다. 그곳엔 요즘도 노숙자들이 몰려 있을까. 말쑥한 새 건물에 노숙자들이 뒹굴고, 역한 냄새가 진동하는 곳이 수도 서울의 또 다른 관문인 서울역의 모습이라니. 르네상스 건축양식의 돔(dome)을 뽐내는 구(舊) 역사는 복합문화공간으로 탈바꿈해 기업인들의 회의실로 사용된다고 들었다. 지방에서 KTX 타고 와서 회의를 마치고 바로 내려갈 수 있어 인기가 높다니 매우 신선한 발상이지 싶다. 북서쪽으로는 한국경제신문사가 있는 서소문공원이 보였다. 그곳은 많은 천주교도가 박해를 받아 순교한 장소라서 성지와 같은 곳이다. 전에 들러보니 천주교 기념탑이 있어 그곳의 유래를 전하고 있었다.

염천교 수제화 거리를 바라보려니 피식 웃음이 나왔다. 댄스스포츠화를 사러 그곳 가게들을 뒤지고 다니던 일에서부터 몇 번 신지도 못한 신발을 압수당한 일까지. 직장 생활에 권태를 느낄 즈음, 생활의 변화를 가져보려고 몰래 댄스스포츠를 배우러 다닌 적이 있는데, 어찌 된 영문인지 아내가 그걸 알아채고 마치 춤바람이라도 난 사람처럼 취급하더니 급기야 신발을 압수한 것이었다. 그때 중단하지 않고 춤을 계속 배웠더라면 〈쉘 위 댄스〉의 그 배우만큼은 됐을 텐데.

서울로7017공원의 끄트머리인 만리동 입구까지 갔다가 다시 원점을 향해 돌아섰다. 걷는 거리가 짧은 탓도 있었지만, 모처럼 시내 나온 김에 숭례문 쪽을 거쳐 서울광장을 지나 청계천까지 가보기 위해서였다. 퇴계로 방향으로 나가는 엘리베이터를 타고 도로로 내려오니 건물 공터에 웬 사람들이 듬성듬성 앉아 있었다. 중년 여성들이 대부분이었고 남성들은 그리 많지 않았다. 전 같으면 중국 관광객들로 붐벼야 할 곳이 숭례문과 남대문시장인데 지금은 찾길이 뚝 끊긴 것 같았다. 숭례문은 문경새재 관문처럼 직접 통과할 수 있도록 정비되어 친근감을 더했다.

숭례문에서 큰길 건너편을 바라보니 대한상공회의소 건물이 보였다. 그 건물 4층에선가 2년여를 근무했었다. 당시 근무부서가 그 빌딩의 2~3개 층을 임차해서 사용했는데 민간회사 직원들과 공무원들은 차림새부터 차이가 났다. 어떤 동료는 말했었다. 엘리베이터를 타는 여성들을 보면, 일반미(?)인지 정부미인지 금방 알 수 있다고. 화사하게 화장하고 눈부시게 차려입은 일반미들을 바라보는 일은 시선 처리가 다소 불편했지만, 단조로운 차림에 무미건조한 모양의 정부미와는 결이 달랐기에 또 다른 눈요기였다.

점심 식사 장소로 일찌감치 ○○회관을 점찍었고, 그 집이 얼마나 유명한 콩국수 맛집인지를 열심히 설명했는데도 옆지기는 별 감흥을 못 느끼는 것 같았다. 그 느낌은 식사 후까지 이어져 "맛있었어?"라는 질문에 "김치는 맛있던데…."라는 답으로 돌아왔다. 1인분에 13,000원짜리 콩국수를 사주고도 감동이나 찬사는커녕 시큰둥한 반응을 돌려받다니….

서울광장을 거쳐 동아일보사 앞 청계천 입구를 지나는데 덕수궁부터 파이낸스빌딩 앞, 동화 면세점에서 광화문 광장 근처까지 아까 퇴계로 입구에서 봤던 그 사람들이 줄줄이 포진되어 있는걸 알게 됐다. 핸드폰을 꺼내 들고 두 손을 모으는가 하면 두 팔을 벌리기도 하고… 나중에 알고 보니 ○○제일교회 신도들이 야외 기도를 하는 모습이라고 했다. 차량의 소음이나 행인들의 눈총에도 아랑곳하지 않고 무언가에 깊이 빠진 모습들. 전○○ 목사가 본다면 얼마나 흐뭇해할까.(2021.9.12)

세차하고 나니 눈이 오네

아침마다 빼놓지 않고 일기예보를 듣는다. 어제도 예외 없이 일기예보를 시청했는데, 한파가 몰아쳐 기온이 영하 10도 이하로 떨어질 거라는 말은 들었으나 눈이 올 거라는 말은 듣지 못했다. '내일(21일, 수) 새벽부터 최대 8cm 눈 예보가 있으니 출근길에 차량 이용을 자제하고 대중교통을 이용하시기 바랍니다.'라는 지자체의 안전안내문자드 최초 수신 시각이 18시 01분이었다. 지난번 눈 올 때 자동차를 운행하면서 염화칼슘 세례를 받았기에 세차를 벼르던 중 어제 낮 기온이 영상이라 잽싸게 세차장에 다녀왔는데 아뿔싸! 오늘 눈을 잔뜩 뒤집어쓰다니. 이런 경우 기상청을 상대로 손해배상을 청구할 수 있나 모르겠다. 아무리 사람 사는 일이 한 치 앞을 못 내다본다지만, 칠십을 바라보는 나이에도 하루 일기를 읽지 못하는 건 인생을 헛산 것 아닌가 하는 자괴감이 들었다. 뭐 그까짓 세차 한번 망친 걸 갖고 '자괴감'까지 동원하냐고? 그냥 한번 웃자고 해본 소리다.

눈이 오면 아이들과 강아지만 좋아한다던데 그 말이 맞는 것 같다. 직장에 출근하는 이들은 꽉 막히는 교통 사정 때문에 걱정이고, 어르신들은 낙상사고가 겁나서 밖에 나갈 엄두를 못 낸다. 그리고 나 같은 사람은 아파트 단지 제설작업에 힘을 쏟아야 해서 싫다. 이번 겨울 들어 두 번째 제설작업을 하며 넉가래를 2개 잇대어 밀고 다녔더니 양쪽 어깨가 뻐근하다. 큰 단지들은 제설차가 있어 주차장의 눈까지 치우는데 우린 겨우 주민들이 다니는 보도만 치우는데도 힘겹다. 비싼 제설차는 구매할 꿈도 못 꾸고 넉가래와 빗자루가 제설 장비(도구)의 전부다. 안 그래도 최저임금 인상에다 열에너지 요금 인상을 앞둬 내년 1월 관리비가 고지되면 주민들의 원성이 자자

할 텐데 제설차라니 언감생심이다. 일반관리비가 비싸다고 하소연하는 주민들에게 일일이 사정을 설명하기도 목 아프다. 민원이 있어 관리사무소를 찾아오신 분들이 설명을 듣고 고맙다며 돌아 설듯하다가 한마디 툭 던지는 말이 비수처럼 꽂힌다.

"그런데 우리 단지는 왜 관리비가 비싸요?"

세대 수가 적기 때문에 일반관리비가 비싸다고 설명해 드려도 주민들 대부분은 금방 이해를 못 하신다. 그래서 나름의 응답 매뉴얼을 만들었다.

"우리가 택시를 타고 기본요금 거리를 가서 요금이 4천 원이 나왔다고 치면, 큰 단지는 세대수가 많아 4명이 탄 경우라서 1인당 1천 원씩 내면 되지만, 우리 단지는 3명이 탄 경우라 1인당 1천3백 원씩을 내야 하는 것과 같습니다."라고 말씀드린다.

"아, 이제 이해가 되네요. 역시 아파트는 큰 단지에서 살아야겠네요."

그렇다면, 나도 어디 큰 단지 소장 자리 알아봐야 하나. 농담이다.(2022. 12.21.)

사람이 필요하다

조직에서 인사란 매우 중요하다. 적재적소에 사람을 배치해야 하기 때문이다. "사람에게 충성하지 않는다."라고 하던 분의 인사행태를 '검찰 아니면 동창'인 친목 인사라고 평하는 것도, '인사가 만사'라는 말도 인사의 중요성을 강조한 말이다. 어떤 자리에 써야 할 사람을 안 쓰면 그 한 사람의 기회 상실로 끝나지만, 안 써야 할 사람을 어떤 자리에 썼다면 그 자리에 필요한

한 사람의 기회상실에 더해 안 쓸 사람으로 인한 실수가 사태를 악화시킨다는 건 주지의 사실이다.(요즘 언론에 회자하는 인사 평을 거론하려는 건 아니다.)

前 직장 시절, 일 좀 한다고 정평(定評)이 난 간부(실국장급)들은 인사발령 때 소위 '빠릿빠릿한' 직원을 확보하기 위해 진력하는 걸 알 수 있었다. 씨름선수가 샅바싸움을 하듯 점찍은 직원을 확보하기 위해 다른 부서와의 줄다리기에 온갖 수단과 방법을 동원한다. 씨름판에서는 경기에 앞서 샅바부터 잡는데, 상대 샅바는 바투 잡고 내 샅바는 최대한 느슨하게 잡히는 게 유리하듯. '순간의 선택이 평생을 좌우한다.'라는 광고 문구처럼 '잘 잡은 샅바는 씨름 한판을 좌우'하기에 선수들은 지루할 만큼 샅바싸움을 벌이는 것이다. 조직에서도 이와 마찬가지다. 공식 발령이 있기도 전에 파견 또는 지원 근무 형식으로 직원을 미리 빼 오는 술수도 포함된다. 물론 인사부서의 묵시적 협력이 있어야 가능하기에 때론 사자의 힘(고위층 동원)과 여우의 계략(정코통 활용)이 난무했다. 프로 운동선수들을 연봉협상을 통해 확보하듯, 인사고과나 승진 등의 당근책으로 우수 직원을 다른 부서에 앞서 확보하기 위해 모든 노력을 기울이는 것이다. 그렇게 충실한 사람을 확보한 후라야 업무성과를 낼 수 있다고 믿었고 그런 간부를 유능하다고 인정했다.

상위 20%가 전체 생산의 80%를 담당한다는 '파레토의 법칙'(20:80 법칙)처럼 조직에서는 우수한 자원이 많이 있다 해도 그중 20%의 직원이 성과를 내기에 최고 직원을 확보하기 위해 부서장들이 기를 쓸 수밖에 없는 구조다. 파레토의 법칙 같은 현상은 개미 사회에서도 관찰된다고 한다. 20%의 개미가 80%의 일을 하고 나머지 80%는 20%의 일을 할 뿐이라는 것이다. 재미있는 사실은 일을 열심히 하는 상위 20%의 개미만을 따로 모아 놓아도 다시 그중에서 20%의 개미만이 열심히 일하고 나머지는 휴식을 취하는 것을 볼 수 있다고 한다.

이 땅의 월급쟁이들이여! 우리 모두 조직에 충성하는 사람이 되자!(2024. 7.4.)

108배와 T 팬티

템플스테이를 모두 3번 체험했다. 불교 신자가 아님에도 말이다. 산사에 머물면서 불교 문화와 사찰 생활을 체험하는 일은 틀에 박혀 생활하는 도시인에게 사색과 성찰의 시간이 아닐까 싶다. 두 번은 지인 스님이 주선해줬고 처음은 순수한 내 의지로 했는데 그곳이 수유리 소재 화계사다. 화계사는 숭산 스님(1927~2004)이 수십 년간 해외 포교에 진력한 결과 세계 각국에서 건너온 구도자들이 수행하는 국제선원이 유명하다. 템플스테이 또한 외국인 참여자들이 많은 곳 중의 하나다.

인생 1막 시절 사회복지법인 관련 업무를 담당할 때, 불교 관련 법인의 문제로 어느 사찰의 주지 겸 법인 대표 스님을 뵐 일이 있었다. 최고위층의 결심을 받아내야만 해결이 가능한 일이었기 때문이다. 업무 관련 얘기를 나누기 위해서는 불교에 관해 조금은 알아야 대화가 수월할 것 같아 화계사 홈페이지를 통해 1박 2일의 템플스테이를 신청했다.

그해 여름날 토요일 오후, 화계사를 찾았다. 당일 템플스테이 신청자는 모두 9명으로 남자가 2명이었는데 나 말고 외국인이 한 명 있었고, 한국인은 여자 2명을 포함해서 나까지 3명이었다. 대부분이 외국인이고 여성이었다는 뜻이다. 사찰 투어 때 안내를 맡은 비구니스님이 설명에 앞서 "외국 분들이 많으니 통역 없이 그냥 영어로 설명해도 될까요?"라며 한국인들을 둘러보는 것이었다. 한국 여성 2명이 동시에 "네."라고 대답하며 나를 쳐다봤는데 엉겁결에 나도 고개를 끄덕이고 말았다. 그래서 사찰 투어는 영어로 진행됐다. 영어는 알아듣지 못했지만, 평소 절에 대한 상식과 한글 안내판을 보며 그럭저럭 이해했으니 굳이 통역을 통할 필요까지 없었다.

투어가 끝나고 뒷산에 올라가 참선하는 순서에서는 외국인 여성 한 명이 슬리퍼를 신고 있어 스님이 신발 크기에 맞춰 운동화를 빌려주기도 했다. 헐떡거리며 올라간 산 중턱에서 너른 바위를 찾아 앉아 눈을 감고 참선을 했다. 스님의 지도에 따라 들숨과 날숨을 확인하며 호흡한 것은 신비한 체험이었다.

저녁 공양 후에 108배를 하는 시간이었다. 체험객에게는 회색의 승복 같은 유니폼이 지급됐는데 하의가 몸빼처럼 생겨 고무줄로 허리를 조이는 형태였다. 108배는 불상을 중심으로 2줄(횡대)로 서서 했다. 난 뒷줄 우측 부분에 섰는데, 앞줄 가운데는 모로코에서 왔다는 여성이 섰다. 목탁 소리에 맞춰 모니터 영상의 절하는 동작을 따라 하는데, 앞줄의 모로코 여성이 무릎을 꿇고 몸을 굽히는 순간 바지가 조금 흘러내리면서 팬티의 윗부분이 드러나는 것이었다. 아마 단체복 바지의 고무줄이 느슨해진 탓인 듯 다른 사람들의 것은 괜찮은데 그 여성 바지만 흘러내리는 사고가 발생한 것이다. 사고라고 했지만 정작 당사자는 모르는 듯했다. 그렇다고 그걸 지적하여 알려주기도 민망한 일이었다. 더구나 그 팬티는 일반 팬티가 아닌 노란색의 이른바 T 팬티였다.(전부를 본 건 아니지만 눈에 보이는 부분으로 미루어 짐작했다.) 손바닥만 한 T 팬티의 윗부분이 절할 때마다 슬쩍슬쩍 드러나니 자꾸 상상을 자극하는 묘한 상황이 됐다. 신성한 부처님 전에서 불손한 생각을 품게 하는 낭패를 당하다니, 부처님이 나를 시험에 들게 하지 않고서는 일어날 수 없는 일이었다. 사람의 맘이라는 게 꼭 마음먹은 대로 되지는 않는다. 바로 앞도 아니고 대각선 쪽에 있는 여성이기에 안 볼 수도 있지 않나 생각하겠으나 몸을 숙일 때마다 나도 모르게 시선이 가는 걸 어쩌겠는가. 108배를 했으니 108번이나 T 팬티 끈을 보며 상상의 나래를 펼쳤다고 여길지도 모르지만, 108번까지는 아니고 한 스무 번 정도는 눈이 돌아갔을 것이다. 나 말고도 난처한 처지에 처한 사람이 분명 있었을 텐데 그런 고충을 나눌 계제가 아니었으며, 번뇌와 망상의 상태에서 108배 순서는 끝이 났다.

마음을 가라앉히고 부처님의 법을 생각하며 불교에 관한 상식을 습득하겠다고 갔던 템플스테이는 절할 때마다 T 팬티가 떠오르는 추억으로 각인됐다. 지금도 모로코라는 나라 이름을 들으면 그 노란 T 팬티의 여성이 떠오른다. 얼굴은 가물가물하나 눈이 엄청나게 크고 까무잡잡한 피부였다는 사실은 기억난다.

템플스테이 후 법인 관련 인사와의 면담은 잘 끝났다. 의사결정권을 가진 분답게 무리한 요구는 거둬들이고 내 처지를 이해해 줘서 원만하게 해결됐었다. 그때 서울시의원 중에 불교 단체와 연관된 의원이 한 분 있었는데 내가 고위층과의 면담을 통해 민원을 원만히 처리했다는 말을 듣고 우리 팀원들을 불러 저녁을 사줘서 잘 얻어먹었다. 시 직원이 시의원한테 밥을 얻어먹은 일은 나 말고, 우리 팀 말고는 흔치 않은 일이라는 걸 공무원들은 경험해서 알 거다.

그런데 지금도 궁금한 점이 하나 있다. 모로코에서 온 그 여성은 불편해 보이는 T 팬티를 왜 입었을까. 인터넷을 찾아보니 4~5가지 장점을 나열하고 있는데 그중 설득력 있어 보이는 이유로는 '힙 라인' 론이다. 일반 팬티와는 달리 팬티라인이 드러나지 않아 몸에 달라붙는 하의를 착용해도 매끈한 힙 라인을 선사한다고 돼 있는데, 그녀도 그 이유로 입지 않았을까 추측해 본다.

나의 모나리자

내게는 3명의 모나리자가 있다.(웬 여인이냐고 혹시 옆지기가 오해할지도 모르겠다.)

① 루브르박물관의 모나리자

〈모나리자(Mona Lisa)〉는 레오나르도 다 빈치가 16세기 르네상스 시대에 그린 초상화로 현재 프랑스 파리 루브르박물관에 전시되어 있다. '모나'(Mona)는 유부녀 이름 앞에 붙이는 이탈리아어 경칭이고, '리자'(Lisa)라는 초상화의 모델이 된 여인의 이름으로 한국어로 하면 '리자 여사'라는 뜻이 된다고 한다. (위키백과)

2018. 3월 서유럽 여행 시 파리 루브르박물관에서 긴 줄의 끝에서 모나리자를 접했던 때가 생각난다. 수많은 관람객 틈을 한발 한발 헤집고 다가가 그 끝에서 봤던 모나리자의 왜소함(53*77cm)에 놀랐던 기억이 새롭다. '애걔, 저게 그 유명한 모나리자란 말인가?'

② 조용필의 모나리자

1988년에 발표된 곡이라는데 지금 흥얼거려도 전혀 구식으로 느껴지지 않는 나의 19번쯤 되는 노래다. '정녕 그대는 나의 사랑을 받아 줄 수가 없나 나의 모나리자 모나리자' 조용필의 〈모나리자〉는 다빈치의 〈모나리자〉일 수도 있지만, 아마 어쩌면 우리 각자의 모나리자를 의미할 것이다. 지금은 발걸음 안 한 지 오래됐으나 전에 노래방에서 그 노래를 가끔 부르기도 했는데 어느 날 이후로는 부르지 않게 됐다. 3~4년 전 향우회 하계수련회 뒤풀이에서 후배가 조용필의 〈모나리자〉를 얼마나 멋들어지고 간드러지게 부르던지 난 다시는 그 노래를 흉내 내지 않기로 한 것이다. 춤과 곁들인 후배의 흥겨운 노랫소리가 지금도 들리는 듯하다.

③ 살아 있는 미술관의 모나리자

전직(前職) 시절인 2008.10.10.부터 10.31까지 잠실종합운동장에서 '서울디자인올림픽'이라는 행사를 준비한 일이 있다. 그때 행사장 한쪽에 〈살아있는 미술관(Alive Gallery)〉이 설치됐었다. 전 세계 유명작품(모조품)들을 입체적으로 디스플레이하여 조명까지 넣어 미술품이 마치 살아 있는 듯했다. 그때 콘셉트가 미술품이 말을 하는, 즉 살아 있는 것이었다. 이를테면 모나리자에 다가가 말을 걸면 대답하는 식이다. 그때 내가 얼굴에 분홍빛이 도는 므나리자에 "혹시 화장하셨어요?" 하고 말을 거니 "네, 살짝 했답니다."라고 대답하여 모두가 폭소를 터뜨렸었다. 나중에 들으니 사람이 상자 뒤에 숨어있다가 질문이 나오면 대답한다는 것이었다.(일종의 사기다.)

오늘 아침 신문을 보니, 테슬라가 주최한 '위, 로봇(We, Robot)' 행사에서 옵티머스 로봇이 찾아온 사람들과 자연스럽게 대화를 하고 칵테일을 만들어 주기도 했는데 알고 보니 로봇이 스스로 한 게 아니라 원격으로 사람이 관여한 것으로 드러났다고 한다. 한마디로 테슬라의 CEO 일론 머스크가 사기를 쳤다는 말이겠다. 16년 전 살아있는 미술관의 모나리자와 대화했던 기억이 떠올라 3명의 모나리자를 소환해 봤다.(2024.10.15.)

제5장

평범이라 쓰고 특별이라 읽는 '삶'

1
미디어와 친하기

광고의 홍수

광고가 넘쳐난다. 아무리 자본주의 사회라지만 모든 게 광고와 연결되는 세상이다. 건강을 위해 걷는 행위까지 광고와 연계하여 몇 보 이상을 걸으면 몇 원씩 돈으로 쳐주는 만보기 앱까지 상용화된 세상이다. 옛날 을지로 입구역에 '피아노계단'이 있었다. 지금도 있는지는 모르겠지만. 어느 보험회사(?)에서 설치하였는데 걸으면 계단마다 음계가 다른 피아노 소리가 났다. 피아노 건반 소리가 한 개 울릴 때마다 그 회사는 일정액을 기부하도록 설계됐다. 시민들은 걸음을 걸음으로써 건강을 유지하고 보험회사는 시민이 건강해짐으로 인하여 보험금이 덜 나가니 결과적으로 사회적 비용이 감소하게 되어 그 수익금을 어려운 이웃을 위해 쓰도록 기부한다는 선한 취지가 담겨 있었다. 광고도 그런 식으로 한 차원 높아야 감동을 주는 법이다.

전에는 주말드라마를 60분 동안 계속 방영했는데 어느 날부터는 그걸 반으로 갈라 30분 단위로 방영했다. 종전의 1회를 1, 2회로 나누고 2회를 3, 4회로 나눔으로써 중간에 광고를 끼워 넣어 수익을 극대화한 묘수를 선보인 것이다. 그러던 것이 지금은 60분짜리(정확한 시간은 조금 더 길 듯) 드라마에 중간광고를 두 번 넣음으로써 1회를 1, 2, 3회로 쪼갠 효과를 내고 있다. 다른 방송을, 다른 드라마를 거의 안 보기에 비교할 수는 없으나 누군가 그걸 처음 착안한 사람은 광고의 귀재임이 틀림없는 것 같다. 주말 황금시간대 광고시간을 획기적으로 늘림으로써 광고수익을 극대화했을 테니까. 그러나 시청자로서는 정말 짜증 나는 일이다. 극의 흐름을 끊어 놓을 뿐만 아니라 원치 않는 광고를 보지 않을 수 없게 만드니 그렇다. 난 광고를 극도로 싫어하여 광고 없는 방송을 주로 보지만, 특정 드라마나 프로그램을 보기 위해서는 광고 없는 채널만을 고집할 수가 없다. 내가 넷플릭스를 좋아하는 이유도 영화나 드라마 중간에 광고가 없기 때문이다. 어떤 사람들은 말한다. 광고를 통해서 새로운 정보를 접하는데 그걸 혐오스럽게 생각하면 되냐고. 맞는 말이긴 하나 내가 필요한 정보는 그때그때 찾아보면 될 일이지 원하지 않는 시간, 원치 않는 상태에서 그걸 억지로 왜 봐야만 하느냐고 반문하고 싶다.

최근 드라마에 등장하는 간접광고(직접광고?) 또한 나를 화나게 한다. 특정 제품을(특히 건강보조식품) 슬그머니 노출하여 광고효과를 극대화하려는 상술 때문에 TV를 없애버릴까 하는 생각이 들 때도 있다. 방송법에 그런 노골적인 간접광고를 규제하는 법은 없나? 아마 규정은 있을 텐데 '법꾸라지'처럼 그걸 교묘하게 피해서, 규정에 저촉되지 않는 한도 내에서 노출하는 거겠지. 광고주는 자사 제품의 브랜드 가치를 높여서 좋고, 제작사는 협찬(금)을 받아 좋겠으나 정도가 지나치면 거부감이라는 부작용이 따라 불매운동으로 번질 수도 있다는 사실을 잊지 말았으면 좋겠다.

들쭉날쭉한 저녁 뉴스 시간

　방송국 뉴스 시간이 언제부터인가 제각각이다. 전에는 방송 3사 중 SBS만 8시, KBS와 MBC는 9시에 정규뉴스를 내보냈는데 바뀐 것이다. 그것도 8시 정각, 9시 정각이 아니라 7시 40분(MBC 〈뉴스데스크〉), 7시 50분(SBS 〈8시 뉴스〉, JTBC 〈뉴스룸〉)으로. 다만 KBS1은 여전히 9시가 정규뉴스 시간이라 믿음이 간다고나 할까.

　왜 그럴까? 아무래도 시청률을 의식한 방송국 간의 치열한 경쟁이 타사보다 먼저 뉴스를 시작해서 시청자를 붙잡겠다는 속셈으로 이어졌고 시민들의 변화한 생활패턴도 고려했을 것이다. 나 같은 사람도 퇴근 후 저녁 먹고 나면 9시 뉴스 시간까지는 꽤 오래 기다려야 한다고 생각하여 그보다 일찍 뉴스를 내보내는 방송으로 채널을 돌리게 된다. 옛날 정주영 현대그룹 명예회장은 초저녁잠이 많아 9시 정규뉴스를 못 보고 녹화한 영상을 다음 날 새벽에 보곤 했다는 얘기가 있다. 뉴스 취급 매체 또한 전과 비교하면 다양해져서 요즘 젊은 사람들은 집에 TV가 없는 경우가 많다. 기성세대로서는 이해가 되지 않는 부분이지만, TV가 없어도 컴퓨터나 스마트폰으로 필요한 정보는 모두 얻을 수 있으니 바보상자를 굳이 들여놔 공간을 차지하게 할 이유가 없는 것이리라.

　시청료와 관련하여 팁을 하나 소개하면, TV 시청료는 한전에서 부과하는 전기요금에 포함해서 부과한다. 공동주택의 경우 만약 집에 TV가 없다면 시청료를 낼 의무가 없으므로 관리사무소나 한전에 신청하면 된다. 그러면 관리사무소 직원이 세대를 방문하여 TV 보유 여부를 확인하는 절차를 거쳐 감면해주게 된다. 그런 신청자의 대부분이 젊은 세대이고 나이 드신 분들은 거의 없다는 것이 요즘 세태를 반영한다고나 할까.

'땡전 뉴스'를 기억하시는 분들이 많을 거다. 전두환 정권 시절에 뉴스를 켜면 바로 나오는 "전두환 대통령께서는 오늘…"로 시작하는 뉴스를 일컫는 말이다. 그 시절 양대(MBC, KBS) TV 방송국의 저녁 뉴스는 9시에 시작했기에 첫 뉴스는 무조건 청와대발(發)이었고, 방송사 간 서로 전두환 대통령을 찬양하기 위해 땡전 뉴스 경쟁을 벌였다고 알려져 있다.

뉴스 방송시간만큼은 매시 정각에 시작했으면 좋겠다. 특히 저녁 뉴스는. 다른 일을 보다가도 '아! 뉴스 시간이구나.' 하고 TV 앞으로 갈 수 있게 정시성(定時性)을 갖췄으면 좋겠는데, ○○시 30분, ○○시 39분 이렇게 시작 시각이 따로국밥이니 헷갈린다는 말이다. 하긴 요즘엔 종합편성채널에서 온종일 뉴스를 읊어대니 굳이 정규뉴스를 볼 이유가 없긴 하다. 그래도 덜 편향되고 신뢰도 높은 공영방송을 시청하려는 시민의 소박한 소망을 저버리지 말았으면 좋겠다.

지상파 방송에 더해 종합편성채널까지 온종일 뉴스를 토해내고 있는 요즈음, 어느 방송이 공정한 보도를 하는지 알아차리기는 쉽지 않다. 다만 각자의 정치적 성향에 따라 채널을 선택하지 않을까. 이 대목에서 국무총리를 지낸 어느 정치인의 어록을 소환해본다. "저는 기자 시절의 경험을 통해 본능적으로 어느 방송이 공정한 보도를 하는지 알고 있으며, 옛날부터 좀 더 공정한 방송을 보고 있습니다." MBC, KBS가 공정하게 보도한다고 생각하느냐는 국회의원의 질문에 대한 답변이었다. 그분을 TV에서 뵌 지도 꽤 된 것 같다.

뉴스쇼 듣다 보면

"지금까지 이런 시사프로그램은 없었다. 이것은 뉴스인가, 인터뷰인가?"

영화 〈극한직업〉의 명대사인 "지금까지 이런 맛은 없었다. 이것은 갈비인가, 통닭인가?"를 패러디해 봤다.

그 방송의 인터뷰 내용이 지상파를 포함한 여러 방송에서 또다시 뉴스로 다뤄지고, 유명 정치인부터 사건 사고 현장의 우리 이웃까지 인터뷰이(interviewee)로 끌어내는 마력을 가진 방송인. 어디서 읽으니 '여자 손석희'라고 하던데, 손석희가 사라진 오늘의 방송현장에서 손석희에 필적할 만한 유일한 진행자가 아닐까. 청취자에 빙의하여 돌직구성 질문을 퍼붓는가 하면, 안타까운 사연에는 공감을 얹어 우리의 가슴을 먹먹하게 만들기도 한다. 가끔 느닷없다 싶은 호방한 웃음소리마저 트레이드마크가 돼버린 정통 시사프르그램 진행자. 그에 대한 찬사는 아무리 늘어놓아도 부족할 듯싶다.

불과 2년째이지만, 라디오에 이렇게 깊숙이 빠져본 적이 없었다. 아침 출근길에 라디오를 듣다 보면 어느새 회사에 도착하게 되는데, 재미있는 인터뷰가 끝나지 않아 내리지 못하고 시동을 켠 채 앉아 있는 경우가 허다하다. CBS 라디오(98.1 KHz) 〈김현정의 뉴스쇼〉의 김현정 앵커 얘기다.

옛날 직장 다닐 때 통근버스를 이용하던 시절이 생각난다. 차고지에서 타면 도심을 통과해야 하기에 1시간에서 1시간 반 정도 걸렸는데 일단 버스에 오르면 맨 뒤로 가서 자리를 잡았다. 45인승이지만 이용자가 30여 명에 불과해서 뒤쪽 좌석은 혼자 앉아 갈 수 있어서다. 겨울철에는 아직 히터가 제대로 작동되지 않아 탈 때는 썰렁하여 다들 꼿꼿했던 자세가 10여 분만 지나면 흐트러져 이내 여기저기서 코 고는 소리가 들렸다.

통근버스의 이점은 많다. 우선 요금이 없다. 대신 월급날 운전기사에게 약간의 수고비를 걷어준다. 그것도 안 내려고 피해 가는 인사도 있었지만. 지금은 통근버스를 운행하는 회사가 거의 없는 것으로 알고 있다. 지하철, 마을버스 등 대중교통망이 워낙 촘촘한 영향일 거다.

다음으로 좋은 점은 짧은 시간이지만 졸면서(자면서) 출근할 수 있다는 것이었다. 지하철이나 시내버스에서는 상상하기 어려운, 좌석에 앉을 수 있고 중간에 내릴 일이 없으니 종점까지 맘 놓고 한숨 잘 수 있기 때문이다.

그러나 가장 좋은 점은 뭐니 뭐니 해도 지각해도 아무 문제가 없다는 점이었다. 직장에서 운행하는 버스라서 교통 여건으로 지체되건 기상 상황으로 늦어지건 걱정할 필요가 없었다. 또 혼자 탄 것도 아니고 수십 명의 동료가 같이 움직이니 확실한 변명거리가 생기는 것이다. 통근버스가 지연됐다고 하면 지각도 지각으로 치지 않으니까.

버스가 회사에 도착하면 잠에 곯아떨어졌던 이들은 운전기사가 "도착했습니다!"라고 소리쳐야 부스스 일어났다. 그때 드는 생각, '10분만 더 갔으면 좋겠다.' 단잠을 깨우는 기사의 목소리가 잠든 아이를 깨우는 엄마 목소리처럼 느껴지면 직장이라는 고달픈 현장이 바로 기다리고 있었다.

〈김현정의 뉴스쇼〉는 내가 옛날 그 옛날, 차인태 씨가 진행하던 〈별이 빛나는 밤에〉 이후 즐겨듣는 최애(最愛) 라디오프로그램이다. 주차장에 도착하고도 재미있는 대목이 끝나지 않아 내리지 못하고 '10분만 더 갔으면 좋겠다.'라는 생각을 할 정도이니….

"이 시간 온라인을 뜨겁게 달구는 이슈만을 골라 들려주는 '놓지 마! 뉴스'!"
"미국에 나스닥이 있다면 우리나라엔 뉴스닥이 있습니다. 오늘의 상한가, 하한가를 들어보는 '뉴스닥'!"
"우리 정치의 한 발 앞을 내다보는 '월간 ○○○'!"
"복잡한 정치판을 한눈에 읽어 드리는 ○○○의 판!"

이 외에도 여러 개의 코너가 고유한 시그널 음악과 함께 등장하여 이제는 웬만한 앵커 멘트는 외울 정도가 돼버렸다.
"김현정 앵커님, 부디 정치판으로 뛰어들지 마시고 낭랑한 그 목소리를 계속 들을 수 있게 해주세요!" 내 귀에 쏙 들어오는 유일한 라디오 시사프로그램인 〈김현정의 뉴스쇼〉의 롱런을 기원한다.

2
소명으로 여겨야 할 자리

사자성어 구사 실력

'사자성어'(四字成語)는 한자 네 자로 이루어진 성어로 교훈이나 유래를 담고 있다. 비슷한 말로 '고사성어'(故事成語)가 있는데, 이는 고사에서 유래된 한자어 관용어를 말한다. 사람이 대화하면서 사자성어나 고사성어 또는 속담을 적절히 인용하면 꽤 유식해 보인다. 나이가 지긋한 원로가 옛 고사를 들먹이는 건 당연히 그러겠거니 생각해도 젊은이가 그런 경우는 또 다르다. 더욱이 요즘 젊은이들은 '심심한 사과'를 '지루한 사과'로 알고, '금일'을 '금요일'로, '막역'한 친구를 '막연'한 친구로, '사흘'을 '4일'로 읽는다니 말이다.

최근 '양두구육'(羊頭狗肉)이란 고사를 썼다는 이유(?)로 소속 정당에서 징계를 당한 젊은 정치인을 보고 참 독서량이 많구나 하고 여겼다. 그러다 그가 구사(驅使)한 '삼성가노'(三姓家奴)라는 고사성어가 '세 개의 성을 가진 종놈'이라는 뜻으로 『삼국지』에 나오는 여포를 지칭하는 말이라는 걸 알고 한 번 더 놀랐다. 동년배와 비교하면 그의 어휘력은 정말 대단하다고 생각한다. 'ㅇ 핵관'뿐만 아니라 'ㅇ 핵관 호소인'도 그의 조어(造語)라니 상당한 학식과 지식, 그리고 풍부한 독서량에서 기인한 결과라고 본다. 다만, 같은 말도 싸가지 없이 한다는 어느 정치인을 닮지 말고 말을 줄이고 조금 더 신중히 행동한다면 분명 그에게도 '별의 순간'이 올지도 모르는데 안타깝다.

정치인 중 고사를 적절히 구사한 이로는 고(故) 김종필 총재(JP)를 빼놓을 수 없겠다. '자의 반 타의 반'을 비롯하여 처한 상황에 맞춰 시의적절하게, 마치 주머니 속의 공깃돌 꺼내듯이 고사성어를 인용할 수 있는 능력은 탁월했다고 본다. 직설화법보다는 간접화법이, 직유보다는 은유가 더 운치가 있고 심오한 것이기에 그렇다.

어디선 읽은 여기인데 고(故) 변웅전 국회의원이 대변인이던 시절, JP 총재를 수행할 때라고 했다. 두 분이 서해안 고속도로를 달리면서 JP의 그 고사성어를 인용한 막힘없는 장광설(長廣舌)을 조용히 듣고 있다가 변 대변인이 드디어 기회를 잡아 한 말씀을 올렸다고 한다.

"총재님, '심조불산 지금산입'도 새겨들을 만한 말입니다."
"심조… 뭐? 그거 누가 한 말인가?"라고 물으니 변 대변인이 답하길

"당진군수가 한 말인데요. 산불조심, 입산금지라는 뜻이라네요."
잠시 생각하던 JP 왈, "예끼 이 사람아! 아, 하하하…."

보스 앞에서 그 정도 농담을 꺼낼 수 있는 대변인이나 그 정도 농담도 기꺼이 받아줄 수 있는 도량을 가진 총재, 두 분 다 지금은 고인이 됐다.(참고로 내 고향은 충청도가 아니다.)

권력의 강

권력을 가진다는 것은 큰 강에 물을 흘려보내는 것과 같지 싶다.

물은 강뿐만 아니라 실개천까지 흘러 구석구석을 적셔줘야 한다. 그래야 송사리, 피라미 같은 물고기가 살고(가, 붕, 개) 수양버들을 비롯한 나무와 수초도 영양을 공급받아 자연을 이루게 되는 것이다.

때론 물때나 썩은 이끼도 흘려보내서 녹조라테도 방지해야 한다.

시원스레 흘러가는 냇가에 나그네가 발을 담그고 있는 모습은 상상만 해도 가슴 뿌듯한 일 아닌가.

법(法)이란, 水 + 去로 물이 흐르듯 자연스러운 것을 일컬음이니 권력의 행사가 물이 흐르는 것과 같은, 그것이 바로 법을 세우는 일이 아니겠는가.

정의가 강물처럼 흐르고 평화가 들불처럼 번지는 세상을 만들려면 무엇보다 법을 바로 세워 물 흐르듯 해야 한다.

강물이 제 갈래대로 흐른다면 세상은 평화롭고 순조로울 것이다. 그러나 강을 차별하여 동쪽으로만 흐르게 하고, 서쪽엔 물을 보내지 않는다면 어찌 될 것인가. 아니면 특정한 쪽으로 물을 너무 많이 보낸다면 그곳의 둑은 무너지고 경계가 없는 세상이 되어 난장판이 될 게 뻔한 일이다.

물길과 땅길 엄연히 구분하고, 물을 골고루 흘려보내는 것이야말로 권력 행사의 요체가 아닐까.

권력을 가진 자는 '다모클레스의 칼'을 이고 있다는 걸 한시도 잊어서는 안 된다.

'다모클레스의 칼'이란 『그리스신화』 중 디오니소스가 잔치에서 다모클레스의 머리 위에 머리카락 하나로 칼을 매달아 놓고 왕위에 있는 자는 언제나 위험이 따른다고 가르친 고사에서 유래했다.

나는 지금도 이해하지 못한다. 4대강 사업을 한 전직 대통령을 매도하는데, 치수 행정에 있어 우기를 앞두고 강바닥에 쌓인 토사를 걷어내는 준설 작업이 왜 비난받아야 하는지를 알지 못한다.

집 근처에 있는 중랑천만 보더라도 해마다 상류에서 모래, 흙, 자갈이 밀려와 하천 높이가 1m 이상 높아졌다. 그걸 그냥 두면 여름철 장마에 호우가 내릴 때 범람할 것은 불을 보듯 뻔하지 않은가. 그러니 바닥을 긁어내서 그릇의 크기를 키워야 큰비가 오더라도 넘치지 않을 텐데, 환경론자라는 분들은 준설 작업할 때 바닥에 침전된 물질들을 건드리기에 환경을 오염시킨다고 주장하는 모양이다. 그러면 물이 넘치거나 말거나, 홍수가 나서 강과 하천이 범람하여 인근 주택과 농지가 침수되거나 말거나 그냥 두고 보자는 말인가. 물론 '4대강 개발 사업'이라고 일시에 전 국토를 파제치고, 휘저어서 토건 업자들 배만 불렸다는 비난을 받는 걸 모르는 바는 아니다. 일을 효율적으로 하려면 띄엄띄엄한 것보다 일시에 착수하는 게 비용도 절감하고 효과를 극대화할 수 있다는 건 토건업자가 아니라도 알 수 있다.

옛날 중랑천 변에는 벽돌, 블록 공장이 많았다. 벽돌, 블록에 꼭 필요한 자재 중의 하나가 바로 모래인데 바닷모래는 염분이 있어 제품 강도에 문제가 있다고 하여 하천 모래가 각광을 받던 시기가 있었다. 그 시절에는 하천의 모래를 파내던 행위가 '준설'이라고 비난받지 않았었는데….

인사청문회를 보면서

요즘 인사청문회를 앞둔 정치권의 소식으로부터 귀를 닫을 수가 없다. 국무위원의 일을 '소명'이 아니라 '직업'이나 '경력'으로 여기는 사람들이 많기 때문이다.

이 나이까지 나름 수분지족(守分知足)하며 열심히 살아왔다고 자부했는데 요즘 뉴스를 보면 과연 내가 제대로 살아온 게 맞는지 자괴감이 든다. 다름 아닌 새 정부 인사 청문 대상자의 삶과 비교하면서부터다.

자식을 논문 공저자로 등재하여 스펙을 쌓아주고, 사외이사로 있는 기업에 취업의 기회를 제공하는가 하면, 아는 면접관을 통해 편입학 시험에 만점을 주게 하는 등, 마치 아낌없이 주는 나무처럼 끝없이 '아빠찬스'를 제공해주는 눈물겨운 부정(父情)을 접하면서 과연 나는 자식들에게 아비로서 한 가지(출생) 말고 해준 게 뭐가 있나 돌아보지 않을 수 없다.

공직과 로펌을 회전문처럼 드나들며 수십억 원의 연봉을 받았고 기사 딸린 승용차에다 고급호텔 피트니스 회원권까지 선물 받았다는 고관 내정자는 왕후장상(王侯將相)의 씨를 받은 사람이란 말인가.

오래전이지만 전봇대에 나붙은 '침식제공, 선불 가능, 월수입 ㅇㅇㅇ만원 보장'이란 광고를 보면 보통사람들은 "아, 저런 곳에 가면 안 되겠구나." 라고 생각하는 게 인지상정(人之常情)이다. 그런데 '연봉 ○○억 원, 기사와 승용차 제공, 호텔 피트니스 회원권 제공'이란 광고 아닌 제안을 받고 "아, 저기는 꼭 가야겠구나!"라고 고관 후보들은 생각했단 말인가. 김영란법이 생기기 전이었으니까, 당시 관행이었으니까, 전관예우인 줄 알고 그랬다고 변명하고 싶겠지만, 부와 명예나 누릴 일이지 왜 권력까지 탐하여 고관직을 수락했냐는 말이다. 장사꾼 중의 장사꾼인 기업들이 보통사람이라면 꿈도 못 꿀 어마어마한 연봉을 주면서 고문으로, 사외이사로 채용하는 것이 과연 그들의 훌륭한 인품을 존중해서라고 믿었을까. "우리가 저녁 식사를 제대로 할 수 있는 것은 정육점, 양조장, 빵집 주인들이 관대해서가 아니라 그들이 이익을 추구하는 사람들이기 때문이다."라는 애덤 스미스의 말을 꼭 들먹이지 않아도 삼척동자(三尺童子)도 알만한 일인데.

미국의 사회학자 로버트 벨라(Robert Neelly Bellah)는 사람이 자기 일을 대하는 방식을 3가지로 구분하였다. 직업(job), 경력(career) 그리고 소명(calling)이 그것이다. 일을 '직업'으로 대하는 사람은 일함으로써 얻는 물질적 보상에만 관심을 둔다. 일을 '경력'으로 생각하는 사람에게는 사회적 지위와 권력, 명성, 수입을 최대화하는 것이 삶의 목표다. 일을 '소명'으로 느끼는 사람에게는 일 자체가 곧 삶이다. 바로 국무총리를 비롯한 장관 후보자들이 그 자리를 직업이나 경력이 아닌 소명으로 여겨야 하는 이유다.

"인생은 전반부가 성공과 성취를 향해 뛰는 시기라면, 인생의 후반부는 의미와 사명을 찾는 시기다."는 밥 버포드(Bob Buford)의 말처럼 내 인생의 후반부인 3막은 돈 버는 일보다는 돈 쓰는 일을 하면서 살고 싶다. 비록 모아 놓은 돈은 없지만, 석학들이 정의해 놓은 '소명'의 시기까지 아등바등 산다는 건 한 번뿐인 인생이 너무 아깝지 않겠는가.

김형석 연세대 명예교수는 인생의 시기를 0~30세, 30~60세, 60~75세, 75세 이후로 구분했다. 김 교수에 따르면, "0~30세, 서른 살까지는 인생의 근간이 되는 뿌리를 만드는 시기다. 앞으로 얼마나 성장할 수 있는가의 가능성이 결정된다. 무조건 많이 배워야 한다. 30~60세, 일하며 일에 대한 가치관을 확립하는 시기다. 일할 때는 돈을 좇지 말고 가치를 좇아야 한다. 60세 이후, 제2의 인생을 시작하는 동시에 열매를 맺는 시기다. 60살쯤 되면 철이 들고 내가 나를 믿게 된다. 75살까지는 점점 성장하는 것도 가능하고, 그 후로도 노력 여하에 따라 본인의 성취를 유지할 수 있다."라고 한다.

로버트 벨라와 김형석 교수의 말을 종합해볼 때, 내 '경력'의 시기가 75살까지일지 그 이전일지는 아직 알 수 없지만, 어쨌든 경력 다음은 '소명'의 시기라는 데는 이견이 없다.

난 골프를 안 하지만, 은퇴 후 골프는 재미없다는 말을 듣는다. 그만큼 바쁜 가운데 여유를 갖는 게 진정한 여유지 한가한 사람의 여유는 따분함이라는 것이다. 5일 동안 열심히 일하고 주말에 등산하면서 쏟아내는 땀방울은 몸속의 노폐물을 제거하는 건전한 운동의 결과지만, 주중 5일을 내리 등산만 한다면 그건 운동이 아니라 노역일 수밖에 없다. 그래서 앞으로 나는 일을 계속하려고 한다. 신성한 노동의 가치를 체험하려고 한다. 그리고 인생 3막, '소명'의 시기에는 '투자'로서의 공부가 아니라 '소비'로서의 공부를 하겠다. 아무런 대가도 기대하지 않고 공부하는 것 그 자체를 목적으로 하는 궁극의 '공부' 말이다.

그런데 혹 어느 곳에서 사외이사나 고문을 맡아 달라는 요청이 온다면, 그건 좀 생각해봐야겠다. (2022.4.28.)

'붕짜자 붕짝'에 관하여

'물고기는 언제나 입으로 낚인다. 인간도 역시 입 때문에 걸려든다.' 『탈무드』에 나오는 말이다. 또 '입이 재앙을 불러들이는 문'이라는 뜻의 '구시화문'(口是禍門)이라는 말도 있다. 최근 어느 장관 후보자가 예전에 유튜브에서 했던 말들이 부메랑이 되어 새삼 '입'에 관한 잠언들을 떠올리게 한다.

그 후보자의 입놀림 중 주목한 대목은 '안 나오면 쳐들어간다. 붕짜자 붕짝' 부분인데 내 기억과 다소 달랐다. 소싯적(스무 살 무렵)에 많이 읊조렸던 가락이라 내 귀와 입에는 '쿵짜자 쿵짝'이 익숙한데 그분은 '붕짜자 붕짝'으로 부르기에 의아했다. 까짓것 '붕'이나 '쿵'이나 뭣이 중하겠는가마는 사람의 눈이나 귀는 보고 싶은 것만 보고 듣고 싶은 것만 듣는 이른바 '확증편향 증후군'이 있다는 것도 고려해야 할 일이다.

그 시절에 이런 퀴즈 문제를 내기도 했다. "하늘에서 병아리가 북을 안고 떨어지면 무슨 소리가 날까?" 답은 "쿵따라닥닥 삐악삐악!"이다.

당시 히트한 CM송 중에 '하늘에서 별을 따다/ 하늘에서 달을 따다/ 두 손에 담아 드려요/ 오ㅇ ㅇC'이라는 게 있었는데, 그걸 패러디하여 '하늘에서 병아리가/ 북을 안고 떨어지면/ 쿵따라다닥 삐악삐악~'이라고 부르기도 했다.

더 확실한 근거는 송대관의 〈네 박자〉라는 노래 가사에 있다.
"쿵짝쿵짝 쿵짜자 쿵짝 네 박자 속에 사랑도 있고, 이별도 있고, 눈물도 있네!"

다가올 장관 후보자 청문회에서 국회의원들이 '쿵짜자 쿵짝'이 맞는지 '붕짜자 붕짝'이 맞는지를 좀 밝혀 주시면 좋겠다. 내 궁금증을 해결해주는 국회의원이라면 앞으로 신뢰를 해도 될 듯해서 말이다.

소수의 환호, 다수의 한숨

승진을 일컬어 '소수의 환호, 다수의 한숨'이라고 말을 한다. 환호성을 지르는 사람은 한정됐지만 대부분 사람은 실의에 젖는다는 뜻이겠다. 승진은 과연 누구를 위한 것인가. 물론 나를 위한 것이고 내가 하는 것이다. 그러나 단지 나 혼자만을 위한 잔치인가, 아니라고 본다.

직장인에게 승진이란 나 혼자서 올라갈 사다리의 의미에 국한되지 않는다. 상사의 온갖 수모와 멸시, 동료와의 갈등, 그리고 주변의 굴욕까지 감수하면서 한 땀 한 땀 그물코를 꿰듯이 기반을 구축한 후 드디어 디딤돌이 나타날 때 그걸 딛고 도약하여 움켜쥐는 게 승진이라는 과실이 아니던가. 『거울 나라의 앨리스』에 나오는 붉은 여왕의 말처럼 "여기서는 이렇게 달려서는 겨우 제자리야. 어딘가에 닿으려면 2배는 더 열심히 달려야 해!"라는 말을 귀에 달고 쉼 없이 달려서 도착하는 지점이 바로 승진이라고 생각한다.

승진은 자신만의 문제가 아니다. 조선 시대에는 과거에 급제하면 가문의 영광이라 했고, 현대에도 고시에 합격하면 집안뿐만 아니라 태어난 고장의 영예라고 동네 어귀에 걸린 현수막이 증명하듯이 가족으로서도 가장(家長)의 승진은 결코 작은 일이 아니다. 가방 하나 들고 맨날 지하철 타고 출퇴근하던 남편이 어느 날부터 기사 딸린 고급 세단을 타고 출근한다면 밥 안 먹어도 배고프지 않은 게 아내의 맘 아니겠는가.

승진은 부하직원들에게도 중요한 문제이다. 자기의 승진은 말할 것도 없고 모시는 상사가 부장 자리에서 끝나지 않고 임원이 되는 건 큰 의미일 수밖에 없다. 상사가 임원이 되면 자연스레 목에 힘이 들어가고 이후 자신의 승진길도 보장될 것이니 줄을 잘 서야 하는 게 인지상정이다. 든든한 줄을 잡아야지, 썩은 동아줄을 잘못 잡았다가 낭패를 넘어 패가망신한 직장인들이 어디 한 둘이었나 말이다.

이렇듯 승진은 나만의 경사가 아니라 가족의 기쁨이요, 가문의 영광일 뿐만 아니라 부하직원에게도 듬직한 언덕을 제공해주는 경사 중의 큰 경사다. 그러나 승진의 기쁨을 누리는 대상은 한정되 있으니 '소수의 환호'요, 몇 배수에 들어갔다지만 탈락의 분루를 삼키는 숫자가 훨씬 많기에 '다수의 한숨'이라 했겠다.

인생 2막에서는 승진이라는 개념이 없기에 전 직장에서처럼 긴장하고 는

제5장 평범이라 쓰고 특별이라 읽는 '삶'

치 볼 일은 없어 다행이라 여겼는데, 최근 일터를 옮기는 문제로 고민한 순간이 있었다. 같은 업체 내에서 근무지만 바뀌는 것이기에 일종의 전보 개념의 수평 이동이지만, 규모가 작은 곳에서 큰 곳으로의 이동이라 영전의 의미도 포함된다고 할 수 있었다. 떡 줄 사람인 본사에서는 어떤 언질도 없었는데 누군가의 속삭임에 팔랑귀가 되어 혼자서 별별 생각을 다 해봤다. 심지어 SWOT 분석까지 해가며 강점과 약점, 기회 요인과 위협요인을 짚어가며 수평 이동하는 것도 좋겠다는 결론을 내렸지만, 정작 중요한 인사명령은 내려오지 않았다. 한바탕 봄 꿈(一場春夢)을 꾸었던 셈이다.

인사이동에 대한 헛꿈에서 깨고 난 후에 알았다. 앞서 말한 '승진'처럼 '자리 이동'이 나 혼자만의 일이 아니라는 것을. 같이 일하고 있는 직원이 내가 염두에 뒀던 그곳에서는 같은 직무의 급여가 지금 받는 것보다 훨씬 세다는 말을 하는 걸 우연히 듣게 됐다. 인력 채용 공고를 보고 한 말이었다. 생각해 보니 이 바닥이 좁다. 그래서 어느 곳으로 누가 간다더라 하는 얘기들이 공공연히 퍼지는 것 또한 이 업계의 풍경이다. 만약 내가 그리로(신규 사업장) 갔다면, 아마도 같이 근무하고 있는 직원 중 몇몇은 동반했을 터이니 그들 또한 내가 옮겨가기를 바라지 않았을까. 그래서 그 사업장에서 급여를 많이 준다는 말이 결국은 나를 원망하는 소리로 들렸다. 왜 그리로 옮겨가지 않았느냐고….

일하는 사람이 많아지면 통솔범위가 넓어져 골치 아픈 일 또한 늘어날 수밖에 없다. 사업장 규모가 커지면 민원 또한 점증할 게 뻔한 일이고 신규 사업장이라 잔일이 끝이 없을 텐데, 안 가길 잘한 게 아닌지 자위해 본다. 마치 여우가 자기 손이 닿지 않는 높은 가지 위의 포도를 바라보며 '저건 분명히 신 포도일 거야.'라고 말한 것처럼. 그러나 승진이 꼭 나 혼자만을 위한 의례가 아니듯 자리 이동 또한 나 혼자만의 일이 아니라는데 생각이 미쳐서는 여기서 멈출 일이 아니라는 결론에 도달했다. 다음에는 아무래도 도전해 봐야 할 것 같다. (2021.7.9)

인연에 대하여

"그리워하는 데도 한 번 만나고는 못 만나게 되기도 하고 일생을 못 잊으면서도 아니 만나고 살기도 한다. 아사코와 나는 세 번 만났다. 세 번째는 아니 만났어야 좋았을 것이다." (피천득, 『인연』)

인생 1막 시절 인연을 맺었던 분을 최근에 다시 만났다. 당시 활동무대였던 서울을 떠나 경기도 북부의 소도시에서 2막을 영위하고 있기에 좀처럼 옛 인연들과 부닥칠 일이 없는데 말이다. 피천득 선생의 아사코와 달리 우리는 만나서 좋았다.

어느 날, 외부에서 온 공문서를 선람하다가 문서 하단에 적힌 기관장 이름이 내가 아는 분과 일치하기에 혹시나 해서 전화를 걸었더니 역시나 그분이었다. 7~8년 만에 목소리를 들으니 몹시 반가웠다. 나야 인생 2막이니 그렇다 쳐도 아직 1막 중인 분이 왜 이곳까지 왔느냐고 했더니, 발령이 나니 어쩔 수 없지 않으냐고 싱겁게 대답했다. 복지기관의 장인 그분과는 복지 분야 공무원으로 근무할 때 만났었다. 퇴직하고 나서는 활동지역도 다르고 각자의 업무 분야도 전혀 다르기에 다시 만날 줄은 생각도 못 했는데 정말 뜻밖이었다.

사람 간 관계는 대개 두 가지 종류로 나뉜다고 한다. 가족이나 오랜 친구처럼 자주 대화하고 친밀감을 느끼는 '강한 유대관계' 그리고 가끔 만나거나 연락을 주고받는 지인들끼리의 '약한 유대관계'가 그것이다.(이화여대 강혜련 교수) 약한 유대관계라 할지라도 가끔 연락은 하고 지내는 게 정상인데 퇴직 후 연락이 끊겼고 더욱이 코로나로 인해 거의 2년여를 각종 모임이나 경조사 참석 등이 제한되다 보니 교류가 단절될 수밖에 없었다.

옥스퍼드대학교 로빈 던바 교수는 "아무리 발이 넓은 사람이라도 진정한 사회적 관계를 맺은 사람은 150명에 불과하다."라고 했는데 1년에 한 번 이상 연락하거나 안부를 묻는 친구가 과연 얼마나 될까. 핸드폰에 입력된 전화번호는 1,500여 개 되지만 그중 '약한 유대관계'에 해당하는 사람이 '던바의 수'라는 150명에 훨씬 못 미칠 것 같다. '약한 유대관계'라기보다 '희미한 유대관계'라 해야 맞겠다. 전에 한번은 핸드폰 주소록을 살피다가 최근 2년간 만나거나 문자라도 주고받은 사람을 제외하고 다 지워버릴까도 생각했지만 실행하지 못했다. 전화번호를 지우는 건 내 인생에서 그 사람의 자취를 지우는 거와 다름없다고 여겼기 때문이다. 옷깃만 스친 정도의 인연을 넘어, 살아온 인생의 발자국을 함께 찍은 인연을 그리 쉽게 잘라낼 수는 없는 일이었다.

오랜만에 우연히 다시 연결된 그분과의 인연의 끈은 업무 공유로 인하여 더욱 단단해졌다. 지난 8월 초, 우리 아파트와 그 기관 간 업무협약을 체결

하고 몇 가지 사업에 대해 상호 협력체계를 구축하기로 했었다.(물론 만나서 소주 한잔으로 회포도 풀었다.) 사실 업무협약(MOU)은 이행을 목표로 했다기보다 협약체결 자체에 의미를 뒀는데 뜻밖에도 실질적인 사업을 수행하게 된 것이다.

 LH의 지원을 받아 입주민의 복지와 관련된 어떤 프로젝트를 추진하기로 했는데 사업비가 지원 금액을 초과하여 포기해야 할 처지였다. 그런데 부족한 예산을 그 기관에서 채워주겠다는 것이었다. 전혀 생각지도 않았던 일이라 정말 감사했고 새삼 인연의 소중함을 떠올리게 됐다. '어리석은 사람은 인연을 만나도 몰라보고 보통사람은 인연인 줄 알면서 놓치고, 현명한 사람은 옷깃만 스쳐도 인연을 살려낸다.'라는 피천득 선생의 말처럼, 무심히 넘길 수도 있었던 공문 하단의 이름 세 글자가 오랜 인연을 되살린 것이다.

 물고기 잡는 일을 어부가 하면 '일'이지만 낚시꾼이 하면 '취미'가 된다. 어떤 일을 하면서 거기서 즐거움을 얻는다면 '일'과 '취미'를 병행하는 셈이니 그보다 좋은 일이 어디 있겠는가. 사람은 어떻게 살아야 할지 배우는 데 한평생이 필요하다고 한다. 아직 더 배워야 할 세월이 남은 처지에서 생각해 보면, 나이가 들어 좋은 점은 살아온 시간만큼 경험의 폭이 넓어지고 지혜가 쌓여 너그러움을 얻을 수 있다는 것이다. 이제 더는 누구의 눈치도 볼 필요가 없는 나이가 되어 좋다. 그래서 70세 이후의 인생 3막은 이런저런 눈치 보지 않고 남은 인생을 하고 싶은 대로 즐기면서 살려고 한다. 돈 버는 일이 아닌 돈 쓰는 일을 하면서,(그렇다고 돈을 충분히 벌어놨다는 얘기는 아니다.) 내 삶을 조금이라도 의미 있게 만드는 법을 찾아 실행해야겠다.(2021.10.29.)

나는 내 나이만큼 늙었다. — 안셀름 그륀

3
유한한 자원

물을 석유와 바꿀 수 있다면

우린 대일 물을 물 쓰듯 하는데, 십수 년 전 '물을 물 쓰듯 하는 시대는 지났습니다.'라던 물 절약 공익광고 문안이 생각난다. 물 부족 시대가 도래했다. 지하수도 고갈돼 간다. 우리나라 연평균 강수량은 1,300㎜인데 이 중 70%는 6~9월 장마철에 집중적으로 내려 몽땅 바다로 흘러간다고 한다. 물 재이용을 활성화하기 위해 빗물 이용시설을 확충하는 일이 매우 중요한 때이다.

1970년대만 하더라도 물을 사 먹으리라는 생각은 꿈도 꿀 수 없었는데 요즘은 물을 사 먹는 게 당연한 일이 돼버렸다. 기름값보다 물값이 더 비싼 현실을 아무렇지 않게 받아들이는 우리다. 국제인구행동연구소(Population Action International)는 매년 1인당 가용 수자원 양을 기준으로 물 기근 국가(1000㎥ 미만), 물 스트레스 국가(1000~1700㎥), 물 풍요국가(1700㎥ 이상)로 분류하는데 우리나라를 '물 스트레스 국가'로 분류했다(「2019년 UN보고서」)고 한다. 보통 심각한 일이 아니다.

책장에서 표지와 속지가 누렇게 바랜 책을 꺼내 읽다가 나름 번뜩이는(?) 아이디어가 떠올랐다. 어느 일간지에 연재하던 칼럼을 묶은 책에 힌트가 있었다.

"이라크 전쟁 때 중동지방의 식수 값이 같은 분량의 원윳값의 5배나 됐던 적이 있었다. 평상시에도 물값은 원윳값의 2배 정도가 상식이다. 산유국보다 산수국(産水國)이 더 부자나라라는 것이 된다. 그렇다면 가장 맛있는 음료수이며 가장 양질의 공업용수를 양산하고 있는 우리나라는 최상의 산수국으로 재발견 돼야 한다. 석유보다 값비싼 자원을 주야로 바다에 망실시키고 있으니 말이다."(1994.8.18, 『이규태 코너』) '양질의 공업용수를 양산하고 있다.'라는 대목은 당시 시대상을 몰라 이해가 안 되지만 아이디어는 분명했다. 우리나라가 산수국으로 물 수출국이 될 수 있다는 것이다.

중동에 석유를 사러 갈 때 유조선에 우리나라 물을 가득 채워 가면 석윳값을 치르고도 돈이 남지 않을까? 아무래도 원윳값보다는 물값이 더 비쌀 터이니 남는 장사가 아닐까 싶다. 다만 실행과정에 몇 가지 문제점은 있겠다.

우선 기름통에 물을 어찌 넣느냐는 것인데, 그건 유조선의 상부 지붕을 청소 차량의 뚜껑처럼 개조 식으로 해서 넓게 벌린 다음 그 안에 물을 채운 작은 탱크들을 차곡차곡 넣으면 해결될 것이다. 김장할 때 버무린 배추를 비닐봉지에 넣어서 작은 통에 담은 후 그 통들을 김치냉장고에 집어넣는 방식을 연상하면 되겠다.

다음으로 중동까지 물을 채운 유조선(수조선)을 운항하려면 운송비용(연료비)이 만만찮다고 하겠으나 그건 빈 유조선을 끌고 가는 것에 비해 조금 더 비용을 추가하면 가능하지 않을까 싶다.

그다음 문제는 과연 많은 물을 어디서 확보하느냐는 것이겠는데, 제주도 천제연폭포 같은 곳에서 바다로 흘러가기 전의 물을 받아가도 되고 기타 여러 창의적인 방안이 있지 않을까.

제주는 연평균 강수량이 2,100㎜ 이상에 달하는 우리나라 최대의 다우(多雨)지역인데 현무암이 많아 투수율이 높을 뿐만 아니라 경사도가 심한 지형 탓에 바다로 모두 흘러가 아까운 수자원 손실이 크다. 이 수자원의 유실을 막을 방법은 없을까. 한라산에 내리는 빗물을 받아 가둬 놓은 후 잘 필터링하면 '삼다수'와 같은 맛좋은 생수를 얻을 법한데.

수년 전, 싱가포르 여행을 갔을 때 가이드한테 들은 얘기가 생각난다. 그 나라는 원수(原水)를 말레이시아에서 수입하여 가공한 후 다시 생수를 만들어 되판다고 들었다. 어느 교량에 보니 대형 송수관이 3가닥이 있었는데 그중 하나는 말레이시아에서 원수를 가져오는 관이고 다른 하나는 싱가포르에서 생수를 보내는 관이고 나머지 하나는 중수도 관이라고 했다.

라스베이거스는 후버댐으로부터 물과 전기를 공급받기에 오늘의 화려한 '불야성'의 도시가 되었다. 약 90여 년 전, 사막에 댐을 막아 바다 같은 호수를 만들 생각을 하다니 인간의 상상력은 끝이 없는 것 같다. 유조선에 생수를 가득 담아 중동으로 가져가서 원유를 잔뜩 담아오고도 남는 장사, 그것도 상상력을 동원해보면 상상으로 끝나지 않을 수도 있을 것이다.

남아도 모자라도 걱정인 전기

해마다 여름철이면 정부에서 신신당부했던 얘기가 블랙아웃(대정전)이 발생할 수 있으니 전기를 아껴 쓰라는 말이었는데, 과문한 탓인지는 몰라도 올해 여름에는 들어본 적이 없다. 방송을 통해 귀가 따갑도록 들어온 단골 멘트인데도 말이다.

역대급 폭염으로 월평균 전력수요가 최대이고, 추석 폭염은 처음 겪는 일이라 추석(秋夕)이 아니라 하석(夏夕)이라고 불러야 한다고 호들갑을 떨면서도 왜 전기가 부족하여 블랙아웃이 일어날 거라는 뉴스는 전하지 않았을까 그것이 궁금했다.

그러다 '전기가 남아도 걱정인 산업부'라는 기사(동아일보 2024.9.10.)를 보며 의문점이 해소됐다. 태양광 발전이 바로 범인이었다. 태양광 설비는 2013년 1.0GW(기가와트)에서 올해 기준 약 31GW로 최근 10년 동안 원전 30기 규모에 해당하는 만큼 확대됐다고 한다. 통상 블랙아웃은 수요 대비 공급이 부족할 때 발생하는 것으로 알려졌지만 최근 들어서는 전기가 남아돌아 정전이 발생할 수도 있다는 우려가 커지고 있다고 한다. 바로 태양광 발전 때문에.

늘어난 태양광은 여름철 피크시즌 전력공급에 상당한 도움을 줬지만, 선선해진 날씨로 전력수요가 줄어드는 가을에는 상황이 달라진다. 과거에는 전력수요가 줄어드는 가을철의 경우, 화력 발전 등의 출력을 그만큼 낮추면 되기 때문에 전력 수급에 문제가 없었으나 태양광 같은 신재생에너지는 정부가 마음대로 출력 제어를 하지 못하기 때문이라는 거다. 과잉 생산된 전력이 발전기 가동을 멈추게 하면서 결과적으로는 전력수요를 맞출 수 없는, 또 다른 블랙아웃 사태가 벌어진다는 것이다.

나의 정치적인 이념(보수 또는 진보)과는 상관없이 윤석열 정부의 원전 재가동 정책은 참 잘한 정책이라고 생각한다. 그래서 문재인 정부의 원전 가동중지 정책은 참 잘못한 정책이라고 생각하는 것이다. 그러나 정치적인 입장을 투영하지 말고 태양광 발전에 관해 냉정히 생각해 보자. 탄소 중립이라는 거창한 목표를 굳이 거론할 필요 없이 화석연료가 아닌 신재생에너지인 태양광을 활용하자는데 동의하지 않을 국민이 과연 있을까.

그래서 묻고 싶다. 태양광 설비 구축에 엄청난 비용이 투입됐고 멀쩡한 산야를 태양광 패널로 덮어놨다고 비난할 게 아니라 태양광 설비를 구축했기에 우리가 올여름 블랙아웃을 걱정하지 않고 맘 놓고 전기를 쓸 수 있었던 거라고 기사 한 줄 정도는 내보내야 정상적인 언론이 아닐까 말이다. (2024.9.19.)

또 퍼주기인가

얼마 전(2019.7.23.) KBS 뉴스에서 '복지상담 전화료 수백억… 발신자 부담'이라는 기사를 봤다. 취재기자는 건강보험고객센터 등 복지서비스 전화 대부분이 유료이고 건강보험만 따져보면 연간 300억 원을 발신자가 부담하고 있다는 것. 112· 119전화는 무료인데 왜 복지 관련 서비스 전화는 유료이냐며 문제를 제기했다. 인터뷰에 응한 여당 국회의원은 "국민의 생명,

안전, 건강을 대표적으로 책임지는 부서들은 장사하는 곳이 아니므로 결정하면(전화 요금 부담방식을) 바꿀 수 있는 문제다."라고 주장했다. 반론으로는 건강보험공단 관계자가 "세금으로 사용하는 것이기 때문에 궁금한 사항을 문의하는 발신자가 부담하는 것이 합리적이지 않나."라고 대답했다.

결론부터 말하자면, 내 생각도 그 관계자와 같다.
수익자부담 원칙에 따라 궁금하고 필요해서 묻는 사람이 전화 요금을 부담하는 게 맞는다고 본다. 왜 개인의 궁금증 해소에 관한 비용을 국가가 세금으로 부담해야 하는가. 전체 국민에게 공평하게 혜택이 가는 일도 아닌데.

112, 119전화는 긴급할 때 거는 전화이므로 국가가 세금으로 부담하는 것이 당연하다. 그러나 114 안내 전화는 수년 전부터 유료로 전환했다. 전화번호를 스스로 찾는 수고로움을 덜고 말로 묻고 안내를 받으므로 유료가 당연한 거다. 발신자 부담 전화의 문제를 제기하는 이들이 왜 114는 거론하지 않는지 궁금하다. 114와 마찬가지로 1577-1000 등 상담 전화 또한 발신자 부담이 당연하다고 생각한다.

무상급식으로부터 비롯된 '무상시리즈'에 '무상 상담 전화' 한 꼭지를 추가하자는 의도인가. 비록 서민들이 주로 이용한다고 하더라도 복지상담 전화료를 무료화하겠다는 그 발상에 결코 동의할 수 없다. 서울시의 '120다산콜센터'가 수신자부담으로 운영하는 대표적인 상담 기관인데, 그거야말로 선심 행정의 전형이 아닐까 하는 생각도 해봤다.(다산콜센터 운영상의 문제점은 서울시의원들이 따져야 할 일인데, 다음 기회에 문제를 제기하겠다.)

공공서비스에 드는 비용을 그 수익자에게 부담시키는 게 바로 수익자부담 원칙인데, 필요해서 문의하거나 상담하는 사람이 그 비용을 부담하는 것이 자유민주주의와 시장경제 질서에 맞지 않는가 말이다.

복지상담 전화비용 연간 300억 원을 수신자부담으로, 즉 세금으로 부담하자는 의견이 발전하다 보면, 그들 상담 기관을 찾아가는 시민들에게 교통비와 시급을 지원하자는 의견이 나오지 않으리란 법도 없겠다.

한마디만 더 하자. "당신들 주머니에서 나오는 돈이라면 그런 말을 하겠는가?" 세금 퍼주기 경쟁은 그만하자. 제발.

4
지혜를 키우며

대나무 예찬

대나무(竹)의 근본은 곧음, 굳셈, 단단함, 푸름일 텐데 그것 말고도 대나무에서 배울 수 있는 삶의 지혜를 생각해 본다.

첫째, 연결망이다. 일본의 시골집들은 집 주변에 대나무를 많이 심는다고 한다. 지진이 일어나서 집이 가라앉으려고 할 때 대나무들의 얽히고설킨 뿌리들이 집을 받쳐주기 때문이란다. 우리 선조들은 대나무의 올곧음과 푸름을 칭송하면서도 정작 뿌리의 의지력과 결속력은 등한시하지 않았나 싶다.

인간관계에서 그물망처럼 촘촘하게 네트워크를 형성해 놓으면 곤궁에 빠졌을 때 지지해주고 받쳐주는 역할을 한다. 네트워크는 사람들을 연결하고 집단이나 조직을 연결하는 관계의 묶음이다. 그것은 마치 아름드리 참나무가 비바람과 햇볕을 막아주는 것과 같이 험한 세상의 보호막 역할을 한다.

둘째, 준비성이다. 대나무 중에 최고로 치는 모죽(毛竹)은 땅 밑에서 4~5년간 오로지 뿌리 내리는 데만 집중하다가 어느 날 갑자기 뾰족 솟아오른 듯 자란다고 한다. 우리가 보기에는 갑자기 솟은 듯하지만 오랜 세월 동안 뿌리를 확실히 다져놓았기에 순식간에 땅 위로 뻗어날 수 있는 것이다.

춘화현상을 겪지 않은 개나리가 아름다운 꽃을 피울 수 없듯이 사람은 젊을 때 힘써 공부하고 부단히 지혜를 축적하여 차곡차곡 내실을 다져야 한다. 그러면 어느 날 모죽처럼 자신의 인생을 활짝 꽃피울 날이 부지불식간에 다가오게 된다.

셋째, 쉼이다. 대나무에는 마디가 있다. 얇은 대나무가 꺾임 없이 20~30미터씩 올라갈 수 있는 이유는 '마디'가 있기 때문이다. 쭉 올라가다가 쉬고, 또 올라가다가 쉬면서 단단한 대나무가 되기 위해 마디를 만드는 작업을 한다.

인생에서도 마디를 만드는 쉼이 필요하다. 휴식은 게으름도 멈춤도 아니다. 일만 알고 휴식을 모른 사람은 브레이크 없는 자동차와 같아 위험하기 짝이 없다. 그러나 쉴 줄만 알고 일할 줄 모르는 사람은 모터 없는 자동차와 마찬가지로 아무 쓸모가 없다고 헨리 포드는 말했다.

> 나무도 아닌 것이 풀도 아닌 것이 곧기는 누가 시킨 것이며 속은 어이 비었는가! 저렇게 사계절 푸르니 그를 좋아하노라.
>
> — 윤선도, 「오우가」 중에서

콩나물시루에 관한 단상

콩나물은 내가 좋아하는 반찬 중의 하나다. 삶아서 무쳐 먹어도 되고, 두부나 김치를 넣고 국을 끓여도 좋다. 코다리찜이나 아귀찜, 해물찜에도 콩나물을 빼고 요리한다는 건 상상하기 어렵다. 또 가장 서민적인 식자재로 두부와 콩나물을 들 수 있다. 무엇보다 값이 싸고 쉽게 구할 수 있으니까.

그 콩나물을 지금은 어느 가정에서나 다 사서 먹지만, 내 어렸을 적 시골에서는 다들 집에서 길러 먹었다. 명절, 잔칫날, 제사뿐만 아니라 가족의 생일에 맞춰 콩나물을 길러내야 했다. 그 많던 집안의 대소사에 꼭 빠지지 않는 음식 중 하나가 바로 콩나물이었고 그 기본음식의 준비는 오롯이 어머니의 몫이었다. 어머니가 콩나물을 안치던 모습이 생생하게 떠오른다. 마당 한구석에 짚단을 가져다 놓고 불을 지핀다. 짚은 가장 깨끗한 짚을 골라야 했다. 재가 바람에 날리지 않게, 불꽃이 다른 곳으로 번지지 않게 감시하는 일은 아이들 몫이었다. 불꽃이 사윈 후 곱게 가라앉은 까만 재를 큰 시루 밑바닥에 넣고 그 위에 물 불린 콩을 뿌린다. 그렇게 한 켜가 쌓이면 또 같은 공정으로 한 켜씩 쌓기를 여러 번. 시루 목까지 차오를 때까지 되풀이하다 보면 한 열 켜쯤 됐을까. 그런 다음 양동이 위에 시루를 올려놓고 물을 준다. 그러나 콩나물시루에 준 물은 금방 줄줄 새서 양동이로 흘러내리니 콩나물시루에는 물이 고일 새가 없다. 어렸을 적에는 그게 참 의아했다. 시루 밑구멍으로 물이 줄줄 새는데 과연 물을 준 의미가 있을까. 왜 구멍이 막힌 용기에 콩나물을 안치지 않고 저런 시루에 물을 주나 하고. '밑 빠진 독에 물 붓기'가 아닌 '밑 뚫린 시루에 물 주기'를 이해하지 못했다. 그러나 구멍 숭숭 뚫린 시루에서 흘러내리는 물의 일부만 받아먹고도 콩나물은 잘도 자랐다. 만약 시루 구멍을 꽁꽁 막거나 구멍이 없는 통에 콩나물을 안쳐 물을 준다면 어찌 될까. 아마 그 콩은 시루 속에서 '콩 나무'가 되거나 다 썩어버리고 말 거다. 선인(先人)들의 지혜가 빛나는 대목이 아닐 수 없다.

'적선'(積善), 착한 일을 많이 한다는 의미의 이 단어처럼 우리가 선을 행하는 일은 콩나물시루에 물 주는 것과 같다. 실제 행할 때는 어떤 의미도,

아무 흔적도 남지 않은 듯 보이지만, 그것들이 모이고 쌓여 공든 탑을 이루는 것이다. 콩나물시루에 물을 줘봤자 금방 다 빠져 버린 듯해도 그 물을 섭취하며 콩나물은 자라듯이 우리의 선행도 차곡차곡 쌓인다는 사실을 잊지 말아야겠다.

정채봉 시인의 「콩씨네 자녀교육」이라는 시가 생각난다.

광야로 내보낸 자식은
콩 나무가 되었고

온실로 들여보낸 자식은
콩나물이 되었고

콩나물과 콩 나무는 엄연히 다르다. 온실에서 자라는 콩나물은 앞에서 살펴본 대로 물을 받아먹으며 순조롭게 자라는 데 비해, 밭에 뿌려진 콩은 비, 바람맞으며 스스로 자양분을 섭취해야 한다. 그러나 귀하게 자란 콩나물이 꽃도 열개도 맺지 못하고 더 중요한 자손을 번식하지 못하는 데 비해, 풍찬노숙하며 자란 콩 나무는 꽃을 피우고 열매를 맺음으로써 대대로 자손을 번식시킨다. 콩이라고 다 같은 콩이 아니라는 말이다. 우리는 콩나물 같은 삶을 살 수는 없다. 당연히 콩 나무와 같은 삶을 살아야 한다. 순간순간의 성과에 연연하지 말고 콩나물시루에 물을 주는 심정으로, 광야의 콩 나무와 같은 결연한 자세로 삶을 대하다 보면 언젠가 값진 열매를 수확할 날이 반드시 올 테니까.

왜 반시계방향인가, 트랙을 도는 방향

아침에 학교 운동장에서 운동하는 사람들이 트랙을 돌 때 모두 시계 반대 방향으로 달리는 것을 보고 들었던 생각이다. 왜 너나 할 것 없이 다 왼쪽으로만 도는가? 사람 중에는 오른손잡이도 있고 왼손잡이도 있을 텐데, 스케이트 선수나 사이클 선수들은 왜 시계 반대 방향으로만 도나. 육상선수도 마찬가지다. 모두 시계 반대 방향으로 뛸 뿐 시계방향으로 뛰는(그러면 경기가 엉망이 되겠네.) 사람은 없다. 야구도 마찬가지다. 1루에서 2루로, 3루에서 홈베이스로 뛰지, 반대 방향인 홈에서 3루나, 3루에서 2루로 뛰지는 않는다. 아마 규정이 그렇기 때문이겠지만, 규정은 왜 그렇게 정해졌을까.

육상경기규칙

국제육상경기연맹(IAAF) 규정에 따른 대한육상연맹규칙 중 육상경기규칙 제163조(레이스)에 따르면, "타원형 트랙 위에서 레이스와 걷는 방향은 왼손이 트랙 안쪽을 향하도록 해야 한다."라고 규정되어 있다. 트랙의 반시계방향으로 도는 것이 원칙이라는 얘기다. 이 규정은 1913년 생겼는데, 그 이전인 1896년 그리스 아테네에서 열린 제1회 올림픽 때는 시계방향으로 돌았다고 한다. 하지만 선수들이 도는 방향이 불편하다며 항의하자 1913년부터 국제육상경기연맹이 시계 반대 방향으로 돌도록 명문화하여 오늘에 이르렀다고 한다. 그러면 사람은 왜 왼쪽으로, 반시계방향으로 도는 게 편할까.

반시계방향이 왜 편할까

첫째 이유는 인간의 생리적 특성을 든다.

인류의 70%가(또는 90%가) 오른손잡이라는 통계가 있다. 왜 인류는 왼손보다 오른손을 주로 사용하게 되었을까. 남자의 경우, 전쟁 시 왼쪽에 있는 심장을 보호하기 위해 방패를 왼손으로 들고 주로 오른손을 싸움에 활용하였고 여성의 경우, 우는 아이가 심장 소리를 들으면 진정하게 되어 왼손으로 아이를 안고 오른손으로 다양한 가사 활동을 하게 되면서 오른손을 주로 사용하게 되었다. 오른손잡이는 오른쪽 다리, 왼손잡이는 왼쪽 다리가 발달하는 게 일반적이다. 또 트랙의 곡선 주로를 달릴 때는 곡선 안쪽으로 몸을 기울여야 하는데 속도를 그대로 유지하려면 안쪽 팔다리는 작게, 바깥쪽 팔다리는 크게 움직여야 한다. 그만큼 바깥쪽 팔다리가 발달하여야 한다. 반시계방향으로 돌아야 오른팔과 오른쪽 다리를 더 잘 활용할 수 있는 것이다.

둘째 이유는 심장이 왼쪽에 있기 때문이라는 것이다.

레이스 중 몸의 중심이 무거운 심장이 있는 쪽으로 치우치게 되어 시계 반대 방향으로 도는 게 자연스럽고 쉽다는 것이다. 만약 오른쪽으로 돌 경우 원심력 때문에 심장에 무리한 힘이 가해질 수 있다는 의견도 있다. 몸의 중요 기관인 심장이 좌측에 있을 뿐만 아니라 양쪽에 모두 있는 신장, 손, 발 등도 왼쪽이 더 발달하여 있다고 한다.

셋째로 지구의 자전 방향과의 관계를 든다.

바로 지구가 좌회전으로 자전하기 때문에 좌회전하는 지구 위에서 수억

년을 살아온 생물들에겐 지극히 자연스러운 결과라는 거다. 그래서 유전자 정보를 가진 DNA 나선 구조도 왼쪽으로 굽어 있고, 물고기도 대개 왼쪽으로 돌아 헤엄친다고 한다. 또 우주선이나 로켓을 발사할 때도 지구가 자전하는 방향, 즉 반시계방향으로 발사하여 중력의 영향을 조금이라도 덜어보려고 한다는 것이다.

그 외에도 뇌 과학 이론으로 우뇌와 좌뇌의 기능상의 차이 때문에 왼쪽으로 도는 것이 자연스럽다는 주장도 있다.

손을 바꿔 생활해보자

학교 운동장을 달리거나, 자전거를 타고 트랙을 돌 때도 시계 반대 방향으로 도는 게 훨씬 자연스럽다. 반대로 시계방향으로 도는 건 어딘지 불편하다. 그러나 인간의 이런 반시계방향 회전의 생활이 오래가다 보니 왼쪽에 중요 기관이 몰리게 되고 그 밸런스를 맞추기 위해 오른손을 쓰게 되었던 것이 이젠 지나치게 오른쪽만 쓰게 되어 불균형을 초래했다는 주장에도 귀 기울일 필요가 있다. 한쪽만 쓰면 뼈나 내장의 불균형을 초래하게 되고 여러 가지 질병의 원인이 될 수 있다고 하니 왼손잡이는 오른손으로 식사하기, 오른손잡이는 왼손으로 식사하기를 실천함으로써 몸의 균형을 잡는 일이 필요할 것 같다.

5
의심과 호기심은 한 끗 차이

변기가 하얀 이유

2002년 한일월드컵은 4강에 합류한 한국 팀의 경기성적 못지않게 붉은 악마의 응원을 통해 전 국민을 하나로 통합하는 성과를 거뒀다. 붉은색 물결로 완전히 뒤덮였던 서울광장의 함성도 감동이었지만 나는 그보다 월드컵을 계기로 우리나라 화장실 문화를 획기적으로 개선한 것을 더 큰 성과로 꼽고 싶다. 고속도로 휴게소의 화장실에 들르면 지독한 암모니아 냄새가 코를 찌르고 화장지는커녕 손 씻는 시설도 없던 시절에 비하면 지금의 화장실은 가히 상전벽해(桑田碧海)라 할 만한 변화가 아닐 수 없다. 시골 버스정류장 대합실의 화장실은 또 어땠나. 고약한 냄새는 기본이고 청계천에 설치된 올덴버그의 조각상(스프링 spring, 일명 소라 탑) 모양의 동그란 물체들이 눈에 띈 것은 예사였다. 어쨌든 2002년 월드컵 유치를 계기로 대대적인 화장실 개선 운동이 펼쳐졌던 건 시대적 흐름이었다고 본다.

문명의 발달은 이기(利器)를 양산하여 우리의 손발을 노동으로부터 자유롭게 해줬지만, 나는 그중에서도 화장실의 변천을 문명의 승리이자 인류의 승리로 들고 싶다. "뒷간과 사돈집은 멀리 있을수록 좋다."는 옛말은 현대에는 폐기해야 할 속담이 됐다. 가까이 있으면 고약한 냄새가 나는 뒷간은 사는 곳으로부터 멀수록 좋듯이, 사돈집이 가까이 있으면 말이 나돌기 쉬우니 사돈집은 생활하는 곳으로부터 멀수록 좋다는 의미인데 요즘 세태는 그 반대가 아닌가 싶다. 화장실이 현관 밖에 있는 주택을 상상할 수 있겠나. 사돈집은 모르겠으나 요즘 젊은 남편들은 친가보다는 처가(내 사돈집이 바로 아들의 처가다)와 더 가깝게 지내니 사돈집도 멀리 있는 것보다는 가까이 있는 게 좋지 않겠는가. "옛말 틀린 게 없다."라는 말이 다 맞는 건 아니다.

서울대학교 건축학과 서현 교수(칼럼 「화장실 슬리퍼의 유전자 검사」)에 따르면, "멀리 독립해 있던 대변소, 소변소, 욕조가 한 공간으로 들어온 게 아파트였다. 수세식 화장실을 만들기 위해서는 상수도가 필요했고 욕조가 도입되려면 아궁이 대신 온수 보일러가 설치되어야 했으며, 아파트라는 건물 평면의 복판에 들어오려면 기계적 환기장치가 추가돼야 했다."라고 한다. 이런 과정을 거쳐 지금은 대부분의 가정 화장실엔 비데가 설치돼 있으니 '뒷간'이 '변소'를 거쳐 '화장실'까지 얼마나 큰 변천인가.

쉬는 날 집주변의 둘레 길을 걷다가 군데군데 설치해 놓은 화장실을 이용할 때면 감탄사가 절로 나온다. 깨끗한 외관은 기본이고 화장지는 물론 손 씻을 세정제까지 비치되어 있다. 그뿐인가, 한겨울에도 온수가 나오고 난방이 완비돼 있으며 심지어 음악까지 흘러나오는 공간으로 진화했다. 참으로 '대한민국은 좋은 나라.'라는 생각을 아니 할 수 없다.

근데 변기 색상은 왜 하얀색일까. 사람들의 취향이 다양하니 색상도 파란색, 노란색, 빨간색 등 다양할 필요가 있어 보이는데 말이다. 음식점 같은 데서 자주색 변기를 본 적은 있다. 그러나 대부분 변기는 흰색이다. 때도 많이 타서 청소하기도 쉽지 않을 텐데 말이다. 왜 변기 색상이 흰색인가를 설명해주는 재미난 이야기가 있다.

사막에서 길을 잃고 헤매던 나그네가 있었다. 가도 가도 끝이 없는 사막에서 목은 마르다 못해 타들어 가고, 온몸이 벌겋게 익은 나그네가 드디어 '램프'를 발견했다.(알라딘의 마법의 램프 말이다.) 램프에서 튀어나온 지니 요정은 감격해 하는 나그네에게 3가지 소원을 말하라고 했다. 물론 다 들어준다는 전제로. 나그네의 첫 번째 소원은 물을 실컷 마시게 해달라는 것이었다. 두 번째 소원은 까만 피부를 하얗게 해달라는 것. 세 번째 소원은 젊은 여자를 만나게 해달라는 것이었다. 그래서 지니 요정은 나그네의 소원을 모두 들어줘 '하얀 변기'로 변하게 했다. 그것도 여자 화장실의 변기로. 그래서 나그네는 물을 실컷 마시고 순백의 피부로 시도 때도 없이 여자를 만날 수 있었다. 다만 젊은 여자를 만나게 해달라는 요청만은 램프요정이 들어주지 않았다. 화장실에 갈 때마다 소원을 이뤄 흐뭇해하는 그 나그네가 연상된다.

유머 감각이 없는 사람은 스프링이 없는 마차와 같다. 길 위의 모든 조약돌마다 삐걱거린다.
― 헨리 와드비쳐

노파와 풍구

'곡물에 섞인 쭉정이, 겨, 먼지 따위를 날려서 제거하는 농기구'를 풍구라고 한다. '알곡과 쭉정이를 구별하는 기구'라고 간단히 정의할 수 있겠다. 다른 의미로는 '불을 피울 때 바람을 일으키는 기구' 즉 '풀무'의 의미도 포함하고 있다. 우리 고향에서는 '풍구'와 '풀무'를 모두 '풍로(風爐)'라고 불렀다.

풍구는 옛날 농가의 필수품으로 벼나 보리 등을 수확한 후 알곡을 가려내기 위한 용도로 쓰였는데 요즘은 박물관에서나 볼 수 있는 물건이 돼버렸다.

옛날, 그 옛날에 할머니가 들려주신 풍구에 관한 얘기가 갑자기 생각난 건 왜일까.

어느 노파가 나이가 들어 절에 다니며 불공을 드리기로 했다. 지금이야 교회가 흔하지만, 옛날엔 예배당이 있는 동네는 흔치 않았고, 대신 절은 산중마다 있어 비교적 다니기가 쉬웠을 테니까. 열심히 부처님께 공양을 올려야 얼마 남지 않은 이승을 떠나 저세상에 가면 극락왕생할 수 있으리라는 믿음으로. 절에 가서는 불경은 윌 줄 모르니 부처님 앞에 무릎 꿇고 앉아 그저 열심히 "나무아미타불, 관세음보살"만 되뇌었다고 한다.

그러기를 7~8년, 때가 되었는지 노파는 이승을 떠났고 마침내 저승사자 앞에 서게 되었다. 천당과 지옥 중 어디로 보낼 것인가를 결정하는 순간이었다. 저승사자가 치부책을 꺼내 보며 설명하기를, 노파가 생전에 열심히 절에 다니면서 '나무아미타불'을 암송하여 한번 윌 때마다 곡식 낟알 같은 알갱이가 하나씩 생겼는데 그게 가마니에 가득 담겨 있다고 했다. 원래 이 정도 알갱이면 바로 극락으로 갈 수 있으나 그중에는 쭉정이도 있을 수 있어 이걸 풍구에 넣고 돌린 다음 거기 남는 알곡만큼만 공을 인정해주겠다고 말했다.

이윽고 순서가 되어 저승사자 부하들이 노파가 보는 앞에서 알갱이를 풍구에 넣고 돌리는데 대부분이 쭉정이로 날아가 버리고 알곡은 딱 한 개만 남는 거였다. 어떻게 이런 일이 일어날 수 있는가. 한 가마니 가득한 열매 중에 알갱이는 단 한 개뿐이고 거의 다가 쭉정이라니…. 노파는 망연자실하여 넋을 놓을 수밖에 없었다. 비가 오나 눈이 오나 가파른 절 언덕을 오르면서 열심히, 그저 열심히 '나무아미타불 관세음보살'을 암송했건만 얻은 건 겨우 1개의 알곡뿐이라니. 부처님도 너무하시지.

저승사자도 당황한 듯 치부책을 다시 들여다보며 한참 동안 고개를 갸웃거리더니 드디어 사태의 실마리를 찾아 노파에게 설명했다. 평상시 부처님 앞에서 염불을 외울 때 절절한 마음을 담지 않고 건성건성 외웠기 때문에 그 숫자는 한 가마니가 될 정도로 많지만 모두 쭉정이에 불과하다는 얘기였다.

"그럼 그 한 개의 알갱이는 뭡니까?" 노파가 따져 물으니,
"그 한 개는 천둥 번개가 치던 어느 날, 그대가 깜짝 놀라며 '나무아미타불'을 크게 외친 일이 있는데 그것만 알곡으로 남은 것이다."라고 저승사자가 대답했다.

그 말인즉 입으로만, 말로만 '나무아미타불 관세음보살'을 천만 번 암송해도 지극한 신심을 담지 않으면 아무 쓸모없는 쭉정이에 불과하다는 의미였다.
결국, 그 노파는 극락왕생하지 못하고 아마 연옥 어디쯤 있거나 아니면 아직도 구천을 떠돌고 있는지는 모를 일이다.

무슨 일을 하든지 진심을 담아 지극 정성을 다해야지, 건성건성 하면 안 된다는 교훈을 노파와 풍구의 얘기를 통해 전하려 했던 선조들의 교육방식이 아니었나 싶다. 북한의 김정은도 처음 정권을 잡았을 때 건성건성 일하는 당 간부들의 군기를 잡기 위해 고모부 장성택을 처형하지 않았던가. 그것도 무지막지하게 고사포로 처형했다니 어떤 일이건 건성건성 하면 절대 안 되겠다.

장인어른은 '어른'인데 장모님은 왜

"친부모와 동기, 친척에게 처부모를 가리킬 때는 '장인', '장모'라고 하는 것이 원칙이다. 그러나 처부모의 나이가 친부모보다 훨씬 많거나 그 밖에 처부모를 대접해서 말할 필요가 있으면 '장인어른', '장모님'이라고 할 수도 있고, 또 자신의 자녀에 기대어 'ㅇㅇ[자녀] 외할아버지', 'ㅇㅇ[자녀] 외할머니'라고 해도 된다. 그러나 친부모 등 자기 쪽 사람에게 처부모를 '아버님', '어머님'이라고 해서는 안 된다." 국립국어원 "온라인 가나다"에 올라있는 답변이다. 질문은 "사위가 다른 사람에게 장인어른을 지칭할 때 윗사람에게는 장인이라 하고 아랫사람에게는 장인어른이라고 하는 것이 맞는 건가요?"이다.

지칭어는 어떤 대상을 가리키는 말이며, 호칭어는 어떤 대상을 부르는 말을 가리킨다. 가족관계에서의 지칭과 호칭은 참 어렵다. 자기 집안, 시집, 처가, 사돈 간, 고모 집, 이모 집의 호칭이 쉽지 않기에 신년에 장만하는 업무 다이어리의 뒷면에는 꼭 가족 호칭이 연령 대조표, 도량형 환산표 등과 함께 부록으로 따라붙는 게 아닐까.

"데릴사위제의 영향으로 조선 중기까지 처부모의 호칭은 '아버님, 어머님' 이었다. 그러나 유교적 예법은 두 아버지와 어머니를 용납하지 않는다. 조선 후기에 접어들어 성리학이 지배이념으로 자리 잡으면서 처부모의 호칭은 차츰 '장인어른, 장모님'으로 바뀌었다."라는 주장도 있다.(장유승 단국대 교수, 2021.5.27. 경향신문 칼럼「역사와 현실」)

그런데 장인어른에는 '어른'이 붙는데, 장모님한테는 왜 '님'자만 붙느냐는 게 내가 가진 의문이다. '장인어른, 장모어른'이거나 '장인님, 장모님'이라고 동격의 높임말을 쓰면 이해가 될 텐데, 남자라서 '어른'을 붙이고, 여자라서 '님'자만 붙이는 건 아닌지 궁금한데 속 시원한 답을 얻을 수 없다.

'장인'(丈人)은 아내의 아버지를 이르는 말이고, '장인어른'은 '장인'을 높여 이르거나 부르는 말이라고 국어사전은 설명한다. 아울러 장모(丈母)는 아내의 어머니를 이르는 말이며, '장모님'은 '장모'를 높여 이르거나 부르는 말이라고 한다.

사위 관점에서 처가 모의 호칭이 일관되지 못함에 비해 며느리 관점에서 남편의 부모에 대한 호칭은 '아버님, 어머님'으로 다 같이 '님'자로 통일되어 간단하다.

국립국어원 온라인 가나다에서는 친절하게도 다음과 같은 설명을 덧붙입니다. "시아버지를 부르는 말로 '아버님'만이 바람직한 것과는 달리 시어머니는 '어머님'과 '어머니'를 쓸 수 있습니다. '고부간의 갈등'이 예나 지금이나 문제가 있기는 하지만, 시어머니와 며느리는 같은 공간에서 함께 일하고 대화하는 시간이 많아 시아버지보다는 친근한 대상입니다. 전통적으로 시어머니에 대해서 어머니의 경칭인 '어머님'을 호칭어로 쓰지만, 현실적으로 '어머니'로 호칭하는 경우가 많습니다. 또 언제 불러도 좋은 정이 밴 '어머니'라는 호칭은 예의에도 어긋나지 않습니다."

국어는 지칭어와 호칭어가 매우 발달한 언어라고 하는데, 시대가 변하면서 지칭어와 호칭어도 바뀌는 경우가 있다. 남편을 '오빠'라고 부르고, 아내를 '누나'라고 부르는 남편들이 주변에 흔하다. '며느리 사랑은 시아버지'라는 말이 있는가 하면, '시아버지 무릎에 앉은 것 같다.'라는 속담도 있듯이 시아버지와 며느리는 자연스럽기보다 늘 민망하고 불편한 관계인데, 심지어 시아버지를 '아빠'라고 부르는 며느리도 있다고 한다.(드라마에도 가끔 나온다.) 글쎄, 나로서는 받아들이기가 쉽지 않다. '꼰대'라서, '라떼'라서 그런가.

결혼한 지 38년이 지났는데도 명절에 한 번도 찾아뵙지 못한 장모님을 생각하며 괜히 실없는 소리를 늘어놨다.

어르신 운전 중

앞에 가는 차량에서 '어르신 운전 중'이라는 스티커를 처음 봤을 때 깜짝 놀랐다. 지금 이 차를 운전하는 나는 '어르신이다.'라고 길거리에서 외치고 다니는 모양새였으니까. 아니 운전자가 아무리 나이가 많더라도 자신을 스스로 일컬어 '어른'도 아닌 '어르신'이라 표현할 수 있나 싶었다.

어르신: ① 남의 아버지나 어머니를 높여 이르는 말. ② 아버지나 어머니와 벗이 되는 어른이나 그 이상 되는 어른을 높여 이르는 말이라고 사전은 설명한다.

쉽게 말해서 '노인'의 높임말이 '어르신'인데, 그걸 자동차에 떡 붙이고 다니니 이게 무슨 경우인가 싶었다. 그런데 그 발원이 「도로교통법 시행규칙」에 있다는 걸 최근 알게 됐다. 경찰청이 지난 11월부터 전국적으로 규격을 통일한 '어르신 운전 중' 스티커를 배포하기로 했다는 기사(문화일보, 2023.11.3자)를 찾아봤더니 고령 운전자에 대한 양보 문화를 정착시켜 해마다 증가하는 고령 운전자 교통사고를 줄이려는 취지에서 법령을 개정했다고 한다. 지자체마다 제각각인 스티커를 전국적으로 통일하려는 의도도 담았다고 했다. 65세 이상 고령 운전자 비율이 전체 면허소지자의 13.4%인 461만 명에 이르고 해마다 고령 운전자의 교통사고는 증가함에 따라 경찰청이 나섰을 것이고 소기의 성과를 거뒀으면 좋겠다.

'초보운전' 표지는 '나 이제 면허를 땄으니 걸음걸이가 다소 시원찮더라도 좀 봐 주세요!'라는 애교가 담겨 있다.

'위급 시 아이 먼저 구해주세요!'라는 표지 또한 아이가 타고 있으니 조금 배려해 달라는 의미와 함께 내 몸보다 아이들이 더 중요하다는 뜻을 내포하고 있기에 다른 운전자들의 배려심을 끌어내는 효과가 있을 것 같다.

그러나 '어르신 운전 중'이라는 표현은 아무래도 거슬린다. 운전석에 앉은 자신을 스스로 '어르신'이라 존칭하고 있으니 말이다. 차라리 '노인 운전 중'이라던가, '고령자 운전 중'이라고 써 붙이면 훨씬 배려심이 묻어날 것 같은데, 나만 그런가?

마치는 글

인생 1막에서는 봄이 가고 여름이 갔는데, 인생 2막에서는 봄이 오고 여름이 온다. 계절이 '가는' 것과 '오는' 것은 엄연히 다르다. 전자가 상실, 아쉬움, 허탈감이라면 후자는 선물, 설렘, 기대감이다. 일흔은 무엇이든 할 수도 있고, 안 할 수도 있는 나이라는데 내 나이가 딱 그 나이다. 이제는 다가올 시간을 맞이하며 산다. 그건 나이 듦의 선물이고 세월이 주는 선물이다.

사람들은 은퇴를 퇴장이라 생각하겠지만, 나는 또 다른 '승진'이라 여긴다. 조직에서처럼 직급이 오르는 것이 아니라 삶의 무대와 인생의 시야가 넓어지는 일이기에 승진인 것이다. 혹시 당신이 지금 은퇴를 앞두고 있다면, 그것은 자리를 상실하는 일이 아니라 더 넓은 세상으로 승진하는 순간이라고 생각하길 권한다.

공무원직을 내려놓고 아파트 관리소장의 직책을 맡았을 때, 더 많은 이들의 사연에 귀 기울이며, 입주민과 한 걸음 더 가까워지고자 노력했다. 입주민의 편에서 생각하고 그들이 바라는 바를 실현하려 애써 왔다. 그러나 여전히 채워지지 못한 부분은 있을 것이다. 앞으로 그 빈틈을 메꿔나가는 일 또한 온전히 내 몫이다.

동아일보 구희언 기자와 인터뷰할 때(2018.3.30. 브런치 글 참조) 10년 후 목표로 세 가지를 제시했었다. 5년 후 명품소장 등극, 10년 후 한글서예 국전 입선, 생전 한 권의 책 쓰기가 그것이다. 관리소장으로 일하며 LH 서비스 품질평가에서 2회 연속 '우수단지'로 선정됐고, 이번에 책을 내게 되었으니 두 가지 목표는 달성한 셈이다. 다만 한글서예 국전 입선 약속은 중도에 작파하여 못 지켰으나 약속 기한이 아직 3년여가 남아 있고, 안되면 또 다른 10년을 목표로 할 것이다.

인생 3막에는 마음을 넓혀줄 '공부'를 하고 싶다. 투자로서의 공부가 아닌 소비로서의 공부, 아무런 대가를 바라지 않고 공부 그 자체만을 목적으로 하는 궁극의 공부를 하고 싶다. 최재천 교수에 따르면, 학문은 모두 연결되어 있다고 한다. 독서를, 공부를 일처럼 하면서 지식의 영토를 넓혀 나가다 보면 어떤 분야든 넘나들 수 있다는 것이다. 어떤 분야의 3층에서는 안 보이던 것이 다른 분야의 4층에서 건너다보니 훤히 보이더라고 했다. 공부해야 할, 공부하고 싶은 이유다.

세상일은 마음먹은 대로 안 된다는 것을 알지만, 건강이 허락하는 날까지 오래 일하고 싶다. 죽을 때까지 현역이고 싶다는 말이다. 인생 2막이 끝나는 그 날까지 지금처럼 열심히 일할 것이다. 아울러 인생 3막에 대한 설계도 꼼꼼히, 촘촘히 짤 것이다. 촌음도 허비하지 않도록 치밀하게 계획할 것이다. 왕눈이소장의 인생 3막, 그 무대의 막이 오를 날을 기다린다.

이 책을 읽어주신 모든 분께 진심으로 감사드립니다. 인생의 전환점을 맞는 분들에게 이 책이 자신만의 새로운 삶을 위한 용기를 줬으면 좋겠습니다. 여러분의 인생 2막도 빛나는 이야기로 가득 채워지기를 응원합니다.

– 왕눈이소장 김홍기